IJS 서울대학교 일본연구소

현대일본생활세계총서 **16**

전후의 탈각과
민주주의의 탈주

서동주 엮음

박문사

발간사

　　서울대학교 일본연구소에서는 네 개의 기획연구실을 두고서 전체 어젠다 [현대일본의 생활세계연구]를 2009년 9월부터 2018년 8월까지 10년간 수행했다. 총 3단계에 걸쳐 수행한 성과는 〈현대일본 생활세계총서〉 시리즈로 출판했다. 2018년부터 그 마지막 단계인 3단계 3-4년차 연구의 성과를 시리즈로 출판한다.

　　1단계와 2단계의 성과는 총 9권의 시리즈로 이미 출판되었으며, 각 연구 주제와 책의 표제는 [표1]과 같다.

[표1] 현대일본 생활세계총서 1단계– 2단계 시리즈

연구실	1단계 5권	2단계 4권
정치외교	전후 일본, 그리고 낯선 동아시아	전후 일본의 생활평화주의
역사경제	협조적 노사관계의 행방	에너지혁명과 일본인의 생활세계
사상담론	전후 일본의 지식 풍경	일본, 상실의 시대를 넘어서
사회문화	현대일본의 전통문화	일본 생활세계의 동요와 공공적 실천
	도쿄 메트로폴리스	

3단계의 공동연구는 '전후 일본'의 생활세계를 구조 변동의 관점에서 포착했으며 정치, 경제, 역사, 사상, 사회, 문화, 문학의 전체적 차원에서 횡단적, 학제적 방법으로 조망했다. 3단계 사업은 10년간의 HK 사업 공동연구를 마무리하는 기간이다. 이를 알차게 수행하기 위해 본 연구소는 3단계의 사업 4년간(2014.09~2018.08)을 다시 2년 간 씩 나누어, 1~2년차(2014.09~2016.08)와 3~4년차(2016.09~2018.08)의 기획연구를 순차적으로 실행했다.

[표2] 현대일본 생활세계총서 3단계 시리즈

연구실	3단계 1~2년차	3단계 3~4년차
정치외교	일본 정치 보수화의 표상과 실상	재기하는 일본의 정치와 외교
역사경제 (1-2년차) 경제경영 (3-4년차)	저성장시대의 일본경제	구조적 대불황기 일본 경제의 진로
사상담론 (1-2년차) 사상문학 (3-4년차)	탈(脫)전후 일본의 사상과 감각	전후의 탈각과 민주주의의 탈주
사회문화 (1-2년차) 역사사회 (3-4년차)	일본 안전사회의 동요와 사회적 연대	공동체 경계의 유동화와 '일본' 이미지의 변용

〈현대일본 생활세계총서〉 3단계 3-4년차 시리즈는 2018년 상반기부터 출판 작업에 들어갔다. 각 연구실은 2년 동안 수차례의 집담회와 워크셥, 공개학술대회를 거치며 공동연구를 진전시켰으며, 모든 연구진들은 동시대 일본의 변화를 찬찬히 살피고 냉철하게 분석하고자 노력했다. 본 시리즈의 4권에 담길 연구 성과가 한국사회에서 일본의 현

황을 이해하고, 나아가 한국의 현재적 문제를 해결하기 위한 참조 축으로 활용될 수 있기를 바란다.

그 동안 연구와 토론에 참여해 주신 각 분야의 연구자 여러분께 감사드리며, 앞으로도 일본 사회의 변화에 대응하며 한국사회의 발전에 기여할 수 있는 연구를 지속해 나갈 것을 약속드린다. 연구와 출판이 성사되도록 성심껏 협조해 주시는 일본연구소의 행정실과 연구조교, 도서출판 박문사의 여러분들께도 진심으로 감사의 말씀을 드린다.

2020년 4월 30일
서울대학교 일본연구소

현대일본생활세계총서 16

전후의 탈각과 민주주의의 탈주

서 문

탈전후 사상의 역사성과 중층성

서동주

1.

2019년 고인이 된 가토 노리히로가 1995년에 발표한 「패전후론(敗戰後論)」으로 이야기를 시작해보자. 여기서 가토는 '혁신파'와 '보수파'로 나뉘어 '하나'의 인격이 되지 못한 전후일본의 상황을 문제시하고 있다. 그는 이런 분열이 마치 '지킬박사와 하이드'의 모습과 같다고 말한다. 그가 '인격분열'을 거론한 이유는 어느 각료가 과거 전쟁에 대한 사죄 발언을 하면, 바로 같은 내각의 다른 각료가 앞선 사죄를 부인하는 일이 끊이지 않고 일어났기 때문이다. 그에 따르면 이런 '인격분열'은 전후일본이 패전 뒤에 찾아온 '오욕'을 회피한 것에서 비롯되었다. '오욕'을 회피하는 태도는 무엇보다 헌법이 '강요'당했다는 사실을 헌법이 표방하는 숭고한 가치를 보존하는 것으로 대신하려는 '혁신파'의 태도에 나타나 있다고 그는 말한다. 그리고 이런 '호헌론'에 대한 반동으로 '보수파'는 강요당했으니까 폐지해야 한다는 '개헌론'으로만 응수하는

'대결'이 계속되었다는 것이다. 아울러 그는 패배를 부인하는 전후일본의 자기기만은 '패전'을 '종전'이라 부르는 태도에도 나타나 있다고 말한다. 제목이 「패전후론」인 이유가 바로 여기에 있다.

그는 자기기만에 뿌리를 두고 있는 '인격분열'을 치유하려면 '보수파'의 논리를 포섭한 사죄의 논리가 필요하다고 주장했다. 그 유명한 2천만 아시아의 희생자를 추모하기에 앞서 3백만 일본인 희생자의 추모가 필요하다는 말은 이런 의도에서 나온 것이다. 당시 가토의 이 주장을 둘러싸고 지식인 사이에서 논쟁이 일어났다. 그런데 논쟁이라고 하기에는 가토의 주장을 옹호하는 쪽보다 비판하는 쪽의 목소리가 압도적으로 많았다. 가토는 「패전후론」 당시 자신의 진의가 제대로 전달되지 못했다고 생각했는지, 2015년 『전후입문』이라는 저서에서 최종적으로 '개헌을 통한 9조의 재선택'의 필요성을 다시 한 번 강조하며 자신의 생각은 보수파의 '개헌론'과 다르다는 점을 분명히 했다(이에 관해서는 1장 참조). 결과적으로 가토 노리히로는 「패전후론」으로부터 20여 년 동안 줄곧 전후일본이 처한 '인격분열'이라는 문제와 씨름해 온 것처럼 보인다.

여기서 가토가 지난 20여 년간 사죄와 망언을 반복하는 전후일본의 인격분열과 대결해 왔다고 말했지만, 일본의 정치인을 통해 드러나는 '인격분열'의 양상은 지난 20년 사이에 크게 달라졌다. 단적으로 망언하는 정치인의 수는 늘었지만, 사죄의 역사를 고수하려는 정치인은 잘 보이지 않는다. 또 과거에는 망언을 하면 바로 사임하는 '관행'이 있었는데, 이제는 이것도 지켜지지 않는다. 오히려 정치인이 주변국에 대한 혐오의 감정을 선동하는 일도 어렵지 않게 목격할 수 있다. 야스쿠니 신사 참배에 관해서도 수상의 직접 참배에는 신중한 모습이지만, 정치인의 집단참배는 오히려 빈번해졌다. 이런 사정만 놓고 보면 현재의 일본이 가토가 말한 '인격분열'에 시달리고 있는지 의문을 갖지 않을 수 없다. 과거에 인격분열이 있었다면 오늘날 그것은 망언의 인격이 사죄하는 인격을 제압하는 형태로 해소된 것처럼 보인다. 달리 말하면 하이드가 지킬 박사에 굴복한 셈이 될까?

최근 과거 전쟁에 대해 사과를 회피하고 자국의 사망자 추모에 열중하는 정치인이 정치를 주도하는 상황에 대해 '일본정치의 우경화'를 지적하는 논의가 뒤따르고 있다. 나카노 고이치(中野晃一)는 전후일본의 경우 '평화주의인가, 재군비인가'와 '일본의 침략전쟁으로 피해를 입은 아시아 국가들과의 화해를 지향하는가, 아니면 역사 다시 쓰기 쪽을 지향할 것인가'를 기준으로 '우경화'를 판별할 수 있다고 제시하면서, '우경화'는 1990년대부터 긴 시간에 걸쳐 진행되었으나 2012년 말에 있었던 2차 아베 내각의 출범이 하나의 분기점을 이룬다고 지적한다.[1] 주지하는 것처럼 이 시기 동안 집단적 자위권 행사를 제한했던 '안보법안'의 개정(2015)이 이루어졌고, 자민당의 새로운 헌법개정안(2018)이 발표되었다. 그리고 2019년 7월 한국 대법원이 전시기 징용공에 대한 일본기업의 배상을 인정한 판결에 대해 아베 정부가 취한 '수출제한' 조치가 이런 정치의 우경화 흐름 속에서 나왔음은 두말

---

1) 나카노 고이치 저, 고대성 역 『Reading Japan21 일본정치의 우경화』, 제이앤씨, 2016, p.12.

할 나위도 없다.

2.

　현행 '일본국헌법'을 둘러싼 논란은 흔히 정치적 문제로만 인식되기 쉽지만, '헌법'은 또한 전후일본의 '폭력'을 둘러싼 상상력에 대해 일종의 '제약'으로 작용했다. 그런 의미에서 전후일본에서 '헌법'의 문제는 '정치적'이면서 동시에 '문화정치적' 성격을 띠고 있다. 구체적으로 그것은 외부의 '적'에 대해, 그것이 일본을 침략한 것이 명백한 경우에도 '자위대'가 대응하는 식의 표현이 지속적으로 회피되었다는 점에서 알 수 있다. 그것을 보여주는 단적인 예로 1960년대 방영된 특수촬영물 〈울트라맨〉 시리즈를 들 수 있다. 시리즈는 우주에서 침입한 괴물을 지구인과 '울트라맨'이 함께 물리친다는 내용이다. 스스로의 힘으로는 괴물을 물리치지 못하는 지구인은 누가 보아도 자위대의 비유임을 알 수 있지만, 이야기 안에서 지구인은 시종일관 '과학기동대'로 불린다. 설사 방어용이라 하더라도 자위대와 무력사용을 직접 연결시키는 상상력은 폭력의 주체를 〈울트라맨〉의 경우처럼 '제3자화'하는 방식으로 회피되어 왔다. 그러나 최근에 들어와 '일본국헌법 9조'에 근거를 두는 '평화주의'에 대한 '배려'는 눈에 띠게 약해지고 있다.

　예를 들어 이러한 변화는 안노 히데아키가 제작을 맡은 두 개의 영상물, 즉 〈에반겔리온〉(1996)과 〈신고질라〉(2016) 속의 방어를 위한 '폭력'의 묘사를 비교하는 것만으로 충분하다. TV애니메이션 〈에반겔리온〉의 제1화에는 제3도쿄시를 침공한 사도에 UN군이 대응하는 장면이 나온다. UN군은 가용 가능한 모든 무력수단을 동원했지만 사도 격퇴에 실패하고 만다. 그리고 UN군이 물러나자 '사도' 출현을 대비해 비밀리에 만들어진 '에바'가 출격해 겨우 사도를 격퇴한다. 이후 시리즈의 이야기는 새로운 사도의 출현과 이에 맞서는 '에바'의 반격이라는 사건을 축으로 전개된다. 그런데 흥미롭게도 UN군이 사도에 맞서는 〈에반겔리온〉 제1화 속의 장면은 〈신고질라〉에서 거의 그대로 반복되고 있다. 그러나 이때 고질라라는 '적'에 맞서는 주체는 UN군이 아니라 '자위대'로 바뀌어 있다. 뿐만 아니라 〈신고질라〉 속의 자위대는 〈에반겔리온〉에서의 UN군과 마찬가지로 '적'의 격퇴에 실패한다. 하지만 〈에반겔리온〉 속의 UN군은 제1화 이후로 보이지 않는 반면, 〈신고질라〉 속의 자위대는 '고질라 동결작전(일명 야시오리 작전)'을 직접 실행에 옮기는 역할을 맡아 활약을 이어간다. 적어도 〈신고질라〉가 일본을 침공한 외부의 '적'을 격퇴하는 장면에서 'UN'의 이름을 빌리는 번거로움에서 벗어나 있음은 분명해 보인다. 그리고 아베 수상은 영화 속 자위대의 활약에 고무된 듯 이 영화의 흥행에는 '자위대에 대한 국민들의 지지가 배경에 있다'[2]는 발언을 내놓기도 하였다.

군이 아베 수상의 '격찬'을 거론하지 않더라도, 〈신고질라〉는 개봉 이후 '우익적'이라는 비판을 받았다. 그런데 이런 비판은 비단 영화가 표명하고 있는 '자위대 예찬' 때문만은 아니었다. 영화 〈신고질라〉는 이른바 '전후평화주의'의 자장에서 벗어난 상상력을 노골적으로 표현

---

2) 2016년 9월 12일 수상 관저에서 개최된 자위대고위간부와의 간친회 모두 발언 중.

하고 있다. 그것은 특히 미일관계와 일본의 '안전'에 관한 영화의 언급에서 확인할 수 있다. 영화 〈신고질라〉는 일본의 안전이 미국의 영향력 아래 있는 '현실'을 받아들이면서도 그것을 전적으로 미국에게만 맡길 수 없다는 점을 분명하게 표현하고 있다. 영화 속에서 그것은 미국이 고질라 퇴치를 위해 핵무기를 투하하기 직전, 일본인의 힘으로 고질라 '동결'에 성공하는 결말에 함축되어 있다. 이 결말이 전하는 메시지는 분명하다. 미국은 더 이상 '선의'의 수호자가 아니며, 따라서 일본인의 '안전'은 일본인의 힘으로만 온전히 지켜질 수 있다는 것이다.[3] 초기 〈울트라맨〉 시리즈에서 '울트라맨(미국)'이 지구인을 돕는 동기가 '조건 없는 선의'에 기초하고 있었다면, 〈신고질라〉에서 비유없이 등장하는 미국은 철저히 '자국중심적'이다. 바꿔 말하면 〈울트라맨〉의 상상력이 미국의 선의를 절대적으로 신뢰하는 구조라면, 〈신고질라〉는 미국에 기대고 있지만 '선의'까지 기대할 수 없다는 자각을 뚜렷하게 표현하고 있다.[4]

물론 앞서 거론한 이유만으로 〈신고질라〉를 '우익적'이라고 단정할 수는 없다. 그것은 전후적 가치로부터의 이탈이 곧 '우익적 이념'으로의 수렴과 등치될 수 없다는 논리적 차원의 문제 때문만은 아니다. 실제로 일본의 관객들은 자위대의 활약만큼이나 위기대처에 무력한 관료집단의 실상에 '조소'와 '공감'을 표했다. 여기서 감독의 의도와 관

---

3) 大澤真幸 『サブカルの想像力は資本主義を越えるか』 角川書店, 2018, pp.38-50 참조.
4) 이에 관해서는 다음을 참조. 佐藤健志 『ゴジラとヤマトとぼくらの民主主義』, 文藝春秋, 1992.

객의 수용은 반드시 일치하지 않는다는 문화이론의 평범한 진리를 떠올리는 것도 좋을 듯 싶다. 무엇보다 자위대의 존재를 호의적으로 생각하는 것과 '개헌'과 '역사 다시 쓰기'를 지지하는 것 사이에는 쉽게 넘을 수 없는 간격이 있다는 점을 상기하는 것도 필요할 것이다. 그럼에도 불구하고 〈신고질라〉가 전후 오랫동안 작용했던 '폭력'의 표현에 관한 '헌법=전후평화주의'의 압력으로부터의 탈주 의지를 명확히 드러냈다는 점은 부인할 수 없다. 그런 점에서 〈신고질라〉가 '우익적'인가를 판별하는 것보다 '우경화'로 완전히 수렴되지 않는 〈신고질라〉의 탈주선의 행방에 주목해 보는 것이 필요한 것이 아닐까?

3.

그럼 사람들의 의식은 어떨까? 사람들의 의식도 '우경화'하고 있을까? 정치인과 문화인의 사례만으로 '우경화'를 논하는 것은 충분하지 않을 것이다. 왜냐하면 아베를 선택한 것은 일본의 유권자이며, 자위대를 '영웅'처럼 그린 〈신고질라〉를 2016년 방화흥행순위 1위에 올려놓은 것도 일본인 관객들이기 때문이다. 그리고 실제로 일본인의 집단의식을 보어주는 여론조사의 결과를 보아도 최근 10년 사이 일본인들 사이에 '일본'에 긍정적 감정이 높아지고 있음을 확인할 수 있다.

예를 들어 NHK방송문화연구소가 1973년부터 실시하고 있는 '일본인의 의식'조사 가운데 '일본인의 자신감'을 묻는 항목에 대한 응답 결과를 보면, 2010년 이후로 '일본'과 '일본인'에 대한 자신감이 상승하고 있음을 확인하고 있다. [그림1]에서 보는 것처럼 '일본인은 다른 국민에 비해 매우 훌륭한 소질을 갖고 있는가'라는 질문에 대한 응답을 보면, 2010년 이후로 '그렇다'라고 대답한 사람의 비율이 급격히 상승하고 있음을 알 수 있다. 특히 2013년에는 응답자의 68%가 '그렇다'고 대답했는데, 이 결과는 역대 최고치를 기록했던 1983년의 결과에 거의 근접한 수치이다. '일본은 일류국인가'라는 질문에 대한 결과도 '일본인의 소질'을 묻는 조사와 마찬가지로 2010년 이후로 긍정적으로 응답한 사람들의 비율이 급상승하고 있다. 이런 결과는 일본의 내각부가 매년 실시하는 사회의식조사 데이터에서도 확인된다. '나라를 사랑하는 기분의 정도'를 묻는 조사 결과([그림2])를 보면 2000년대 들어와 '매우 강함, 대체로 강함'이라고 응답한 비율이 증가하기 시작해, 2013년에 정점을 보이고 있다. 이런 사회적 분위기를 바로 '우경화'하는 일본의 증거로 간주할 수는 없겠지만, 사회적으로 '문화적 내셔널리즘'의 감정이 고양되고 있음은 분명해 보인다.

[그림1] **일본에 대한 자신감**

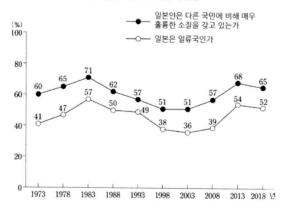

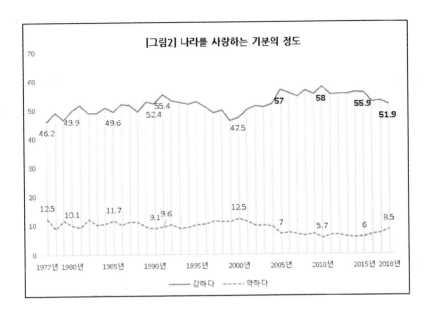

[그림2] 나라를 사랑하는 기분의 정도

사회학자 오사와 마사치(大澤真幸)는 앞서 소개한 '일본인의 자신감'에 관한 여론조사 결과를 근거로 〈신고질라〉가 흥행한 중요한 배경에 일본과 일본인에 대한 긍정적 감정의 상승 현상이 자리잡고 있다고 분석한다. 그가 주목하는 것은 〈신고질라〉 속에서 고질라 동결작접을 입안한 '오타쿠'들의 활약이다. 탁월한 '전문성'을 갖고 있으나 내향적 성격, 소통의 미숙함 등으로 인해 주위의 평가도 높지 않은 공무원과 과학자로 이루어진 집단은 영화 속에서 '자위대' 이상으로 고질라 격퇴에 공헌하고 있다. 오사와에 따르면, 이처럼 '오타쿠'의 힘을 결집해 '일본'의 위기를 극복한다는 일종의 '오타쿠 내셔널리즘'이 영화의 주제를 이루고 있으며, 이것이야말로 일본적인 것에 대한 긍정적인 자기인식의 연장선상에 이 영화가 자리하고 있음을 보여주는 중

거라는 것이다.5)

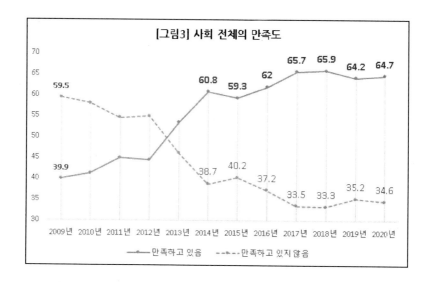

[그림3] 사회 전체의 만족도

현재의 '일본'에 대한 사람들의 긍정적인 감정은 '생활만족도'에
관한 조사에서도 확인된다. 앞서 소개한 내각부의 사회의식조사 데이
터 가운데 사회전체의 만족도에 관한 응답 결과를 보면 2012년을 경
계로 '만족하고 있다'고 말하는 비율이 44-45%에서 65%까지 상승하고
있다. 반면 '만족하고 있지 않다'고 말하는 사람은 55% 정도에서 33%
까지 감소하고 있다([그림3]). '일본이 나쁜 방향으로 향하고 있는 것은
무엇인가'라는 질문에 대한 응답 결과를 보아도 2010년 전후로는 재정
적자, 경기침체 등의 문제로 '나빠지고 있다'고 응답한 사람이 꽤 많았

---

5) 大澤真幸, 앞의 책, p.31.

지만, 2012~13년경부터 나쁜 방향으로 향하고 있다는 응답자의 비율은 대부분의 분야에서 급격히 줄고 있다([그림4]). 앞선 '일본인의 의식'조사 결과와 마찬가지로 2011~12년을 기점으로 현재에 대한 만족도가 긍정적인 방향으로 바뀌고 있음을 확인할 수 있다. 제2차 아베내각이 2012년 말에 출범했음을 고려한다면 아베 정부의 '우경화' 행보에 이런 집단의식의 변화 관계가 있음을 암시한다.[6]

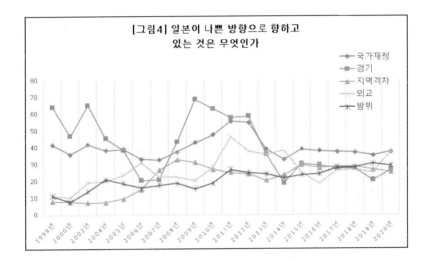

[그림4] 일본이 나쁜 방향으로 향하고 있는 것은 무엇인가

---

6) 山口二朗 『民主主義は終わるのか―瀬戸際に立つ日本』, 岩波書店, 2019, pp.1
95-199. 아베 정부의 '우경화' 행보와 사람들의 '현상긍정' 심리 상승 사이의
영향관계를 인정하더라도 사람들의 심리를 아베 정부에 대한 '지지'로 간주
하는 것에는 신중함이 필요하다. 사람들은 '현재'와 '일본'을 긍정하지만, 그
렇다고 현 아베 정부에 대한 지지가 높은 것은 아니다. 바꿔 말하면 사람들
의 자부심의 대상이 되는 '일본'과 아베가 되찾고자 하는 '일본'이 일치하는
것은 아니다.

4.

　그런데 여기서 짚어봐야 할 문제는 생활만족도가 높아지고 일본
에 대한 자부심은 높아지고 있는 시기에 일본사회의 '객관적' 사정은
결코 좋지 않았다는 사실이다. 대내적으로 '장기불황'은 지속되고 있
었고, '저출산/고령화'(2010년부터 인구감소 시작), '지방소멸', '격차확
대' 등이 심각한 사회문제로 인식되고 있었다. 무엇보다 2011년에 발
생한 동일본대지진과 후쿠시마원전 폭발사고는 풍요와 안전으로 상
징되는 '전후체제'의 종언을 사람들에게 각인시켰다. 일본사회의 상황
은 지속적으로 악화 국면으로 빠져들고 있는 가운데, 사람들의 생활
만족도와 일본에 대한 자부심은 높아지고 있었던 것이다. 그렇다면
이 객관적 상황과 주관적 인식 간의 어긋남은 어떻게 이해해야 할까?

　정치학자 야마구치 지로(山口二郞)는 내각부 사회의식조사 데이
터의 결과를 '현상긍정'의 의식이라고 규정하고, 그것을 좀 더 나아지
기를 바라지만 당분간 나아가지는커녕 더 악화될 것만 같은 상황에
대해 불행한 미래를 조금이라도 유예시키고 싶은 기분의 표현으로 간
주한다. 그에 따르면 2010년대를 살아가는 일본인은 미래에 대한 기
대를 포기하지 못했지만, 인구감소와 초고령화에 의해 경제성장과 사
회보장제도의 지속이 곤란해졌다는 점을 이해하고 있다는 것이다. 즉
2010년대의 '현상긍정'의 집단심리는 일본사회의 쇠약을 조금이라도
뒤로 미루고 싶다는 바람의 표현이라는 것이다. 나아가 그는 대지진
과 원전사고처럼 파국적 감각을 안겨주는 사건은 생활수준에 대한 기
대를 낮추는 효과가 있다고 말한다. 달리 말하면 재난 상황에서도 평

온한 생활이 유지되는 것에 대한 '감사함'이 현재에 만족하는 심리를 강화하는 하나의 요인이 되고 있다는 것이다.[7]

하지만 후루이치 노리토시(古市憲寿) 같은 사회학자는 야마구치가 지적하는 '현상긍정'의 심리에 대해 다른 분석을 내놓고 있다. 그는 최근 젊은이들의 높은 행복감은 미래에 대한 가능성을 여전히 믿고 있기 때문이 아니라, 거꾸로 상당 부분 포기했기 때문에 나오는 반응이라고 분석한다. 그의 분석의 전제는 인간은 지금보다 더 행복해질 수 없을 것이라는 생각이 들 때, 지금 이 순간이 행복하다고 말할 수밖에 없다는 것이다. 이렇게 생각할 때, 반대로 고도성장기나 버블경기 시기에 젊은이들의 생활만족도가 낮게 나타나는 이유가 설명된다는 것이다. 그 시기 젊은이들은 자신들의 생활이 점차 좋아질 것이라는 희망을 품고 있었기 때문에 현재에 충분히 만족하지 못했다는 얘기다.[8]

특히 후루이치는 전후 일본 젊은이들의 의식을 통시적으로 분석하면서 현재의 자신에 대해 만족을 느끼는 일종의 '자기충족적' 현상은 최근에 일어난 것이 아니라, 1970년대 이후 고도성장의 결과로 물질적인 욕구가 거의 충족되면서 생겨나기 시작했다고 말한다. 이때부터 젊은이들 사이에 더 큰 경제적 풍요를 위해 '노동'이나 '절약'을 하는 것이 아니라, 돌연 자기 충족적인 가치를 추구하는 행동이 나타나

---

7) 山口二朗, 앞의 책, pp,200-201.
8) 후루이치 노리토시 지음, 이언숙 옮김 『절망의 나라의 행복한 젊은이들』, 민음사, 2014, pp.134-135.

기 시작했다는 것이다. 물론 그는 1970년대와 2010년대를 직선적으로 연결하고 있지는 않다. 1980년대에 절정기를 맞았던 '입시 전쟁'에서 보듯이 1970년대와 1980년대는 '좋은 학교, 좋은 회사, 좋은 인생'이라는 '중산층의 꿈'이 여전히 일본 전체를 압도하고 있었다. 또한 그 시대는 업적주의(meritocracy)와 조직화의 시대였기에 자기 충족적인 가치관을 지닌 젊은이라도 기업에 들어가 '사축(社畜: 1980년대 유행어로서 임금노동자가 회사에 대해 '노예'적 상태에 놓인 것을 야유하는 조어)'이 되어 '젊은이'를 졸업해야 했다. 그러나 1990년대 이후 '중산층의 꿈'이 무너지면서 본격적으로 '자기충족적' 생활에 몰입하는 젊은이들이 늘어나기 시작했고, '기업'의 정식 구성원이 되지 못한 젊은이들도 이 흐름에 가담했다. 그에 따르면 '잃어버린 20년'이라 불리는 시기에 나타난 생활만족도의 상승은 이런 사회적 변화와 결부시켜 이해해야 한다.9)

'현상긍정' 심리가 1970년대 일본인의 '풍요의 실감'에 뿌리를 두고 있다는 후루이치의 분석은 현대의 '탈전후' 움직임을 보다 긴 역사적 맥락 속에서 살펴볼 것을 요구한다. 그는 현대의 '현상긍정'의 심리가 1970년대 '자기충족적' 심리에 연결되어 있을 뿐만 아니라, 현대의 '청년담론' 또한 그 형성의 기원을 추적하면 1970년대에 이르게 된다고 말한다. 즉, 젊은이들은 행복에 대해 지극히 개인주의적이라는 '청년담론'은 1970년대에 하나의 패턴으로 완성되어 현재까지도 젊은이

---

9) 후루이치 노리토시, 앞의 책, pp.137-138.

에 대한 지배적인 프레임으로 기능하고 있는 점을 지적하며, '청년담
론'에서 1970년대가 갖는 중요성을 거듭 상기시키고 있다.[10] 그리고
잘 알려진 바와 같이 기존의 여러 연구들에서 '1970년'은 전후일본의
중요한 변곡점으로 간주되어 왔다. 예컨대 오사와 마사치는 1970년을
경계로 '전후민주주의'가 '이상'으로 기능했던 시대가 저물고 '기호의
차이'가 중시되는 '허구'의 시대가 도래하기 시작했다고 말했고, 요시
미 슌야(吉見俊哉)는 1970년을 '포스트 전후체제'의 기점으로 제시한
바 있다.[11] 제5장에서 박규태가 지적하고 있는 것처럼 1970년대 초반
은 전공투운동의 여파로 대의제 민주주의에 대한 회의가 좌우 양쪽에
서 터져 나온 시기였다. 신도 저널리스트 아시즈 우즈히코가 1972년
에 펴낸 『근대민주주의의 종말』은 이런 정치적 상황이 낳은 결과물이
었다. 이런 논의는 '우경화', 즉 '전후탈각의 가속화' 현상이 2차 아베
정권의 등장에 따른 정치적 변화에 국한될 수 없고, 1970년대부터 시
작된 장기간에 걸친 전후체제의 구조변동과 결부시켜 분석해야 하는
'과제'임을 환기시키고 있다.

5.

'1970년'이라는 전환점을 생각할 때, 1972년 미시마 유키오의 죽음
은 의미심장하다. 천황을 위해 자위대의 궐기를 주장한 것에서 보듯

---

10) 후루이치 노리토시, 앞의 책, p.137.
11) 다음 문헌을 참조할 것. 오사마 마사치 저, 서동주 역 『전후일본의 사상공
    간』, 어문학사, 2010, 요시미 슌야 저, 최종길 역 『포스트 전후사회』 어문
    학사, 2013.

이 그는 자신의 죽음을 일본국헌법에 근거한 전후의 가치에 대한 부정으로 규정하고자 했다. 그의 이른바 '전후민주주의'에 대한 증오는 이미 죽음 이전부터 존재했다. 미시마는 자결 4개월 전 '전후 25년'을 다음과 같이 회상하고 있다.

> 25년 전에 내가 증오한 것은 다소 모습은 변했지만 지금도 변함없이 끈질기게 살아남아 있다. 살아남아 있을 뿐 아니라 놀라울 정도의 번식력으로 온 일본을 완전히 침투해 버렸다. 그것은 전후민주주의와 거기에서 발생한 위선이라는 두려운 바이러스이다.[12]

미시마의 '전후민주주의'에 대한 부정은 '천황의 인간선언'과 '미일동맹' 위에서 성립된 '전후일본'에서 '전사자'의 죽음을 애도하는 것, 달리 말하면 그들의 죽음에 대한 긍정적 의미 부여가 곤란하다는 점에 기인한다. 왜냐하면 '전사자'들은 '현신인'으로 간주되었던 천황의 명령에 따라 미국을 상대로 싸우다 죽었기 때문이다. 미시마의 생각은 가토 노리히로가 언급한 '전후파'에 대한 '보수파'의 강렬한 반발의 심정을 잘 대변하고 있다. 여기서 미시마는 시간이 지남에 따라 물질적 풍요 속에서 일본인들이 전사자에게 품었던 일종의 '꺼림칙한' 감정마저 약해져 가는 전후일본의 상황을 '전후민주주의'라는 '바이러스'에 감염된 환자의 증상에 빗대어 비판하고 있는 것이다. 이렇게 미시마는 '전후민주주의'의 공간에서 추모의 대상이 되지 못한 '전사자'를 통

---

12) 三島由紀夫, 「果たし得てゐない約束—私の中の二十五年」, 『サンケイ新聞』, 1970.7.7.

해 전후의 '위선'을 폭로하려 했다.

　미시마의 이러한 전후비판의 사상적 지향은 이미 1960년대부터 나타나고 있었다. 그는 소설 「우국」(1961)에서 1936년에 일어난 '2.26 사건'을 배경으로 동료를 진압할 수 없어 죽음을 선택한 황도파 장교의 자살을 통해 쇼와 천황에 대한 반감을 표현했고, 「영령의 소리」(1966)라는 작품에서는 전후라는 공동체에 안착하지 못한 전사자의 목소리를 통해 소비사회의 향락에 들떠 있는 전후일본을 비판하고 있다. 사상사의 맥락에서 보자면 미시마의 이런 탈전후의 주장은 예외적인 것이 아니었다. 이런 경향은 이미 '안보투쟁' 직후부터 모습을 드러내고 있다. 구체적으로 말하면 전후 최대의 반정부・반미 대중운동인 1960년 안보투쟁을 사상적으로 총괄하는 과정에서 전후민주주의 비판론이 대두했다.[13] 그런 점에서 안보투쟁은 반전과 평화라는 전후적 가치에 근거한 국민적 차원의 운동이면서 동시에 '전후평화주의'와 '전후민주주의'에 대한 근본적(radical) 회의를 동시에 낳은 사상사적 사건이라고 할 수 있다.

　조관자는 안보투쟁이 초래한 전후탈각의 사상운동의 주목할 만한 사례로 1960년 10월 현대사조사에서 간행된 『민주주의의 신화─안보투쟁의 사상적 총괄』을 거론한다. 이 책에는 6명이 필자로 참여하고 있는데, 그 중에는 1950년대 공산당의 외곽에서 '써클운동'을 펼쳤던 다니가와 간(谷川雁), 천황제 및 스탈린주의를 국가적 '공동환상'으

---

13) 조관자 「일본 신좌익의 전후민주주의 비판과 '조반 운동'」, 『일본사상』, 제 30호, 2018, p.335.

로 비판했던 요시모토 다카아키(吉本隆明), 그리고 신좌익의 사상적 지도자인 구로다 간이치(黒田寛一) 등 당시로선 급진적이고 다분히 아나키즘적 성향의 이론가들의 이름을 볼 수 있다. 특히 요시모토는 이 책에 「의제의 종언(擬制の終焉)」이라는 글을 실었는데, 여기서 그는 의회제 민주주의에 안주한 공산당과 언론, 기성세대 지식인을 모두 '거짓 민주주의'로 야유하며 '싸우지 않는' 전후민주주의의 '사멸'을 선고하고 있다(제6장 참조). 제2장에서 조정민이 언급하고 있는 것처럼, 요시모토는 안보투쟁을 이끌었던 전후파 지식인이 내세우는 시민이나 개인을 믿지 않았다. 그는 생활에 뿌리를 둔 대중의 무의식이야말로 민족과 국가의 환상성을 무너뜨릴 수 있는 무기라고 생각했다.

안보투쟁이 개개인의 지식인에게 미친 사상적 여파를 생각할 때, 이 시기 에토 준의 행보를 간과할 수 없다. 그는 '젊은 일본의 모임'의 일원으로 안보투쟁에 참여해 정부 비판의 목소리를 냈지만, 안보투쟁이 종결되자 자신도 그 일원이었던 '전후파지식인'을 향해 날선 비판을 전개했기 때문이다. 에토가 안보투쟁 직후에 발표한 「'전후'지식인의 파산」(1960)은 그의 이런 '전향'을 알리는 글이라고 할 수 있다. 여기서 그는 패전 후 새 헌법의 제정과 함께 '전후'라는 새 시대가 시작되었다는 마루야마 마사오의 역사인식을 거론하며, "헌법에서 사물의 본성을 찾는" 전후파 지식인의 역사관은 "역사를 만들려는 사상사가 실은 역사를 거부"한 결과라는 점에서 '전후파 지식인'의 사상적 효력은 종언을 고했다고 말하고 있다(제3장 참조).

특히 에토 준은 이후 전후일본을 대표하는 보수파 지식인으로 활약하며 현대 보수주의자들에게 큰 영향을 주었다. 그런 그의 사상은 그의 죽음과 무관하게 '현재진행형'이다. 그는 '대미자립'의 가능성을 탐색하는 한편, 검열연구를 통해 헌법이 미국의 '강요' 속에서 성립되었다는 '강요된 헌법론'을 정치적 의제로 부상시켰고, 야스쿠니 신사가 일본문화의 핵심에 존재한다는 그만의 고유한 일본문화론을 전개하기도 했다. 그리고 여기서 알 수 있는 것처럼, 에토 준의 보수담론은 오늘날 아베 총리를 비롯해 우경화된 보수정치인의 입을 통해 여전히 반복되고 있다. 에토 준이라는 사례는 1960년대부터 본격화된 전후탈각의 사상운동이 현대의 보수담론과 어떻게 연결되고 있는가라는 과제를 제기한다. 그런 의미에서 전후탈각의 사상사는 역사적 연구이면서 동시에 현대적 연구이다.

6.

앞서 살펴본 것처럼 전후탈각의 움직임에는 중층적인 역사적 맥락이 관여하고 있다. 가깝게는 2010년대 이후 '일본정치의 우경화' 현상이 있고, 체제 변동의 관점에서 보면 1970년부터 시작되는 '포스트 전후체제'의 규정력도 고려해야 한다. 나아가 사상사의 맥락에서 탈전후의 사상운동을 보면 1960년의 안보투쟁이 결정적인 사건으로 부상한다. 이 책은 사상사의 맥락 위에서 전후탈각의 사상담론의 전개에 대한 체계적 서술을 시도하고 있다. 이 책에서 사상사의 맥락에 천착한 이유는 전후탈각의 문제가 주로 정치적, 사회적 변동과 관련되어 다루어졌다는 기존의 연구관행에 대한 비판의식도 있지만, 전후탈각의 움직임이 현재적인 사건이면서 동시에 사상사의 한 흐름 위에 존재한다는 점을 분명히 하고 싶다는 바람 때문이기도 한다.

이 책은 7편의 논문을 1부와 2부로 나누어 싣고 있다. '1부 탈전후 사상의 연환과 계보'에서는 안보투쟁 이후 본격적으로 등장한 탈전후 사상의 계보를 보여주고 있다. 일본 전후사상사에서 결코 가볍지 않은 사상적 지분을 갖고 있는 요시모토 다카아키, 에토 준, 가토 노리히로, 오쓰카 에이지가 논의의 대상이다. 여기에 굳이 '연환'이라는 말을 사용한 이유는 1부의 모든 논의에서 에토 준의 전후비판론이 의식되고 있으면서 각각의 논의를 마치 고리처럼 연결시키고 있는 점을 나타내고 싶었기 때문이다. 한편 1부가 문예비평, 문화비평의 성격이 강하다면 '제2부 전후민주주의를 둘러싼 탈주의 상상력'에는 본격적인 사상사 연구의 통찰력이 돋보이는 3편을 담았다. 각각은 '신좌익', '신도론', '신체정치'를 논의의 축으로 삼아 각각의 문제영역에서 전개되고 있는 '전후민주주의 비판'의 사상적, 역사적 의미를 분석하고 있다. 특히 2부의 논의들은 '전후파' 사상에 조금은 무게가 실린 한국의 일본 전후사상 인식에 균형과 종합의 미덕을 제공할 수 있을 것으로 기대된다. 각 장의 내용을 간략히 제시하면 다음과 같다.

이경희의 「어느 전공투세대의 민주주의론―가토 노리히로의 전후론을 중심으로」는 가토 노리히로가 '전후'의 문제들과 마주하며 구상해 온 '민주주의'의 사상적 궤적을 다루고 있다. 가토는 1960년대 말 전후민주주의 비판의 기운 속에서 '전공투운동'을 통해 자신의 사상형성을 시작했다. 이후 『미국의 그림자』(1985)로 논단에 데뷔했다. 여기서 그는 '반미'와 거리를 두는 '전후' 일본의 내셔널리즘에 주목하면서, 에토 준과 나카에 초민을 통해 그것의 극복 가능성을 검토하고 있다. 가토의 『패전후론』(1997)은 포스트냉전기 일본의 '전후론'을 대표한다. 그는 '민주와 평화'의 신화를 해체할 사상적 방법론의 확립을 시도하면서 이를 적용한 '헌법재선택론', '애도를 통한 사죄론' 등을 제시했다. 이후 『전후입문』(2015)에서는 『미국의 그림자』에서 제기한 '내셔널리즘 극복'과 『패전후론』에서 다룬 '신화적 민주주의 재편'을 종합하면서 독자적인 대미자립의 방안을 내놓고 있다. 특히 여기서 그가 표방하는 민주주의란 이념 자체라기보다는 일본의 대미자립을 지탱하는 저항의 논리로 작동하고 있는데, 저자는 이점이 가토의 전후비판론을 관통하는 내용이라고 규정하고 있다.

조정민의 「패배'의 사상과 대중의 발견―60년 안보투쟁과 요시모토 다카아키」는 '안보투쟁'에 대한 요시모토 다카아키의 사상적 대응을 다루고 있다. 일반적으로 안보투쟁은 '민족주의'나 '민주주의'라는 개념을 통해 해석되었다면, 요시모토는 안보투쟁을 독점자본의 착취로 인한 대중생활의 위기로 인식했다. 따라서 그는 안보투쟁이 실패로 끝난 이유도 기성 정치세력의 정치적 한계 이전에 안정적인 경제기반 하에서 대중의 혁명적 정세가 추동력을 잃어버렸기 때문이라고 보았다. 저자는 이점을 들어 안보투쟁 당시는 물론 그 이후 현대 일본 사회의 흐름마저 간파하는 요시모토의 통찰력이 나타나 있다고 평가한다. 주지하는 바와 같이 현대의 대중은 자신들의 생활세계에 깊이 뿌리내린 채 좌와 우, 보수와 혁신과 같은 이념과 이데올로기를 허락하지 않는 '일상'이라는 새로운 심층을 만들고 있기 때문이다. 그런 의미에서 저자는 전후의 대중과 생활, 그리고 이념과의 격투를 요시모토의 1960년대 사상을 통해 성찰해 보는 작업은 현대 일본사회의 사상지형 탐구에도 큰 시사점을 제공할 것이라고 말한다.

서동주의 「문화보수주의의 '전후민주주의' 비판과 '친미'를 둘러싼 딜레마―에토 준의 전후사 인식을 중심으로」는 전후일본의 보수파 지식인 에토 준의 '전후일본'에 대한 비판의 논리를 분석하고, 전후의 역사에 대한 그의 인식 변화를 살펴보고 있다. 이를 위해 1960년부터 1980년대까지 주로 에토의 정치비평을 분석대상으로 하고 있다. 에토 준의 전후민주주의 비판은 안보투쟁 직후부터 시작되었다. 그는 일본국헌법의 제정에서 새로운 시대의 개막을 보는 '전후파'의 역사인식을 비판했다. 에토는 역사가 제도의 변경이 아니라 권력의 대립에서 움직인다고 생각했기 때문이다. 한편 1980년대에 에토는 점령기의 검열에 대한 연구를 통해 '강요된 헌법론'을 주장하는 한편, 이상적인 국가상을 문화론의 관점에 서서 제시하기 시작한다. 즉 그는 교전권 상실로 약체화된 전후국가의 재건은 헌법의 개정 여부와 관계없이 고유한 일본문화에 조응하는 국가의 실현을 통해서도 가능하다고 주장했다. 이런 주장의 배경에는 민주주의는 미국문화의 산물로서 일본문화와 이질적이라는 인식이 놓여있다. 저자는 이런 에토의 사상적 궤적에 대해 그의 전후비판은 1980년대에 이르러 문화보수주의의 모습을 드러내며, 과거 '전후파' 비판에서 발휘했던 역사에 대한 예리한 감각의 상실을 드러내고 말았다고 평가한다.

남상욱의 「서브컬처 비평담론과 '전후민주주의'―오쓰카 에이지를 중심으로」는 1990년대 이후 일본 서브컬처 비평담론 속에서 '전후민주주의'가 어떻게 표상되고 있는지를 다루고 있다. 여기서 분석의 대상이 되고 있는 것은 서브컬처 비평가인 오쓰카 에이지이다. 저자에 따르면 일본 서브컬처는 냉전의 종식이 가져온 거대담론의 해체 이후의 문화적 현상으로 이해되고 있다면, 오쓰카는 그것과 '전후민주주의'의 관련성을 강조할 뿐만 아니라 그것의 기반이 되는 헌법9조 수호 활동에도 적극 참여하고 있다는 점에서 독특한 사상적 위치를 점하고 있다. 1990년대 오쓰카에게 일본 서브컬처란 스스로를 표현할 말의 형식을 찾는 담론공간이자 말의 민주주의가 실현된 장소로 인식되었다. 나아가 그는 '전후민주주의'의 부정을 시도했던 에토 준과 달리, 그것이 오히려 기호 소비를 통한 사회의 평등화에 기여했다고 옹호했다. 한편 2000년 이후 오쓰카는 현대 일본인들이 감정에 휘말리는 모습에 반발하며 야나기타 구니오의 '공민' 개념에 착목한 헌법 수호 운동을 전개하는 한편, 현대일본의 '군중의식'에 대한 비판적 견해를 전개한다. 저자는 2000년대 오쓰카의 이런 사상운동은 그가 전후민주주의의 수호자라는 자각을 유지하면서도 1980년대 그 자신이 비판했던 대중과 유리된 지식인의 모습에 동화되어 가는 모순을 읽어내고 있다.

박규태의 「신도와 전후민주주의―아시즈 우즈히코를 중심으로」는 국체론자이며 신도가이자 1950년대~70년대에 걸쳐 대표적인 신도 저널리스트로 활약했던 아시즈 우즈히코(葦津珍彦)에 초점을 맞춰 그의 일본국헌법과 전후민주주의에 대한 비판의 논리를 살펴보고, 그가 전후민주주의 극복의 대안으로 제시한 '신도적 정치론'의 내용을 분석하고 있다. 아시즈의 전후민주주의 비판은 무엇보다 철저한 '일본국헌법' 무효론과 '제국헌법' 예찬으로 대변된다. 그는 일본국헌법이 미국식 민주주의의 직역이자 일본의 항복적, 대외추종적 평화주의의 원리에 불과하다고 비판한다. 따라서 그에게는 미국 민주주의 자체도 통렬한 비판의 대상이 되고 있다. 그리고 미국 민주주의에 대한 대안으로 신도 정치론에 입각한 '제국헌법'의 복원을 주창했다. 저자에 따르면 아시즈의 신도적 정치론이 주장하는 정치적, 사상적 정당성의 핵심 내용은 다음과 같은 세 가지로 정리할 수 있다. 첫째 신도적 양심에 의한 도덕적 정당성의 확보, 둘째, 천황의 정신적·문화적·정치적 권위의 절대화를 통한 역사적 정당성의 확보, 셋째, 왕도 인터내셔널리즘에 의한 시대적 정당성 확보. 즉 아시즈는 이 세 가지 측면을 통해 신도 정치론을 근거 지우고자 했던 것이다.

조관자의 「신좌익의 전후민주주의 비판과 조반 운동―마오이즘의 수용을 중심으로」는 일본 '신좌익'에 대한 재인식을 제기하고 있다. 저자는 한국과 일본 사이에 벌어진 인식의 간극을 좁히기 위해 일본 신좌익의 족적과 당대 이념에 대한 이해가 필요하다고 주장하고 있다. 저자는 우선 신좌익과 전공투의 차이를 밝히면서 폭력을 긍정하는 그들의 사상적 배경을 분석한다. 저자에 따르면 거기에는 '패배'의 감정을 각인시킴으로써 '저항'을 촉구하려는 반어법이 관철되고 있다. 이러한 저항 내셔널리즘은 중국의 근대와 마오이즘을 수용한 다케우치 요시미의 사상과 연결되는 것이지만, 저자는 다케우치는 신좌익의 사상을 대표하지 않는다고 말한다. 대신 저자가 주목하고 있는 것은 마오이즘을 수용한 신좌익 논객으로 활약한 쓰무라 다카시이다. 주지하는 것처럼 1960년 안보투쟁 이후 일본의 신좌익은 의회제와 시민 민주주의를 비판하는 혁명론을 펼쳤다. 저자는 특히 리버럴리즘을 비판한 신좌익의 혁명론 중에는 중국의 '마오이즘'을 수용한 세력의 활동은 현재까지도 그 영향력이 미치고 있다고 지적한다. 저자는 이런 문제의식 위에서 쓰무라 다카시의 사상담론에 대한 분석을 통해 현재에도 영향을 미치는 신좌익의 논리를 밝혀내고 있다.

김태진의 「'(탈)전후' 일본의 신체정치와 민주주의—자폐와 분열증 사이에서」는 전후 일본의 보수주의자들이 진단하는 전후체제의 문제와 그것의 극복방법의 핵심내용을 밝히기 위해 가토 노리히로와 오사와 마사치의 전후론을 '신체정치'의 관점에서 살펴보고 있다. 저자에 따르면 일본의 보수주의자들은 전후체제를 '대중의 병리' 혹은 '현대민주주의의 병리' 등과 같이 일종의 '병리적 세계'로 인식하는 경향을 드러내고 있다. 이러한 병리적 진단을 통해 현실과 이상 사이의 간극과 괴리를 문제시하며 일본 전후체제가 나아갈 방향을 제시하는 논법을 취하고 있다는 것이다. 가토 노리히로는 잘 알려진 것처럼 전후 체제의 핵심을 '인격분열'로 파악한다. 가토가 말하는 인격분열이란 단순히 보수와 혁신의 나뉘어짐이 아니라 하나의 주체 안에 공존하면서도 상대를 지워버리려는 일종의 '뒤틀림'과 관계가 있다. 또한 저자는 오사와 마사치의 『신체의 비교사회학』을 분석하면서 거기서 오사와가 했던 작업은 '개인적 신체'와 '집합적=정치적 신체'의 구별을 무화시키는 것이었다고 밝히며, 대의제 민주주주의의 한계를 극복한 형태로서 '풀뿌리 민주주의'에 대한 오사와의 지향을 읽어내고 있다. 여기서 신체론이 전후민주주의 비판과 만나 펼치는 독특한 사상지형을 만나볼 수 있다.

제1부

탈전후 사상의
연환과 계보

어느 전공투세대의 민주주의론*
가토 노리히로의 전후론을 중심으로

이경희

1. 전후 일본과 '민주주의'

전후 70년과 한일국교정상화 50주년을 맞은 2015년, 일본 외무성 홈페이지는 해외 수교 지역(국가) 중 한국에 관하여 "우리나라에 있어 전략적 이익을 공유하는 가장 중요한 이웃국가(韓国は、我が国にとって戦略的利益を共有する最も重要な隣国)"[1]라고 기술했다. 그해 2월까지는 "자유와 민주주의, 시장경제 등의 기본적 가치를 우리나라와 공유하는 중요한 이웃나라(我が国と、自由と民主主義、市場経済等の基本的価値を共有する重要な隣国)"로 기술돼 있었다. 변경 전과 비교해 보면 한국은 일본의 '가장 중요한 이웃국가'지만 '자유와 민주주의, 시장경

---

* 이 글은 『일본학연구』(54집, 2018.5.15.)에 게재한 논문을 수정, 보완하였다.
1) http://www.mofa.go.jp/mofaj/area/korea/data.html(최종 검색일: 2017. 10. 9.).

제'라는 기본가치를 일본과 공유하는지에 관해서는 더 이상 명기를 피하겠다는 함의를 읽을 수 있다.[2]

그런가 하면 '민주주의'에 대한 자체 점검의 목소리는 일본 내부에서도 고조되고 있다. 이와나미 편집부가 2016년에 펴낸 『나의 '전후민주주의'』는 패전 후 70년간 지속된 '전후 민주주의'란 무엇인지, 어떻게 다시 '전후민주주의'에 활력을 불어 넣을 수 있을지에 관하여, 각계 38명의 인물이 개진한 '전후민주주의'론을 수록하고 있다.[3] 일본에서 민주주의(=국민주권)는 평화주의 및 국제협조주의와 함께 일본국헌법(1947.5.3. 시행) 전문에 제시된 '숭고한 이념과 목적'의 세 축을 이룬다. 그러나 '점령기의 유산'이라는 생래적 모순 탓에 전후 민주주의의 70년 역사도 순탄치는 않았다. 그러한 연유로 '민주주의'라는 현재적인 테마

---

2) 스가 요시히데(菅義偉) 관방장관은 2015년 3월 4일 기자회견에서 변경 이유를 정기적인 홈페이지 갱신의 일환이었다며, "어쨌든 한국은 우리나라에서 가장 중요한 이웃국가"고, "앞으로 대국적인 관점에서 중층적이고 미래 지향적인 한일 관계를 구축해야 하며 끈기 있게 노력해 가겠다"며 일본정부의 공식 입장을 밝혔다. 반면, 2015년 3월 4일자 『연합신문』은 이를 두고, "한국에 대한 불만의 우회적 표현이라는 해석이나 정치적 의도를 담았다는 분석이 확산하는 것을 차단하기 위한 것"(「일본 외무성 '홈피 한국정보 정기적으로 개정"」)으로 보도하였다. 또 그 이유에 관해서는 한국 검찰의 산케이신문 전 서울지국장 기소 문제로 한국 법체계('민주주의의 근본')에 대한 불신이 거론되기도 했다(「外務省HP修正、韓国「説明必要」」『朝日新聞』, 2015. 3. 4., 「外務省ホームページ「韓国との基本的価値共有」を削除」, 『産経新聞』, 2015. 3. 4.).

3) 岩波書店編集部(編), 『私の「戦後民主主義」』(岩波書店, 2016, p.5). 집필진은 '전후민주주의'의 시작과 함께 청년기를 보낸 1920년대생부터 '전후민주주의' 비판이 부상하던 시기에 청년기를 보낸 1950년생까지 38명이며, 그 연령대는 20년대 생(4명), 30년대 생(9명), 40년대 생(23명), 50년대 생(2명)에 걸쳐 있다.

는 '좀처럼 끝나려 않는 전후'론을 반복하는 되돌이표가 된다.[4]

이안 부루마는 『0년-현대의 탄생, 1945년의 세계사』(2016)에서 2차 세계대전이 종결된 1945년을 '0년'으로 초기화했다. 일본은 일찍이 이 '0년'을 '전후'[5]라는 기점으로 설정했다. '전후'의 지층들은 냉전이 끝난 1990년대 이후의 전후론 붐 속에서 재조명되기 시작해 속속들이 그 모습을 드러내고 있다. 냉전 종식, 쇼와의 종언, 전후 50년으로 이어지던 역사적 전환점들과 맞물려 발표된 전공투세대 전후론자 가토 노리히로의 『패전후론』(1997)은 포스트 냉전기의 대표적이고 또 문제적인 전후론으로 기억된다. 그 후 가토는 '전후 일본'을 세계성 속에서 재조명한 또 하나의 전후론으로서 『패전후론』과는 사뭇 다른 인상의 『전후입문』(2015)으로 전후 70년을 맞았다.

가토가 주목하는 '전후 이후'[6]세대 비평가 이토 유지는 『패전후론』

---

4) '끝나려 않는 과거'란 1986년 7월 11일 하버마스가 『차이트』에 발표한 글이 발단이 된 구 독일연방공화국의 역사 논쟁 42편을 엮은 "Historikerstreit(역사가 논쟁)"의 일본어 역의 제목이다. 이 텍스트가 일본어로 번역·출간된 것도 '전후론' 붐이 한창이던 1990년대다. 한편, 하루투니언은 2000년 『批評空間(第Ⅱ期)』(NO.24)에 "Persisting Memory/Forgetting Hestory: The 'Postwar' (sengo) in Japanese Culture, of the Trope that Won't Go Away"(遠藤克彦 옮김, 「持続する歴史/忘却される歴史-日本文化における「戦後」、あるいは消え去ることのなり転義(トロープ)」, [ハリー・ハルトゥーニアン/カツヒコ・マリア ノ・エンドウ(訳), 『歴史と記憶の抗争-「戦後日本」の現在』(みすず書房, 2010) 수록)라는 제목의 논문에서 전후론 붐을 '전후'의 비역사화라고 비판했다.
5) 柄谷行人, 「憲法九条を本当に実行する」, 『私の「戦後民主主義」』, 岩波書店, 2016, p.113.
6) 1970년대 이후에 출생한 세대를 가리킨다. 加藤典洋, 『戦後を戦後以後、考える-ノン・モラルからの出発とは何か』, 岩波ブックレットNO.452, 岩波書店, 1998, p.5.

에 관하여 보수/혁신파의 모순을 지적하고 양자의 '상보적 공존관계'를 극복하려 한 점을 평가했다.[7] 반면, 『전후입문』에 대해서는 "민주주의와 평화주의의 이념 추구와 실현을 지향"하는 혁신파로 돌아서 '비평의 예리함'을 잃었다"며 유감을 표했다.[8] 그러나 헌법과 미일관계로 집약되는 '전후' 문제를 심도 있게 다루어 온 이 전후 첫 세대 문예비평가의 '민주주의' 인식을 파악하는 데 초점을 맞춘다면, 『전후입문』의 사뭇 달라진 인상에 시선을 고정하는 것 이상으로, 냉전 종결 전야부터 현재에 이르는 사상적 축적 속에서 접근하는 것도 의미가 있을 것이다. 이 글에서 가토 노리히로의 논단 데뷔작 『미국의 그림자』(1985)와 1990년대 전후론 붐을 선도한 『패전후론』(1997), 전후 70년의 시점에서 갱신된 『전후입문』(2015)을 중심으로, '전후' 일본과 '민주주의'를 둘러싸고 그가 시도해 온 사상의 윤곽을 총체적으로 검토하려는 것도 그 때문이다.

2. 가토 노리히로의 사상적 방법론

2.1. '문학적 오류 가능성'

이토 유지는 가토가 『전후입문』에서 혁신파로 돌아서 "민주주의와 평화주의의 이념 추구와 실현을 지향"했다고 했다. 그럼 『패전후론』에서는 '민주와 평화'의 이념을 부정했냐면 그렇지는 않다. 다만, 그는

---

7) 伊東祐史, 『丸山真男の敗北』, 講談社, 2016, p.226.
8) 伊東祐史, 『丸山真男の敗北』, p.222.

까다롭고 지난한 사상적 절차를 조건화했었다. 문제는 그것이 '민주와 평화'의 이념 실현에도 위협이 될 수 있다는 점이었다. 그 조건 중 하나가 '문학적 오류 가능성'이다. '오류 가능성'이란 말 그대로 틀릴 수 있음을 의미하며, '문학적 오류 가능성'이란 틀릴 수 있음의 자유로움과 무한함 속에서 '참(眞)'을 추구하는 것을 의미한다.[9] 바꿔 말하면, "참에 대한 단서가 아무 데도 없는 것에서, 잘못될 수 있음의 한가운데"서 "'참'과 연결되는 또 하나의 방법"[10]이다. 그 핵심은 '정치적 정도(political correctness)'를 유보하면서 '참'에 도달한다는 방법론적 대안이다.

진정한 호헌을 위해서는 국민투표로 헌법 9조를 재선택(選び直し)해야 한다고 했던 제언에도, 온전한 사죄를 위해서는 자국 전사자에 대한 '무의미'한 애도를 통해 사죄 주체를 형성해야 한다고 한 제언에도 모두 이러한 '문학적 오류 가능성'이 작용하고 있다. 가토의 제언이 파문을 던진 것도 그 때문이었다. 국민투표 결과가 헌법 재선택이 아닌 파기로 이어지고, 자국 전사자에 대한 애도가 사죄가 아닌 내셔널리즘의 강화로 끝나버릴 수 있는 '오류 가능성'은 누가 봐도 자명했기 때문이다. 게다가 '오류 가능성'이 현실로 나타날 때 거기서 어떻게 다시 '참'에 이를 수 있는가에 대한 논리적 해법은 제시되지 않았다.

예를 들어 제9조의 평화원칙이 일본국민에 의해 파기됐다 해도 상관없다－나는 개인적으로는 우리에게 이 평화원칙은 소중하다고 생각하

---

9) 加藤典洋, 『敗戰後論』, 筑摩書房, 2015[초판은 1997]), p.194, 233.
10) 加藤典洋, 『敗戰後論』, p.234.

기에 그러한 사태는 바람직하지 않지만, 그러나 헌법이 명분화(タテマ
エ化)돼 우리 속에 살아있지 않는 현실보다는 낫다. 만약 그러한 결과
가 나오면 이러한 입장에서 다시금 그 방향으로 헌법을 바꾸도록 무언
가 행동을 취하게 될 것이다.[11]

　　국민투표가 평화헌법의 파기라는 '바람직하지 않은'(=잘못된) 결
과를 초래하게 되면 그때 가서 평화헌법을 되찾기 위한 무언가를 하겠
다니 보기에 따라서는 진정성에 대한 의문마저 든다. 그런데 가토는 이
어서 "본디 평화헌법에 지탱된 평화주의란 완전히 어의 모순이라고밖
에 할 수 없다. 만약 평화주의 같은 게 있다고 한다면 의당 그것은 효과
없는 헌법을 파기하는 것이 아니라 반대로 헌법을 지탱하는 것이어야
할 것"이라고 덧붙이고 있다. 헌법 파기라는 '오류 가능성'을 감수하려
는 이유가 헌법정신('평화주의')의 진정성을 검증하려는 데에도 있었
던 것이다. 그것은 '참'(헌법의 제정권력과 국민주권의 일치)에 이르는
헌법 재선택론의 구상에서, 평화헌법이 파기되더라도 그 너머의 사유
를 이어갈 수 있는 '문학적 오류 가능성'의 무한함 즉, 사산되지 않을 사
상적 소산(헌법정신·평화주의 진정성 검증)이었던 것이다.
　　그렇다면 왜 가토는 이토록 지난하고 '오류 가능성'까지 높은 방법
론에 착안하게 된 것일까. 이를 확인하기 위해서는 논단 데뷔 이전으로
거슬러 올라가 사상 형성의 기점을 짚어볼 필요가 있다. 『패전후론』 발
표 이듬해, 가토는 『전후를 전후 이후에 생각하다』(1998)에서 자신의 사

---

11) 加藤典洋, 『戰後入門』, 筑摩書房, 2015, pp.81~82.

상적 전사(前史)로서의 전공투운동에 관해 언급했다. 고도경제성장기에 성장하면서 뭐든 할 수 있을 것 같은 '전능감'(全能感)을 체득했던 당시, 그는 사회적/정치적인 것에 대한 '부정 감정'이 자신의 전공투운동의 본질이라고 규정했다. 그 '부정 감정'의 발로와 경위는 다음과 같다.

> 예를 들면 일본공산당은 당시 '평화와 민주주의'라는 것을 얘기했었는데요. 솔직히 넌센스라 생각했어요. 평화를 생각하건 민주주의를 생각하건 '평화와 민주주의'라는 미사여구적인 그럴듯한 주장을 일단 끌어내린 다음이 아니고선 도저히 그 다음 문이 열리지 않는다는 느낌이었어요.12)

그의 '부정 감정'은 전후 일본이 표방하던 '평화와 민주주의', 정확하게는 그 신화화로 향해 있었다. '전후민주주의'라는 용어가 『아사히신문』과 『요미우리신문』의 기사 제목에 사용된 것은 각각 「전후민주주의의 평가와 반성」(1964.4.19.)과 「〈사설〉 전후민주주의의 시련」(1969. 1.1.)이 처음이다. 잡지에서 확인되는 것은 「전후민주주의와 의회제」(『세계』, 1962.8.), 「전쟁책임과 전후민주주의」(『사상의 과학』, 1962.10.) 등 좀 더 이르다. 1965년에는 야마다 무네무쓰의 『위험한 사상가-전후민주주의를 부정하는 사람들-』이 단시간에 베스트셀러가 된 것도 특기할 만한다.13) 야마다가 '위험한 사상가'로 지목한 오쿠마 노부유키의

---

12) 加藤典洋, 『戦後を戦後以後、考える-ノン・モラルからの出発とは何か』, 岩波書店, 1998, p.17.
13) 야마다가 『危険な思想家』(1965)에서 비판한 '위험한 사상가'는 武者小路実篤(1885-1976), 安倍能成(1883-1966), 大熊信行(1893-1977), 竹山道雄(1903-

전후민주주의 허망론14)에 대해 1964년, 마루야마 마사오가 "대일본제
국의 '실재'보다도 '전후민주주의'의 '허망'에 걸겠다"15)고 한 것은 잘 알
려져 있다. 이처럼 1960년대에는 용어로서의 '전후민주주의'의 출현과
함께 그 비판도 세를 얻어 갔다. 가토는 그러한 1960년대 말, 전공투운
동의 핵심 슬로건이었던 '전후민주주의 비판'16)을 공유하며 사상 형성
을 시작했다. 그리고 20년 후, 평화와 민주주의의 "미사여구적인 그럴
듯한 주장을 끌어"내릴 사상적 방법론의 확립을 『패전후론』에서 시도
하게 된 것이다.

2.2. 악에서 만드는 선: 내셔널리즘의 내셔널리즘 해체

『패전후론』에는 또 하나의 사상적 원리가 있는데 그것은 "당신은
악에서 선을 만들어야 한다. / 달리 방법이 없으니까"17)라는 인용구로
반복되고 있다. '악'이란 불의한 전쟁, 패전, 그로 인한 '뒤틀림'(전전과

1984), 石原慎太郎(1932-), 三島由紀夫(1925-1970), 福田恒存(1912-1994), 林
健太郎(1972-), 林房雄(1903-1975), 高坂正堯(1934-1996), 江藤淳(1932-1999)
등이다.
14) 오쿠마 노부유키의 『일본의 허망－전후민주주의 비판』(1970)에는 「조국상
실의 일본적 상황－'전후민주주의'의 허망을 공격하다」(1962)라는 글이 수
록되어 있다. 다만, 초출(『現代の眼』, 1962. 7.) 당시는 "'전후민주주의'의 허
망을 공격하다"라는 부재가 없다. 또 본문 중에도 '전후민주주의'라는 용어
는 보이지 않아 이는 단행본으로 출간되면서 사용된 것으로 보인다.
15) 丸山真男(1964. 5.), 「増補反への後記」『現代政治の思想と行動』, 未来社, 1969,
p.585.
16) 絓秀美, 『革命的な、あまりに革命的な』, 作品社, 2003, p.222.
17) 加藤典洋, 『敗戦後論』, p.85. 가토는 이 인용구가 리들리 스콧과 토니 스콧
형제의 소설 『스토커』에 실린 에피그라프라고 밝히고 있다.

전후의 단절) 등 그 구체적인 해석의 폭은 넓다. 여기서 가토가 말하고자 하는 것은 '선'에 이르기 위한 방법론이다. 앞에서 '문학적 오류 가능성'이 과정적 방법론이라면 이는 기점적 방법론이라 할 수 있다.

사죄(='선')에 관한 그의 구상도 이 기점적 방법론에 의거하고 있다. 주지하다시피, 『패전후론』에서 가토는 아시아 국가에 대해 사죄와 망언의 반복 현상을 전후 일본의 인격 분열로 진단하면서 사죄주체의 부재를 지적했다. 그리고 사죄주체(='우리들')의 형성을 선결과제로 꼽으며, 자국 전사자들에 대한 '무의미한' 애도를 그 형성조건으로 제시했다. 그렇게 해서 나온 사죄론이 "자국의 삼백만 전사자에 대한 애도를 통해서만 아시아의 이천만 피해자들에 대한 사죄에 이를 수 있다"[18]는 것이었다. '우리들'이란 자국 전사자와의 공동성(내셔널리즘)을 기반으로 통합된 사죄주체인데, 이 사죄주체가 타자(아시아 피해자)에 대해 사죄함으로써 그 공동성은 해체된다는 논리다. 그러나 애도에서 사죄로의 연쇄 작용을 보증할 안전장치는 없었다. 그래서 해체를 전제로 한 '우리들'이라는 일종의 의사(疑似) 내셔널리즘은 한동안 네오내셔널리즘, 내셔널리즘의 부활이라는 비판을 면치 못했다.[19]

득히 문제가 된 것은 자국 전사자에 대한 애도와 아시아 피해자에 대한 사죄의 우선순위 문제였다.[20] 애도와 사죄를 연쇄적으로 생각한

---

18) 加藤典洋, 『敗戰後論』, p.95.
19) 가토의 약한 국가의식을 지적하며 자학사관으로 규정하는 국가주의적 보수 진영의 비판도 있었지만, 대부분은 진보진영의 반(反)국민국가적 내셔널리즘 비판이었다.
20) 高橋哲哉・西谷修・浅田彰・柄谷行人, 「責任と主体をめぐって」, 『批評空間』II-3, 1997. 4., pp.9~15.

가토의 입장에서 보면 그러한 선후 문제는 본질을 빗겨나 있다. 그렇다고 애도와 사죄의 선후관계를 바꾸고서는 그의 사죄론 자체가 성립하지 못한다. 더 문제는 여기서 '문학적 오류 가능성'이 충분히 기능하고 있는가 하는 점이다. 이 사죄론에는 '오류 가능성'—사죄에는 이르지 못하고 애도에 머무는 결과— 너머로의 사유가 보이지 않는다. 사죄에 실패하더라도 건질 수 있는 사상적 의미가『패전후론』에서는 끝내 제시되지 못한 것이다.

3. '신화적 민주주의' 해체하기

이토 유지는 전후 일본인 스스로가 이념 대신 생활을 선택했고, 그 자발적 선택이야말로 '전후'의 가치 기반을 이룬다고 했다. 따라서 이념이나 프라이드를 운운하는 것은 '전후'적 기반을 부인하는 것이며, 궁극적으로는 '전후'에 대한 전후 일본인의 패배라고 했다.[21] 문제는 미일지위협정, 미군기지 철폐, 개헌과 같은 정치적 현안들인데, 그에 대해서는 '독립국가의 당연한 권리'에 따라 '스스로에게 좋을 대로' 타개하면 된다는 것이 그의 입장이다.[22] 그러나 가토의『전후입문』은 '독립

---

21) 伊東祐史,『丸山眞男の敗北』, 講談社, 2016, pp.226~227.
22) 해당 부분을 인용하면 다음과 같다. "…보수파와 혁신파는 물론 양자의 대립과 '전후' 그 자체에 의문을 품었던 사람까지 결국은 이념과 프라이드에 사로잡히고 만다. 그것은 전적으로 우리들이 전후에 이념과 프라이드를 버렸다는 사실을 받아들이지 못하기 때문이다. 요컨대 우리는 '전후'에 패한 것이다. / … 그 사실을 받아들이지 못하는 것이 바로 '패배'다. 우리가 이념

국가의 당연한 권리'가 전후 일본에서는 당연할 수 없다는 전제에서 출발한다. 그렇다면 그의 대미자립 구상에 있어『패전후론』에서 제시했던 방법론은 어떻게 작용하고 있을까.

3.1. '뒤틀림'에 선 저항: 해제되는 이원론

가토는 독립국가로서 행사할 수 있는 '당연한 권리'='내셔널리즘'에 제한을 두었다. 베트남, 인도, 필리핀처럼 전후 일본의 기원적 '뒤틀림'과는 무관한 구 식민국가에서는 내셔널리즘에 민족 독립의 기반을 두는 것이 '보통' 논리지만, 그 '보통' 논리가 전후 일본의 '뒤틀림'을 통과하게 되면 자립이 아닌 고립적 행보로 굴절된다는 이유에서였다.[23]

과 프라이드를 뒷전으로 하고 풍요를 최우선으로 생각한 것은 전후일본이 자랑할 만한 묵직함이며 오히려 그거야말로 전후일본의 진가다. 이념과 프라이드가 소중하지 않아서라기보다 이념과 프라이드에 과도히 뜨거워지지 말 것을 전쟁에서 배운 것이다. … 전후의 우리가 키워 온 것은 이념이나 프라이드를 쉽게 믿지 않을 것, 생활자로서의 불순한 둔중함이다. 이에 대해 더욱 자신을 갖는 게 좋다. 따라서 가령 미일지위협정과 미국군기지를 철폐하든, 헌법을 어떻게 개정하든, 독립국가의 당연한 권리로서 우리에게 좋은 대로 될수록 흥분하지 말고 조용히 진행하면 되는 것이다."(伊東祐史, 『丸山真男の敗北』, pp.226~227.)

23) 가토의 관련 주장을 인용하면 다음과 같다. "대미종속에서 독립이라 하면 보통은 민족의 독립이라든가 일본의 '긍지' 회복 등 내셔널리즘에 입각한 주장이 되는데 일본의 경우는 특별해서 그러한 보통 방법으로는 전혀 '맥락이 없을 것'입니다. … 왜냐면 그러한 시도는 의당 '국가/민족(네이션)'의 존재를 기반으로 하는 만큼 일본에서는 '전전과 전후의 연결'을 긍정하는 회로로 가게 됩니다. 그러나 그것은 전후의 국제질서를 부정하고 '일본'의 입장을 주장하는 것으로 귀착합니다. … 그럴 경우 미국정부의 일본 관할 담당자들은 일본의 주장을 지배자 미국에 대한 독립의 요구가 아니라 자신들이 대표하는 '민주원칙'의 대의에 대한 반대 주장으로 비틀어 일본이 다

이는 아시아(구 식민지)의 '내셔널리즘'을 인정하면서 일본의 '내셔널리즘'을 비판하는 것을 이중잣대로 보는 관점에 대한 반론이 되기도 한다.[24] 이러한 이유로 그는 일본의 대미자립 구상에서 내셔널리즘이 끼어들 여지를 처음부터 배제하고 있다. 주목할 것은 그러면서도 대미자립에 관한 그의 전망은 원폭투하, 무조건항복 정책에 대한 항의론에서 시작된다는 점이다.

> 우리들은 전전과 전후의 연결을 일단 끊을 필요가 있습니다. 우리 패전국 사람들의 경우는 필리핀, 인도와는 달리 전전을 부정하지 않고서는 전후의 가치관에 설 수 없기 때문입니다. 또 그런 후에 우리 생각을 자기 뜻대로 '바꾸려' 드는 자에게는 거슬러야 하는데 무엇을 발판으로 저항하는가 하면 바로 상대가 가져온 가치관을 우리가 받아들여 함양한 후에 그렇게 해야 하죠. 우리들의 행로는 '뒤틀림'을 지닙니다. / 무조건항복은 당신들이 신봉하는 민주원칙에 비춰 잘못된 비민주적인 정책이 아닌가. 원폭 사용은 당신들이 신봉하는 전시 국제법에 비추어 위법이 아닌가. 그런 식으로 "주눅 들지 말고 당당히 주장하는" 것, 그러한 저항만이 여기서 말하는 '당신들'을—당신들과 우리들을 다 포함하는—새로운 '우리들'로 바꾸는 유일한 방법이었던 것입니다.[25]

시 복고적 국가주의에 호소해 적대하려 한다고 국제사회에 선전하겠죠. 그러면 일본은 고립하게 됩니다."(加藤典洋, 『戰後入門』, pp.19~20.)
24) 일찍이 아시아의 내셔널리즘과 일본의 내셔널리즘을 구별했던 전후 일본의 대표적인 지식인으로는 마루야마 마사오와 다케우치 요시미가 있다(졸고 「마루야마 마사오와 다케우치 요시미의 전후 사상 재건과 '근대'적 사유—전전의 문화권력 '근대의 초극'과의 비/연속성」, 『동아시아문화연구』, 2018. 5. 참조).
25) 加藤典洋, 『戰後入門』, pp.284~285.

'전후의 가치관'에 서기 위해서는 '뒤틀림'을 지닌 "전전과 전후의 연결을 일단 끊"어야 한다고 명시돼 있다. 가토가 '민주주의'를 표방하는 것은 그것이 '전전'과 대립되는 '전후의 가치관'이기 때문이며, 무엇보다도 '민주주의'의 전파를 선도해 온 미국에서 강한 호소력을 지닐 수 있는 이념이기 때문이다. 그것은 내셔널리즘에 의거한 항의가 아니기에 '반미'와도 구별된다. 또 '우리들'(일본)과 '당신들'(미국)을 아우르는 새로운 우리들을 지향하는 가토의 저항론은 '친미내셔널리즘' vs '반미내셔널리즘'의 이원론을 해체한다. 동시에 저항을 통과한 통합은 종속적 통합과도 구별되므로 '저항=미일관계 악화' vs '종속=미일관계 강화'라는 이원론의 해체에도 닿아 있다.

이렇게 가토는 민주주의에 의거한 저항을 통해 민주주의를 이식한 미국과 민주주의를 이식받은 일본이 민주주의의 실천적 수호자로서의 새로운 '우리들'로 통합된다는 논리를 제시하고 있다. '우리들'의 기반은 민주주의라는 국제적 지향성 위에 설정돼 있으므로 이 '우리들'은 미일관계 밖으로 확장성을 지닌다. 양자관계를 넘어선 규모의 '우리들', 가토가 구상하는 '새로운 우리들'의 도달점은 여기에 있다.

3.2. 애도론-사죄론/사죄론-저항론의 순환

종래의 '우리들'로 시작해 새로운 '우리들'(공공성)로의 재편을 꾀하는 가토의 저항론(대미)은 『패전후론』의 사죄론과 논리적 연속성을 보인다. 반복하지만, 『패전후론』에서의 사죄론(대아시아)은 자국 전사자와의 연대를 통해 통합된 '우리들'(의사적 내셔널리즘)이 사죄를 행함으로써 '우리들'의 기반인 내셔널리즘도 해체된다는 것이었다. 한편, 『전후입문』에서의 사죄론은 '민주주의'에 의거한 저항을 통해 그것의 이식자인 미국과의 비민주적 양자 관계에 구속됐던 '종래의 우리들'을 해체한다는 것이다.

가토의 사죄론(『패전후론』)은 저항론(『전후입문』)과 연결됨으로써 일종의 논리적 탄력도 얻고 있다. 『패전후론』에서의 사죄론은 그 기점을 자국 전사자의 '무의미한 애도'라는 난제 위에 설정했고, 그 때문에 내셔널리즘이라는 비판을 받았다. 가토 자신은 『전후입문』에서도 『패전후론』에서의 사죄론을 유지한다는 입장이다. 하지만 그가 대미 자립의 첫 단추로 꿴 저항은 『패전후론』의 사죄론을 넘어 새로운 국면을 더하고 있다.

> 따라서 일본은 이러한 적극적인 국제사회의 관여[유일한 피폭국으로서 NPT를 대신할 새로운 '국제핵관리조약'을 제창하고 신체제 준비의 예산 기부를 통해 헌법 9조('비핵조항')를 강화하는 것—인용자]를 배경으로 미국에 대해 전후 첫 원폭에 대한 항의와 사죄요구를 해야 한다는 게 제 생각입니다. 이는 '사죄'를 요구하고 또 요구받는 것, 그리고 이에 성실히 응하는 것, 혹은 거기서 벗어나려는 것이 국제사회에서 어떠한 의미를 지니는지를 우리들에게 가르쳐 줄 것입니다. / 이러한 사죄요구에는 응당 지금까지 있었던 일본에 대한 타국의 사죄요구에 성실히 응하는 행위가 선행돼야 합니다. … 그러한 실적과 새로운 비핵외교의 책무를 배경 삼아, 아직 국제법상으로 불확정적이지만 미국에 대해 도의적으로 '인도에 대한 죄'에 비할 수 있는 민간인 무차별

대량 학살 병기의 사전 경고 없는 일방적 사용에 대한 항의와 사죄요구를 수행하는 것입니다. / 그것은 일본 정부가 요청받은 피폭자의 명예를 위해서 필요한 것이기도 하겠죠. / 그렇게 하면 지금까지의 중국, 한국 등의 사죄요구에 성실히 응하고자 했던 일본 국내 혁신파의 대응을 '자학사관' 등으로 비판해 온 복고적 보수파의 주장이 얼마나 허술한 것인지가 일본 국내에서도 분명해질 것입니다.[26]

여기서 가토의 사죄론은 '민주주의'를 계기로 분명『패전후론』에서 한발 더 나아간 전개를 보이고 있다. 그러나 동시에 재고해야 할 문제도 생긴다. 자국 전사자에 대한 '무의미한' 애도를 필요조건으로 했던『패전후론』에서의 사죄 논리가 실질적 의미를 잃게 되는 것이다. 아시아에 대한 사죄가 미국을 향한 사죄요구의 선결 조건이 되고 있기 때문이다. 미국에게 사죄요구를 못하거나, 안 하려면 아시아의 사죄요구에도 응하기 어려워진다. 그렇게 되면 자국 전사자에 대한 애도가 아시아에 대한 사죄로 이어지지 못할 가능성이 더욱 커진다. 반대로 미국에 대한 사죄요구를 위해 아시아에 대한 사죄가 선행돼야 한다면, 전자사에 대한 애도가 아시아에 대한 사죄의 필요조건이 될 이유도 없어지기 때문이다. 그렇다면 가토가『패전후론』에서의 사죄론을 유지하려는 것은 무의미한 것일까. 꼭 그렇지만은 않다.

이와 관련해 주목할 것은『패전후론』의 사죄론과『전후입문』의 사죄론에 걸친 복안적 시점이다. 자국 전사자의 문제를 방치/억압하고서는 망언의 고리를 끊을 수 없다고 주장했던『패전후론』의 사죄론은

---

26) 加藤典洋, 『戦後入門』, pp.491~492.

혁신파를 의식한 것이었다. 반면, 아시아에 대한 사죄를 '자학사관'으로 규정하는 것이야말로 원폭에 대한 사죄요구와 피폭자의 명예 회복을 방해하는 주범임을 환기시킨『전후입문』의 사죄론은 복고적 보수파를 의식한 것이다. 이로써『패전후론』의 사죄론은『전후입문』의 사죄론과 함께 혁신파와 보수파를 통합하는 사죄론의 한 축을 구성하게 된다.

4. 민주주의 구상의 회로들

4.1. '젊은 민주주의자' 에토 준의 그림자

『패전후론』의 '문학적 오류 가능성(과정적 방법론)'이『전후입문』의 저항론에서 어떻게 기능하고 있는지는『패전후론』과의 관계뿐 아니라 저항론 자체의 사상적 의미를 검토함에 있어서도 중요하다. '민주주의'에 의거한 저항이라 하더라도 그것만으로 일본의 저항을 미국이 받아들이기를 낙관하기는 어렵기 때문이다. 이때 '문학적 오류 가능성'이 기능하려면 미국이 일본의 항의를 받아들이지 않을 경우에도 사산되지 않을 사상적 의미가 제시돼야 한다.

결론부터 얘기하면 분명 가토도 그 점은 분명히 염두에 두고 있었다. '민주주의'와 관련한 문제 설정의 경위를 추적할 계기와 함께『미국의 그림자』와의 회로를 추출할 수 있는 계기가 확인되는 것은 에토 준에 대한 가토의 논의이다. 에토는 「1946년 헌법-그 구속」(1980)에서 교전권을 부정한 헌법 9조2항에 대해 주권 제한의 문제를 제기하면서, 교전권 회복과 그 이후의 대등한 미일관계 재편을 전망했다. 그는 헌법 9조2항을 일본의 보수진영과 혁신진영, 그리고 미국이 '은밀하게 상호 묵인'한 결과로 보며 개헌 문제의 공론화를 촉구했다. 일본과 미국의 대등한 파트너십에 관한 그의 전망은, 경제적 자립과 교전권 회복으로 더 강력하고 덜 의존적인 일본을 미국이 수용하여 동맹과 공존을 결의한다면 '미일관계의 장래는 틀림없이 밝을' 것이라는 데 있었다. 가토는 『미국의 그림자』에서 에토의 전망에 대해 "상대의 '선의와 관대함'에 기대하는 수밖에 없는 꽤나 기괴한 관계구조 속에 있"다고 지적했다.27)

사실 가토의 이 지적은 시미즈 이쿠타로에 대한 에토의 비판을 재현한 것이다. 에토의 시미즈 비판은 1960년으로 거슬러 올라간다. 안보 반대 시민운동에 앞장섰던 사회학자 시미즈는, 반정부측 국민대표가 기시내각을 상대로 신안보 철회, 기시내각 총사퇴, 국회 해산 요구가 받아들여질 때까지 국회를 둘러싸고 농성을 했더라면 안보조약 저지에 성공했을 거라고 주장했다.28) 그러나 시미즈의 주장은 결국 '상대(기시수상)의 선의와 관대함'에 기대는 것 아니냐며 그 안이함과 관념성을 비판한 것이 에토였다.29)

---

27) 加藤典洋, 『アメリカの影』, 講談社, 1995[초판은 1985], p.59.
28) 清水幾太郎, 「安保戦争「不幸な主役」」, 『中央公論』, 1960. 9.
29) 에토는 시미즈의 「안보전쟁 '불행한 주역'」이 발표된 2개월 후, 「"전후" 지식인의 파산」에서 시미즈의 주장을 다음과 같이 비판했다. "시미즈 씨가 하려

가토가 에토에 의한 시미즈 비판의 언설 형식을 그대로 에토에게 적용한 것은, 에토가 과거의 시미즈 비판을 잊고 그 전철을 밟고 있음을 환기시키려는 효과음처럼도 들린다. 그러나 가토가 말하고자 하는 것은 사실 그 반대다. 에토는 미국이 그러한 '선의와 관대함'을 보이지 않는다면 "필시 자국에 있어 최대 이익의 하나를 언젠가는 포기해야 하

는 것은 이러하다. 5월 26일에는 '분노에 타오른 17만의 사람들이 빼곡히 국회를 둘러싸고' 있었다. 이러한 정세 속에서 '우리 중 몇 명의 국민대표를 선출해 기시 수상에게 면회를 요구하고 신안보를 취소하고 기시내각의 총사퇴, 국회 해산 등의 요구를 들이내며 이 요구가 받아들여질 때까지 계속 농성하는 방법'을 취하면 필시 안보는 저지할 수 있었을 것이다. 그렇게 되지 않은 것은 국민회의와 공산당이 데모대를 해산해버렸기 때문이다. 그 결과 '승리' 가까이에 있던 반정부 측은 '결정적 승부수'를 잃고 말았다. …… 그런데 내가 주목하고 싶은 것은, 이를 '결정적 승부수'로 생각하는 시미즈 씨의 생각 저변에 깃들어 있는 것에 관해서다. … 시미즈 씨가 행하려는 것은 결국 기시 씨의 관용과 도의심에 기대하는 것에 지나지 않는다. 국회의 정원에는 헬리콥터도 뜰 것이고, 농성하는 사람들의 요구에 굴하기 전에 수상은 경관에게 명해 '국민대표'를 축출해 낼 수도 있다. 그러한 단순한 가능성을 시미즈 씨는 전혀 안중에 두지 않은 채 이것이 '결정적 승부수'라고 주장한다. 이상하지 않은가. / 필시 시미즈 씨는 가능한 한 현실적으로, 정치적으로 행동하려 했을 것이다. 그러나 그 행동이 극에 달했을 때, '결정적 승부수'를 결정하는 것은 상대의 선의와 관대함이었다. 현실과 접촉하려는 순간에 가장 관념적이 됐다는 것을 시미즈 씨 자신은 의식하고 있지 않지만, 그는 공산당과 국민회의가 아니라 바로 자신이 신봉하는 가공의 한계에 패한 것이다."(江藤淳, 「"戰後"知識人の破産」, 『文藝春秋』(1960. 11.), 『1946年憲法－その拘束』, 文藝春秋, 2015, pp.174~175.) 한편, 오구마 에이지는 당시 시미즈에 대한 마루야마의 회상 내용('"어째됐건 안보는 통과할 테니 지도부를 전복하는 것이 최우선이다"'라는 의미로 받아들였습니다.")을 근거로, "시미즈는 처음부터 안보반대의 '패배'를 예상했고 현실적인 성과를 획득하는 것보다도 운동을 '아름다운' 것으로 만들기 위해 '불결한 것'을 타도하기를 우선"했을 가능성을 언급하고 있다(小熊英二, 『清水幾太郎－ある戰後知識人の軌跡』, 御茶の水書房, 2007[초판은 2003]), p.68.).

게 될지도 모른다"30)는 경고를 덧붙여 놨다. 가토는 에토의 대미자립 전망의 역점이, 더 강해지고 덜 의존적이 된 일본과의 대등한 관계를 미국이 받아들이지 않을 경우(='Unless')를 상정한 이 후속문에 있다고 본 것이다. 그러면서 가토는 그 '최대 이익의 하나'가 무엇을 의미하는 지를 특정하기 위해, 10년 전에 발표된 에토의 「'흉내 놀이'의 세계가 끝 났을 때」(1970)로 거슬러 올라간다.

　에토는 「'흉내놀이'의 세계가 끝났을 때」에서도 오키나와 반환 후 를 그리며 일본 정부는 기지 철폐와 함께 새로운 미일 동맹관계를 모색 할 것이라고 전망했었다. 그러고는 뒤이어 미국이 일본 정부의 요구에 응하지 않을 경우, "미일관계는 결정적으로 악화돼 일본정부는 핵무장 을 통한 자주방위의 길로 몰리게 되지 않으리라 보장할 수 없다. 이 경 우 생존의 유지와 자기동일성 회복이라는 두 가지 요구를 함께 충족시 키려면 이 외에는 도저히 방책이 없을 것으로 생각되기 때문"31)이라고 말을 이었다. 앞서 봤던 「1946년 헌법－그 구속」(1980)에서의 대등한 미 일 파트너십 전망에 관한 언설과 유사한 구조를 감지하는 것은 어렵지 않다. 가토가 여기서 「1946년 헌법－그 구속」의 '거의 완전한 맹아'를 본 것도 그 때문이다. 이를 근거로 그는 미국이 일본과의 '자유롭고 평화 로운 파트너십'을 거부한다면 언젠가는 포기하게 될 수 있다고 했던 '최 대 이익의 하나'를 핵무장이라고 단언하고 있다. 나아가 이는 전후 일

---

30) 江藤淳, 「一九四六年憲法－その拘束」, 『諸君!』(1980. 9.), 『1946年憲法－その 拘束』(文藝春秋, 2015), p.109.
31) 江藤淳, 「「ごっこ」の世界が終わったとき」, 『諸君!』(1970. 1.), 『1946年憲法－ その拘束』, pp.158~159.

본에 관한 함의 도출로 확대된다.

내셔널리즘은 사라진 것은 아니다. 그러나 또, 확고하게 전통적인 존재양상을 지속하고 있는 것도 아니다. 에토의 unless 이하의 말은 그러한 내셔널리즘의 소재와 존재양상을 보여준다. 그것은 만약 미국이 일본의 '제안'을 거부했을 경우, 더 이상 제어할 수 없는 형태로 새로운 무언가가－내셔널리즘으로서 또는 내셔널리즘 대신－분출하게 될 것, 게다가 그것이 지금의 반미의 '반'자도 보이지 않는 현실의 기저에 현존하며 또 현실과 공존하고 있음을 말해주기 때문이다.[32]

이처럼 가토가 새로운 미일 동맹관계에 관하여 에토가 지녔던 1980년대 전망과 1970년대 전망의 언설적 상동구조에 주목한 것은 궁극적으로는 당시 일본에 존재하는 내셔널리즘에 주의를 환기시키려는 데 있었다.

하지만 「1946년 헌법－그 구속」을 보면 가토가 단언한 '핵무장' 가능성을 정작 에토 자신은 명백하게 부정하고 있는 것도 사실이다. 에토는 핵무장의 경제적, 윤리적 문제 이전에 전략적 무효론의 입장에서, 일본의 교전권 회복을 주장하는 것이 핵무장론과는 무관함을 강조하고 있다.[33] 그러한 점에서 기지 철폐, 일본과의 대등한 동맹관계 재편

---

32) 加藤典洋, 『アメリカの影』, p.60.
33) 에토는 「1946년 헌법－그 구속」에서 일본의 핵무장에 반대하며 그 이유를 다음과 같이 설명한다. "'교전권'의 회복은 본래 전쟁으로의 길을 걷는 것을 의미하지 않으며 실은 핵무장조차 의미하지 않는다. 그것은 주권 회복만을 의미하며 일본이 강제된 헌법상의 구속에 의한 것이 아닌 스스로의 의지에 의해 선택한 기본적 정책으로서 평화유지의 모든 노력을 계속하는 것을 의

을 미국이 거부할 경우, 일본은 핵무장도 불사할 것이라고 했던 10년 전 주장과의 차이는 명료하다. 에토가 이 글을 발표한 것은 오피니언지『제 군(諸君)!』(1980.9.)인데, 마침 이 잡지에는 2개월 전 일본의 핵무장을 주장해 반향을 일으킨 「핵의 선택 일본이여 국가다우라(核の選択 日本よ 国家たれ)」가 발표됐었다. 게다가 저자는 앞에서 보았듯 1960년 안보반 대에 앞장섰고 또 1950년대에는 '평화문제간담회'[34] 멤버였던 시미즈 이쿠타로였다.

시미즈는 1961년『중앙공론』에 발표한 「안보투쟁 1년 후의 사상」에서 젊은 층은 이미 대미종속과 결부된 '평화화 민주주의'에 식상해 했고 마침내 "평화 넌센스, 민주주의 넌센스를 부르기 시작할 것"[35]이라고 주장했다. 그는 다케우치 요시미를 비롯해 안보투쟁의 성패 자체보다도 투쟁 과정의 '민주주의'를 중시했던 진보적 지식인들을 비판했다.[36] 전공투운동 당시 '평화와 민주주의'를 '넌센스'로 생각했다던 가

미하는 데 지나지 않는다. … 핵무장에 관해 말하자면 내게는 그것이 일본 의 현명한 선택이라고는 도저히 생각되지 않는다. 경비 문제와 그에 포함되 는 윤리적인 문제를 별도로 하더라도 일본처럼 가늘고 긴 섬나라가 핵을 보유하는 것에 전략적 이점이 있다고는 생각되지 않기 때문이다. 만약 가령 핵을 보유한다 해도 지리적 조건상 일본에는 '제 2격(second strike)'의 능 력이 없다. 그리고 '제 2격' 능력이 없는 한 핵은 억지력으로서의 기능조차 발휘할 수 없는 것이다."(江藤淳, 『1946年憲法−その拘束』, pp.103~104.)

34) 비공산당계 진보파, 공산주의자, 반공주의적 올드 리버럴리스트 등이 참가 한 지식인 그룹으로 잡지『세계(世界)』의 초대 편집장 요시노 겐자부(吉野 源三郎)로에 의해 조직.

35) 清水幾太郎, 「安保闘争一年後の思想」, 『中央公論』(1961. 7.), [小熊英二, 『清水 幾太郎−ある戦後知識人の軌跡』, p.73. 재인용].

36) 小熊英二, 『清水幾太郎−ある戦後知識人の軌跡』, p.65.

토의 경우를 떠올려 보더라도 시미즈의 예언은 적중했다. 그러나 "전학련과 신좌익을 지지하는 "격렬한 '혁명'주의자"의 단계를 거친 시미즈는 머지않아 사회주의 전반에 대한 희망을 상실한다. 그로부터 10년도 채 지나지 않아 부상한 전후민주주의 비판에 의해, "평화 넌센스, 민주주의 넌센스를 부르기 시작할 것"이라는 시미즈의 예언이 현실이 됐을 때 정작 전공투운동에 대한 그의 반응은 냉담했다.[37]

그런데 가토는 1980년대 일본의 내셔널리즘을 언급하면서, 같은 시기에 일본의 핵무장론을 전면 주장했던 시미즈의 글이 아니라 일본의 핵무장을 부정하는 에토의 글을 그의 10년 전 '핵무장' 언급과 결부시켜 논거로 제시하고 있는 것이다. 그 이유는 "반미의 '반자'도 보이지 않"지만 실은 제어 불가능한 '내셔널리즘(핵무장)'이 도사리고 있는 것이 1980년대 일본의 현실이라는 것을, 핵무장론을 전면 부정했던 1980년의 에토의 언설과의 유비관계를 통해 피력하려던 것으로 보인다.

아이러니하게도 민주원칙에 입각해 비민주성을 지탄하는 저항의 논리를 가토에게 시사한 것은 다름 아닌 에토였다. 『전후입문』에서 가토는 오래전 안보투쟁 당시 보았던 에토를 기억하고 있다.

그[에토 준—인용자]는 앞서 60년 헤거티사건의 취재 에세이에서는 오히려 미국에 들이대야 할 플래카드는 '반미'가 아니라 '반기시'여야 한다고 지적했습니다. 하네다공항은 데모대가 아이젠하워 방일에 반대할 이유는 '반미' 내셔널리즘에 있는 것이 아니라 반민주주의적인 기시

---

37) 小熊英二, 『清水幾太郎—ある戦後知識人の軌跡』, p.73.

정권에 대한 민주주의적 입장에서의 비판에 있다고 미국 측에 보여주는 것이야말로 '미일'의 공통기반을 확인하는 데 있어 중요하다는 것, 그것은 젊은 민주주의자 에토에게서 나온 예리한 지적이었습니다.[38]

'반미'를 넘어 민주주의에 입각한 비민주성 규탄이라는 안보반대의 논리, 1970년을 전후해 사라졌지만 여전히 가토의 뇌리에 남아 있는 '젊은 민주주의자' 에토의 모습이다. 『미국의 그림자』에서 가토는 점령이 끝난 후에도 '무조건항복' 정책의 비민주성을 지적하는 비판이 끝내 나오지 않은 것을 지적하며, 전후 일본의 민주주의가 제대로 뿌리내린 것이 맞는가 하는 의문을 제기했었다.[39] 1978년의 '무조건항복 논쟁'에서도 사정이 달라지지 않았다. 그러나 가토의 의문은 '무조건항복'을 주장한 혼다보다, 1977년 6월 이후 돌연 '유조건항복'의 입장으로 돌아선 에토 준[40]으로 향하게 된다. 이는 일찍이 '평화와 민주주의'의 넌센스적 신화 해체에 착수했던 가토가, '민주주의'적 저항 논리의 참조항이었던 '젊은 민주주의자' 에토의 내셔널리즘(1970년 전후~)을 극복해야 할 새로운 사상적 과제로 설정했음을 의미한다.

---

38) 加藤典洋, 『戰後入門』, pp.48~49.
39) 가토는 '무조건항복'의 비민주성과 군사성'을 지적하면서, "'정책 면에서 보자면 자신이 믿는 모럴을 타국에 강제하기 위한 무력 정책이며 또 사상적으로 보자면 본래 국가 간 교섭이어야 할 전쟁행위에 국민 전부를 '끌어들이는' 일종의 전체주의적 사상, 초국가주의적 사상"이라고 부연하였다."(加藤典洋, 「戰後再見－天皇・原爆・無条件降伏」, 『文藝』(1984. 9.), 『アメリカの影』, p.177.
40) 加藤典洋, 『アメリカの影』, p.199.

4.2. 나카에 조민이라는 참조계: '노년의 민권론자'

　가토의 '민주주의'적 저항론과 관련하여 그 저항이 미국에 받아들여지지 않을 경우 '문학적 오류 가능성'은 어떻게 작동되는가 하는 문제로 돌아가 보자. 일본은 민주주의 이념과 원칙에 입각해 미국의 원폭투하와 무조건항복 정책의 비민주성에 항의해야 한다고 했다. 그런데 '민주주의'에 의거한 항의라면 미국의 '선의와 관대함'에 기대지 않고도 대미자립은 보장되는가. 이제 가토 자신도 에토에게 물었던 동일한 물음 앞에 있다. 물론 그 대답은 에토의 내셔널리즘과는 다른 것이어야 한다. 미국은 "국내 독재 내지 반국제사회적 국가주의와 극단적인 대미협력 및 종속정책이 쌍을 이루는 경우"에는, "일관되게 자국의 이익을 위해 자국의 이념은 뒷전으로 돌린 채 이를 지지하고 보호"해 왔고 현재의 미일관계도 그와 '동질 관계'에 있다는 것이 가토의 인식이다. 미국은 솔선하여 표방해온 '민주주의' 이념보다 자국의 이익을 우선해 왔으며, 실제로 그 이익은 2차대전 이후 표방해 온 자국의 이념에 '일관되게' 반해 왔다는 것이다. 이러한 대미인식으로 보아 자신의 '민주적 저항'론이 실패할 경우를 상정했을 것은 자명하다.

　그는 일본이 과거에 GHQ의 '무조건항복' 정책에 저항할 수 있는 유일한 길은 "민주원칙과 정의와 자유라는 국제사회질서의 기초를 지탱하는 가치관에 서서 이 무조건항복정책, 언론통제를 비롯한 점령정책, 또 국제군사재판 등에 대한 비판, 원폭투하를 비판하며 저항하는" 것이었다고 했다. 그 역시 묵살될 수 있겠지만 그렇더라도 "그것은 '당신들'을 '우리들'로 바꿈으로 민주원칙에 있어서는 '우리들'과 '그들'의 위치를 역전시킬 것"[41]이라고도 덧붙이고 있다. 역전당하는 것은 민주원칙을 무시하는 '그들(미국)'이고, 역전하는 것은 이식받은 민주원칙을 실천하는 '우리들(일본)'이 되는 것이다.

이 '역전'의 논리가 낯익은 것은, 『미국의 그림자』에서 그가 나카에 조민의 자유민권운동을 설명하던 논리와 유사해 보이기 때문이다.

꽤 오래전 일인데 나카에 조민은 프랑스에서 자유, 평등, 박애 사상에 접하고 루소를 배우며 마르세이유에서 귀국하던 도중 사이공에서 서구인이 그 만민평등 박애주의의 명분에 반하여 베트남인을 노예처럼 항만노동에 부리는 것을 목격하면서 자유, 평등, 박애 사상은 분명 그들에 의해 만들어졌으나 그것을 충분히 실현, 실행할 수 있는 것은 그들이 아니라 그것을 배우고 이식해 온 자신들이 아닌가 생각했다. … 이때의 생각이 훗날 그의 훌륭한 주장, 즉 자유민권 같은 걸 지금 와서 얘기하면 이미 한물 지나갔다고 한다, 분명 이는 이론으로서는 오래됐다. 하지만 이 이론을 우리는 어떤 식으로 실행해 왔나, 자유민권은 실행으로서는 지금도 신선하다고 했던 주장 … 여기에 있는 것은, 소위 생각과 실행 사이에 있는 간극에 대한 역동적인 파악이다. 나카에의 자유민권사상이 실행으로서 신선하다는 주장은 그 '생각'과 '실행'의 시간적 간극의 의미를 다이나믹하게 파악한 것이고, 또 서구인이 발상한 자유평등사상을 충분히 실행할 수 있는 것은 그들이 아니라 그것을 이식받은 우리 쪽이라는 인식은 사상과 실행 사이에 있는 공간적 간극의 의미를 희유의 적극성으로 파악하고 있다.[42]

---

41) 加藤典洋, 『戰後入門』, p.285.
42) 加藤典洋, 『アメリカの影』, pp.174~175.

가토는 조민이 유학 후 귀국길에서 겪은 체험과 훗날의 자유민권 운동을 연속적으로 파악하면서, 이론과 실천의 간극을 파악한 조민의 역동성과 적극성을 강조하고 있다. 적극성이란 유럽인의 자유, 평등, 박애 사상과 그 실천 간의 불일치를 목격한 조민이 이론적 주체와 실천적 주체 간의 공간적 간극을 간파해, 이념의 실천 주체로서의 일본을 지향했다는 것이다. 역동성이란 이론과 실천의 시간적 간극을 간파함으로써, 많은 민권론자들이 국권론자로 돌아서고 시대착오적이라는 비판이 난무한 속에서도 자유민권운동의 지속 논리를 펼 수 있었다는 것이다.

가토가 『전후입문』에서 개진하고 있는 대미자립의 논리는 이처럼 30년 전, 『미국의 그림자』에서 그가 주목했던/부각시켰던 조민의 역전적 사고와 연속해 있음을 볼 수 있다. 가토가 역동성과 적극성을 부각시킨 조민의 두 발언은 20년에 가까운 시차를 두고 발표된 것이다. 전자는 유럽의 문명적 우월감을 비판하며 도의적 외교론을 전개한 「외교론」(『자유신문』, 1882.8.12·15·17.)이다. 후자는 1900년, 여명 1년을 안 시점에서 '동양의 루소' 조민이 인민의 주체적 사유를 촉구했던 평론집 『일년유반(一年有半)』의 부록 「생각하지 않을 수 없다」(1900)다. 후자에 관해서는 가토보다 먼저 '전후민주주의'의 대표적 오피니언 리더 마루야마 마사오가 「일본의 사상」(1957)에서 언급했고[43], 그 후에는 가

---

43) 「일본의 사상」에 언급된 조민 관련 부분을 인용하면 다음과 같다. "실로 그나카에 조민—인용자가 죽은 후에도 지배층에 '짓밟혀 이론 상태에서 소멸'했기에 '말로서는 심히 진부하지만 실천으로서는 신선'한 진보적인 사조는 계속 쌓여 산을 이뤄 1945년 8월 15일에 이르렀다(그 반면에 진보사

라타니 고진도 마루야마를 경유해 조민의 발언에 주목했다.[44] 가토와 마찬가지로 마루야마도 가라타니도 서구 이론의 일본적 사상화라는 문맥에서 이론과 실천의 간극을 지적한 조민의 발언에 관심을 보였었다. 가토는 더 나아가 유럽의 문명적 우월감을 비판하며 도의적 외교를 주장했던 100년 전의 「외교론」과 연결시키며 '동양의 유학생'으로서의 적극성을 부각시켰다. 그리고『전후입문』에서 조민의 비평안은 가토의 대미자립안을 지탱하는 역전의 논리로 확장된 것이다.

4.3. '회심의 불씨' 난바라 시게루 제고

오구마 에이지는 가토가『패전후론』에서 일본국헌법 개정 반대자로서 미노베 다쓰키치만 언급하고 일본공산당과 난바라 시게루는 언

상이 그렇게 '실행'을 저지당한 것이 후술할 '이론신앙'을 낳은 원인이 되기도 했다). 전후의 '해방'이 메이지의 자유민권론에서 쇼와의 코뮤니즘까지, 천황제라는 장벽에 저지당했던 모든 '진부'한 진보사상의 비등(沸騰)을 초래한 것이 까닭 없는 일은 아니었다."(마루야마 마사오, 「일본의 사상」(1957), 『일본의 사상』, 김석근 옮김, 한길사, 1998, p.81.)

44) 가라타니는 한국어판 서문에서 다음과 같이 언급하고 있다. "실행되지 못한 이론은 진부하게 보여도 신선하다, 라는 나카에 초민의 말은 내게도 '신선'했다. 조민이 이 글을 쓴 시기에는 니체주의 같은 '이론'이 유행했지만 더 이상 그런 것은 읽기 어려운데 조민의 말은 어째서 신선한 것일까. 그것은 루소에 입각한 그의 '민권' 이론 때문이 아니다. 조민의 말이 신선한 것은 그것이 '비평' 언어기 때문이다. 비평 그 자체가 이론과는 다르다. 그것은 오히려 이론과 실행의 현격(懸隔), 사유와 존재의 현격(懸隔)에 대한 비판적 의식이다. 나는 이 책에서 데리다나 푸고의 이론적 영향을 받았지만, 그것이 프랑스에서 지니는 비평적 역할과 일본에서 지니는 의미를 혼동한 적은 없다. 따라서 나는 일본에서의 데리다주의나 푸코주의의 경박한 '유행'에 이의를 제기했던 것이다."(柄谷行人, 「韓国語版への序文」(1997), 『定本 日本近代文学の起源』, 岩波文庫, 2017, p.307.)

급하지 않았다며, 그것은 가토의 전후민주주의·혁신파 인식이 관념적이기 때문이라고 했다. 오구마의 지적[45]을 의식했을까, 『전후입문』에서는 가토도 일본공산당이 "'정의의 전쟁'까지 포함한 전쟁 일반을 포기했"다는 이유로 헌법개정안에 반대했음을 명기하고 있다.[46] 다만, 가토의 논점은 일본국헌법초안(정식명은 '제국헌법개정안') 심의[47] 자체를 반대함으로써 전후의 '뒤틀림'(전후의 민주주의='점령 민주주의')에 대한 자각을 보여줬다는 점에서 미노베의 반대는 공산당의 반대와는 다르다는 데 있다. 일찍이 그 차이를 지적한 것은 이토 유지였다. 가토가 미노베만 언급한 것은 그가 신헌법 자체보다 패전을 은폐한 신헌법 제정 절차에 반대하며, 패배의 흔적을 신헌법에 남겨두려한 점을 부각시키기 위해서였고, 따라서 오구마의 지적은 가토가 제기한 문제에 대한 정면 비판이 되지 못한다고 했다.[48] 맞는 지적이다.

---

45) 小熊英二, 『〈民主〉と〈愛国〉－戦後日本のナショナリズムと公共性』, 新曜社, 2002, p.15.

46) 加藤典洋, 『戦後入門』, p.365. 또 가토는 공산당 당사를 확인하면서, "그 후[46년의 헌법개정안 반대－인용자], 전쟁을 포기하고 전력을 갖지 않기로 정한 헌법 9조 하에서도 자위권 보유'가 '폭넓게 인정되게 됐'기 때문에 '헌법의 개악에 반대하여 9조를 적극적으로 옹호'"하게 됐다고 덧붙이고 있다 (p.367).

47) 제국헌법 개정안이 심의에 부쳐진 제90회 제국의회의 본회의 속기록은 다음날 『관보호외(官報號外)』에서 공개됐다. 특별위원회 속기록 공개를 거쳐 중의원과 귀족원의 양 소위원회 속기록을 포함한 심의 전모가 전면공개되는 것은 '전후' 50년이 경과된 후다. 제국헌법개정안위원회의 속기록(「〈第90回 帝国議会衆議院〉帝国憲法改正案委員会議録(速記)」)은 현재 온라인상으로도 열람 및 다운로드가 가능하다. http://teikokugikai-i.ndl.go.jp/SENTAKU/syugiin/090/1440/mainb.html(최종 검색일: 2018. 7. 3.).

48) 伊東祐史, 『戦後論－日本人に戦争をした「当事者意識」はあるのか』, 平凡社, 2010, pp.72~74.

그런데 이토의 지적 이후에 발표된『전후입문』에 이르면 난바루 시게루에 관한 가토의 조명도 새로운 전개를 보이게 된다.『패전후론』에서도 난바라에 관한 언급이 없었던 것은 아니나, 그때는 천황을 경애하면서도 드물게 쇼와천황의 전쟁 책임을 언급한 지식인으로 그 이름을 언급[49]한 정도이다. 그런데「전후입문』에서는 1949년, 수상 요시다 시게루가 단독강화와 미일안전보장조약 체결로 가닥을 잡아가던 중에 파문을 부른 전면강화론자 난바라 시게루에게 초점이 맞춰져 있다.

전면강화의 관점에서 이 문제[강화문제—인용자]에 일석을 던지게 된 것은 12월에 들어 도쿄대학 총장 난바라 시게루가 미국에서의 교육자 회의에서 행한 발언이었습니다. … 게다가 귀국 후 1950년 1월의 귀국 강연에서 그것이 방미에 앞서 있었던 맥아더와의 회담에 근거한 발언임을 밝힘으로써 그 주장에는 무시할 수 없는 무게가 더해지게 됐습니다. / 그리고 같은 1월, 이 발언에 잇따른 형태로 잡지『세계』를 중심으로 먼저 만들어진 '평화문제회담회'가 강화문제를 향한 성명을 냅니다. … 이때는 아직 유엔 가입 이전이라 '유엔 가입'이 함께 목표로 꼽혔는데 미일조약을 바꾸기 위해 유엔중심주의를 지향하는 것이 그 중심 방향을 이루었습니다. … 자위권을 포함한 전쟁 포기라는 헌법9조

---

49) 加藤典洋,『敗戰後論』, p.80. 단, 난바라 시게루의 1946년 4월 29일 천장절(天長節)에서의 천황퇴위론은 "'인간'을 선언한 천황에 대한 경의와 일본을 초토, 괴멸에서 구한 천황에 대한 공감, 목전의 극동군사재판에 대한 대책으로 법률상·정치상 전쟁 책임이 없음을 분명히 하는 것"이었다. 이는 신문에 대서특필되면서 큰 반향을 불러일으켰고 비판은 공산당으로부터도 우익, 보수파로부터도 나왔다(沢目健介,「野坂参三－共産党の憲法論などをめぐって」,『南原繁と日本国憲法－天皇制と戦争放棄とをめぐって』, 南原繁研究会 編, EDITEX, 2011, pp.53~54.).

안은 당초 1946년 2월, 맥아더 노트라는 형태로 태어나 … 일본정부에 받아들여졌지만 1년 후에는 천황의 안존을 확보한 일본정부에게 단념되고 나아가 1950년 6월에는 맥아더 자신으로부터도 파기됩니다. 생후 바로 확실한 버팀목을 상실한 고아로 국제사회에 내버려지게 됐다는 것이 사실에 가깝겠죠. 그러나 기댈 곳 없는 '사생아'가 되기는 했다지만 그것은 제2차세계대전 종결 직후의 '회심'의 불꽃(이스크라)이 세계를 비추는 기적의 '1년 반' 만에 태어난 산물인 점에서 유엔의 이상과 결합돼 있었습니다. 그것은 당초부터 만일 그 이념을 '실행'하려면 유엔과 한 쌍이 될 수밖에 없는 쌍생아적 구상이었던 것입니다.[50]

여기에는 "대미종속에서 독립하기 위한 열쇠는 헌법 9조의 원칙에 의거해 일본이 유엔중심주의로 가는 것밖에는 없다"[51]는 가토의 주장과 조응하는 역사적 배경이 압축돼 있다. 가토는 헌법 9조의 출생·성장의 비화, 다시 말해 일본정부와 제정 권력인 미국 모두에게 버려진 '사생아'면서 쌍생아(='유엔의 이상')와도 사별했다는 점을 부각시키고 있다. 가토가 대미자립 실현의 유일한 길로 제시하고 있는 '유엔중심주의'는 50여 년 전 단독강화에 밀려난 전면강화론과 지맥이 닿아 있으며, 그 이념적 추동력(='유엔의 이상')은 헌법 9조에 의해 그 명맥을 잇고 있다. 이어서 가토는 "국제주의에 입각한 대미독립 사고의 기초"를 보여준다며 평화문제회담회의 전면강화론 성명에도 주목하고 있다.

평화문제회담회 멤버에는 전후의 민주주의를 상징하는 마루야마 마사오도 포함돼 있다. 그런데 가토는 마루야마에 관해서는 회담회 면

---

50) 加藤典洋, 『戰後入門』, pp.406~407, 411, 414.
51) 加藤典洋, 『戰後入門』, p.19.

면들의 이름을 나열하면서 언급하고 있을 뿐이다.52) 난바라와 마루야마는 같은 전면강화론자였지만 『전후입문』에서 가토가 이들을 바라보는 시선에는 차이가 있다. 난바라에 관해서 가토는 오구마가 묘사하는 것처럼 "대표적인 '전후민주주의'의 지식인"53)이라는 인식을 보이지 않는다. 이는 가토의 '전후민주주의'와의 의식적인 거리두기로도 볼 수 있다.

가토가 난바라 제고의 단초를 얻은 것은 로널드 도어의 20여 년 전의 저서 『"이렇게 하자"고 말할 수 있는 일본』(1993)에서다. 제목에서도 짐작되듯, 수년 전 화제가 됐던 이시하라 신타로의 『'NO'라 말할 수 있는 일본-새로운 미일관계의 방책』(1989)을 의식한 대항 담론이다. 가토가 '도어의 선물'이라고까지 한 이 책의 논지는 2차세계대전 종결에 이어 냉전(세계대전) 종결 직후 국제주의적인 분위기가 조성되는 지금이야말로 일본은 유엔중심의 외교를 선도해야 한다는 것이다. 그리고 그것은 일찍이 유엔헌장(48조)과 동시 진행된 헌법(9조)의 세계성을 간파했던 난바라 시게루의 '평화헌법의 평화적 수정'과 전면강화론의 방향을 계승하는 것이라고 주장했다.54) 난바라 시게루를 참조하며 '헌법 9조의 원칙'에 의거한 호헌적 개헌론,55) 전면 재편을 전제로 유엔중심주의를 주장하는 가토의 입장-각 주장의 세부로 들어가면 차이가 드

---

52) 加藤典洋, 『戰後入門』, p.407.
53) 小熊英二, 『〈民主〉と〈愛国〉-戰後日本のナショナリズムと公共性』, p.15.
54) ロナルド ドーア, 『「こうしよう」と言える日本』, 朝日新聞社, 1993, [加藤典洋, 『戰後入門』, pp.422~423 재인용].
55) 加藤典洋, 『戰後入門』, pp.442~452.

러나지만56)−은 이러한 도어의 주장과 크게 다르지 않다.

그렇다면 가토의『전후입문』은 도어의 저서가 발표됐던 1990년대에 발표됐어도 이상할 것이 없다. 그러나 당시 가토가 발표한 것은『패전후론』이었다. '도어의 선물'을 가토가 수령하기까지는 20년 이상 걸린 셈이다. 그것은 가토가『패전후론』에서 '평화와 민주'의 신화 해체라는 과제를 포스트 냉전기의 세계성 속에서보다 미일관계로 한정된 '전후 일본'의 과제로서 접근했기 때문이기도 하다.

『전후입문』에 이르러 가토가 주목하게 된 세계성. 그 세계성이 가장 활성화됐던 것은 2차세계대전 직후였다. 물론 그 '0년'에 세계의 새로운 시작을 비추던 '회심의 불꽃'(유엔의 이상)은 난바라의 전면강화론을 실현할 만큼도 버텨주지 못했다. 그 '기적의 회심의 불꽃'을 상상하는 것이 생경하기만 한 오늘날, 당시 상황을 집약적으로 재현한 이안 부루마의 묘사는 그래서 더 인상적이다.

'정상'으로 돌아가려는 보수적인 욕망은, 바닥에서부터 다시 시작해서 더는 파괴적 전쟁이 재발하지 않는 더 나은 세상을 만드는 변화를 향

---

56) 加藤典洋,『戰後入門』, p.424. 가토는 그 차이를 다음과 같이 언급한다. "하나는 도어가 미일동맹에서 유엔중심외교로 내딛어야 한다는 제언을 일본인의 '프라이드욕'을 충족하기 위한 제안으로 여기는 데 반해, 저는 미일동맹에서 유엔중심주의로의 전환이라는 제안을 대미자립을 획득하기 위한 기사회생의 유일한 방법으로 제안하고 있다는 점, 또 하나는 나중에 자세히 언급하겠지만, 도어가 유엔중심주의로의 단행에 자위권을 인정하고 군대보유와 그 전력 발동을 유엔의 직접지휘 하에 있는 평화회복 활동 참가로 제한하고 있는 바를, 저는 국가의 자위권과 국민의 자위권을 구별하여 보다 엄밀하게 헌법 9조의 이념을 살리는 방향으로 수정하고자 하는 점입니다."

한 희망과 항상 경쟁해야 했다. 진정한 이상주의가 이런 희망을 드높였다. 1945년에 사람들은 국제연합Unitede Nations이 항구적인 평화를 지켜줄 것이라고 믿었다. (제2차) 세계대전을 방지하려 했던 국제연맹League of Nations의 실패도 이런 희망에 찬 이상주의에 제동을 걸지는 못했다. 이 역시 시계를 되돌리려는 생각만큼이나 환상에 불과한 것으로 판명됐지만, 그렇다고 이상주의자들의 세력을 약화시키지도 또 그들의 목표를 평가절하하지도 못했다.[57]

이처럼 번번이 좌초해 온 세계대전 직후의 회심과 이상을 재고하는 가토의 제언에 과연 "현재 일본의 정치 상황"을 움직일 만한 힘이 실릴지는 낙관하기 어렵다. 2015년 12월 9일, 일본기자클럽이 기획한 '전후 70년 얘기하다·묻는다'의 40번 째 시리즈(「『전후입문』을 둘러싸고 —전후 70년째의 전후론」)에서 가토가 『전후입문』에 관해 강연했을 때도 회의적인 목소리는 들려왔다. 한 질문자는 유엔중심외교로 헌법9조를 수정해간다는 제언은 매우 건설적이지만 유엔에 대한 환멸이 강한 가운데 어떻게 유엔중심주의를 구체화할 수 있는가 질문했다. 다음은 가토의 대답이다.

…서독은 80년대 당시 누구나가 객관적으로 곤란하다고 생각했던 EU 창설을 90년대 냉전 종결의 때를 기회로 이뤄 냈어요. 그것은 그 길밖에 자신이 운명을 개척할 방법이 없다고 생각했기 때문이라고도 했습니다. 일본도 지금 국제사회의 신뢰를 유지하면서 고립하지 않고 대미

---

57) 이안 부루마, 『0년-현대의 탄생, 1945년의 세계사』, 신보영 옮김, 글항아리, 2016, pp.35~36.

자립을 이루기 위해서는 유엔강화에 적극적으로 가담하는 것이 유일한 길이다, 이것밖에 없다는 국내적 컨센서스를 만들어 낼 수만 있다면 그러한 환멸을 뿌리치고 도전 목표로 바꿀 수 있을 것으로 생각합니다…58)

위의 내용은 유엔 재편에 관한 언급에 앞서 '객관적 곤란'함과 '환멸'이라는 이중 장벽을 염두에 두며 그가 내놓은 대답이다. 그 중심에는 '정치적 정도'로서의 "민주와 평화의 이념 추구와 실현의 지향"만이 아닌 일본의 '대미자립'이 있다는 점 한 번 더 확인해 두자.『전후입문』은 유엔중심주의와 호헌적 개헌론의 개진일 뿐 아니라 자신의 제언이 "국제사회의 신뢰를 유지하고 고립하지 않으면서 대미자립을 이루기 위"한 유일한 길이라는 국내적 합의 도출의 일환이었던 것이다.

5. 전후의 입문, 0년의 세계성

전공투세대 문예비평가 가토 노리히로는 냉전체제가 한창 공고하던 1960년대 말, '민주와 평화'의 신화에 대한 '부정 감정'(전공투운동)에서 사상 형성을 시작했다. 냉전 종결 전야에 논단에 데뷔한 그는『미국의 그림자』(1985)에서 내셔널리즘의 분출을 예감하며 내셔널리

---

58) 加藤典洋, 「『戦後入門』をめぐって―戦後70年目の戦後論」, 『日本記者クラブ「戦後70年 語る・問う」(40)』, 公益社団法人 日本記者クラブ, 2015. 12. 9., https://www.youtube.com/watch?v=ZiJ5k_PEhpg(최종 검색일: 2018. 2. 15.).

즘 극복을 사상적 과제로 설정했고, 에토 준('젊은 민주주의자')과 나카에 조민('노년의 민권론자')이라는 회로를 교차·경유했다. 가토의 문제의식을 이루는 두 축은 이렇게 냉전체제가 지속되는 중에 형성됐다.

냉전 종결 후에는 '민주와 평화'의 신화 해체를 위한 사상적 방법론을 『패전후론』(1997)에서 제시하면서 헌법 재선택론, 애도와 절합된 사죄론을 개진했다. 한편, 『전후입문』(2105)에서는 내셔널리즘의 극복(『미국의 그림자』)과 신화적 민주주의 재편(『패전후론』)을 하나의 사상적 과제로 꿰어낸 대미자립 구상을 제언했다.

가토는 『전후입문』이 현재 일본의 정치 상황에 대한 나름의 직접적인 커미트먼트라는 점을 강조하며, 자신의 전후론으로서는 이례적이라고 했다. 그가 본 '현재 일본의 정치 상황'이란 "2011년 3월 동일본 대지진, 거대 쓰나미, 원전사고 이후의 일본사회와 일본정치의 퇴화 정도, 특히 2012년 12월 12일 이후의 자민당 정권의 철저한 대미종속주의라는 외장(外裝) 아래 진행돼 온 복고형 국가주의적 정책 추구"를 가리키며, 어떻게든 이를 제어하고 싶다[59]는 절박함도 곁들이고 있다. 이같은 상황 인식은 일찍이 30년 전, 잠재된 일본의 내셔널리즘에 주의를 환기하던 냉전 종결 전야에 보였던 상황 인식(『미국의 그림자』)과도 유사함을 보이면서 『미국의 그림자』와 『전후입문』을 접맥하는 또 하나의 연결부를 이룬다.

---

59) 加藤典洋, 『戦後入門』, p.427.

『패전후론』에서 그는 의사적 내셔널리즘(자국 전자사의 애도)에 의한 내셔널리즘 해체(아시아에 대한 사죄)를 시도했다. 반면,『전후입문』에서의 저항론('당신들'의 '민주주의'에 입각해 저항한 '우리들'이 '당신들'과 통합을 이루는 새로운 '우리들'의 출현)은 대미자립을 중심에 두고 미일 양국을 넘어 '민주주의'로 연결된 '새로운 우리들'을 지향하는 것이다. 민주주의 신화든 내셔널리즘이든 가토는 문제의 대상 내부에서부터 해체를 시도하는 일관성을 보였다. 그것은 '전후'와 생애를 함께해 온 전공투세대 문예비평가가 '내셔널리즘 vs 민주주의', '반미 vs 친미', '보수파 vs 혁신파'와 같은 이항대립들을 해제하고, 최종적으로는 세계성의 감각을 회복하면서 대미자립이라는 '전후 일본'의 지극히 고전적인 문제를 끝내려는 시도, 그 사상적 생애에 걸쳐 진행된 '탈 전후 프로젝트'라 하겠다. 지난 5월 16일, 가토는 결코 길다 할 수 없는 향년 71세로 생을 마감했다. 그의 사상적 생에 마침표를 찍은 것은 불과 한 달 전, 〈전후재발견〉 총서 시리즈로 출간한『9조입문(9条入門)』이었다.

'패배'의 사상과 대중의 발견*
60년 안보투쟁과 요시모토 다카아키

조정민

1. 1960년대와 생활 리얼리즘의 태동

1959~60년에 일어난 미일안보조약개정 반대 투쟁(이하 안보투쟁)은 당시의 정당 정치와 정책, 그리고 시민운동의 방향에 큰 변화를 가져온 분수령으로 평가되고 있다. 특히 1960년 5월 19일 자민당이 개정안을 단독으로 가결시킨 것은 민주주의에 대한 도전으로 비춰졌고, 이는 안보투쟁의 쟁점을 민주주의 수호 운동으로 옮겨놓는 계기가 되기도 했다. 시민이라는 이름하에 모인 수많은 학생들과 노동자의 모습은 평화와 민주를 현실과 일상의 의미망 속에 이식시키는 역할을 했고, 신안보조약이 자연 승인되었을지언정 진보적 지식인과 문화인들은 행동하는 시민들의 모습 속에서 전후일본에 뿌리내린 '진정한 민주주의'

---

* 이 글은 『일본학』46집(2018.05)에 실린 논문을 부분 수정한 것이다.

의 단면을 보았다고 평가하기도 했다.

그러나 안보투쟁 이후 오랫동안 이어진 시민의 침묵, 혹은 시민운동의 침묵은 시민과 민주주의 사이의 무한한 거리를 짐작하게 만든다. 기시 노부스케(岸信介) 내각이 총 사퇴한 이후에 등장한 이케다 하야토(池田勇人) 내각은 국민소득배증계획을 내세우며 일본 사회 전체를 정치의 계절에서 경제의 계절로 바꾸어 놓았지만, 경제라는 테두리에서 비어져 나온 문제들이 전무하지는 않았을 터이다. 경제적 풍요로 인한 정치의 주변화는 결국 유약한 시민 주체와 추동력을 잃어버린 시민운동을 대변해 마지않았고 나아가 이는 일본 사회 어딘가에 방치된 민주주의를 예감하게 만들었다.[1]

그러한 의미에서 본다면 안보조약 개정을 처음부터 민족주의나 민주주의라는 틀로 해석하지 않고 독점자본의 착취로 인한 대중 생활의 위기로 인식한 요시모토 다카아키(吉本隆明)의 관점은 안보투쟁 당시의 일본은 물론이고 그 이후의 일본 사회의 흐름마저도 선취한 것이었는지도 모른다. 그는 "전쟁세대인 우리들은 국가적 제약과 민족적 환상 등으로 인해 가장 처절하게 파멸된 세대"에 속하기에 "민족적으로 특수한 사회 양식이나 사상 양식에 사고를 한정시키는 여러 경향을 철저하게 부정"[2]해야 한다고 선언하고, 그 실천은 생산의 고도화가 촉진

---

1) 물론 60년대 후반에 '베평련(베트남에 평화를! 시민연합)'과 같은 반전 시민운동이 재차 일어난 바 있고, 또 3.11 동일본대지진 이후 탈핵/반핵 시민운동이 전개된 바 있다. 그러나 이들 운동 사이의 오랜 공백과 화제성, 지속성 등을 고려해 보면 일본 사회와 시민운동 사이의 거리는 오히려 크게 부각되는 측면도 있다.
2) 吉本隆明, 「戰後世代の政治思想」, 『中央公論』, 1960. 1.(『吉本隆明全集 6』, 晶

시킨 대중 사회, 즉 오로지 오늘의 생활과 내일의 생활밖에 관심이 없는 '대중의 정치적 무관심이라는 자유'[3]에 의해 성취될 수 있다고 보았다. 그것은 마루야마 마사오(丸山眞男)가 신랄하게 비판해 마지않았던 '무기력한 팡팡 근성'이나 '노골적인 이기주의의 추구'를 오히려 대중의 참 모습으로 규정한 것이나 다름없었다.

철저한 군국주의 청년으로 전쟁에 협력한 요시모토는 패전을 기점으로 국가와 조직, 그리고 어른들의 전향을 보고 더 이상 국가와 민족을 신뢰할 수 없었다. 때문에 그는 국가와 민족이라는 환상성을 붕괴시키는 방법으로 전후를 사고하고자 했고 그것을 가능하게 만드는 방법으로서 '대중의 정치적 무관심'을 역설적으로 주장하였다. 그가 중국과 소련의 국가사회주의를 이상화하지 않고 60년 안보투쟁 때에도 전학련 주류파(분트)와 입장을 같이 한 것도 같은 맥락일 것이다. 그리고 '대중의 정치적 무관심'을 배태시키는 것이란 바로 생활이라는 일상의 감각(생활 리얼리즘)과 고도화된 소비 자본주의라고 판단했다. 실제로 요시모토는 안보투쟁을 대중의 생활이라는 관점에서 개입했지만 그것이 실패로 그친 것 역시 안정적인 경제 기반 속에서 대중의 혁명적 정세가 추동력을 잃어버렸기 때문이라고 해석했다.[4]

이러한 1960년대의 요시모토의 관점은 마치 현대 일본 사회의 실

文社, 2014, p.154.)

3) 吉本隆明, 「模寫と鏡」, 『思想』, 1963. 10.(『吉本隆明全集 7』, 晶文社, 2014, p.251.)

4) 吉本隆明, 「擬制の終焉」, 『民主主義の神話—安保闘争の思想的総括』, 現代思潮社, 1960.(『吉本隆明全集 6』, pp.285~306.)

상을 꿰뚫고 있는 듯이 보인다. 대중은 그들 생활 세계에 좌와 우, 보수와 혁신과 같은 어떠한 이념이나 이데올로기도 허락하지 않으며 일상이라는 새로운 심층을 만들고 있다. 그리고 그에 비례하듯이 '정치적 무관심'도 흔들림 없는 지반을 형성하고 있다. 동시에 생활, 생존의 문제는 고도경제성장기 이후에 도래한 자본의 불균형한 배분과 양극화와 밀접하게 결부되면서 생활보수주의를 한층 더 공고하게 만들고도 있다. 전후의 대중과 생활, 그리고 이념의 격투를 요시모토의 1960년대 사상으로 성찰하는 작업은 현대 일본 사회의 사상 지형을 탐구하는 데에도 유효한 시사점을 제공할 것이다.

2. '자기기만'이라는 사상

요시모토는 패전 당일의 심정을 아래와 같이 고백한다.

패전 당일, 나는 후지 현(富士縣) 우오즈 시(魚津市)에 있는 일본카바이트 공장에 동원되어 근로를 하고 있었다. 당시 그 공장에는 후쿠이(福井)고등공업학교 학생들과 우오즈(魚津)중학교 학생들도 동원되어 일하고 있었다. 나는 천황의 방송을 공장의 광장에서 듣고 망연자실하여 곧장 기숙사로 돌아갔다. 왜 그랬는지 혼자서 울고 있으니 기숙사의 아주머니가 "무슨 일이니? 싸움이라고 한 거야?"하고 물었다. 점심시간이었음에도 불구하고 아주머니는 "잠이라도 자며 좀 가라앉히렴." 하고 이불을 깔았다. 나는 정신없이 항구 돌제로 나가 평소처럼 알몸으로 바다에 뛰어들어 앞바다까지 헤엄쳤다. 하늘을 바라보는 자세로 물 위에 누워있자니 하늘이 평소처럼 맑게 개어있는 것이 이상하게 느껴졌다. 그리고 잠시 잠깐 정신을 차려 보면 '앗', '웃'하는 무성의 소리와 함께 수치심이 스쳐 견딜 수가 없었다.[5]

소위 전중파 지식인으로 불리는 요시모토는 패전을 망연자실과 눈물, 수치심으로 기억하고 있다. 그것은 천황의 패전 선언을 전혀 인지하지 못한 듯이 보이는 기숙사 아주머니의 태도와 매우 상반된다. 전시 하에서 인격 형성기를 보냈던 이들 전중파 세대는 전쟁으로 인해 제대로 된 고등 교육을 받지 못했고 정신적으로나 육체적으로 황국사관이란 규범에 강력하게 포획당해 있을 수밖에 없었다. 특히나 "사상적으로는 우익 테러리스트로부터 가장 영향을 많이 받았고 문학적으로는 일본적 근대주의자 다카무라 고타로(高村光太郎), 공상적 사회주의자 미야자와 겐지(宮沢賢治), 근대적 급진 파시스트 야스다 요주로(保田與重郎), 서민적 인텔리겐차 고바야시 히데오(小林秀雄), 요코미쓰 리이치(横光利一), 예술지상주의자 다자이 오사무(太宰治)의 영향 하에서 소년기와 청년기 전반을 보낸"[6] 요시모토로서는 소위 옥음 방송을 통해 예기치 못하게 접하게 된 패전 소식을 자기 존재의 붕괴와 수치심으로 받아들일 수밖에 없었을 터였다. 그러나 이들 전중파에게는 정말로 국가나 천황을 상대화할 경험도 지식도 전무했던 것일까. 안보투쟁 이

---

5) 吉本隆明, 「戦争と世代」, 『自由劇場』, 1959. 12.(『吉本隆明全集 6』, p.66.)
6) 吉本隆明, 『高村光太郎』, 飯塚書店, 1957.(『吉本隆明全集 5』, 晶文社, 2014, p.131.)

후 요시모토가 쓴 「일본의 내셔널리즘(日本のナショナリズム)」을 보면 다음과 같은 대목을 확인할 수 있다.

쇼와시대에 들어 울트라=내셔널리즘으로 만들어진 천황제 이데올로기에는 나 자신을 위해서라면 '천황'이나 '국체' 따위는 아무럼 상관없다는 심정이 그 밑바닥에 숨겨져 있었다. 메이지시대에 들어서서 처음에는 그저 후면에 부착되어 있던 것에 지나지 않던 개인주의가 하나의 정치이념적 자기기만으로까지 이를 수밖에 없었던 실체를, 우리들은 '천황제 이데올로기' 혹은 '울트라=내셔널리즘'으로 부르고 있다. 이러한 자기기만은 크건 작건 그 이념이 보편성을 가지기 위해서는 피할 수 없는 것이다.[7]

여기에서 요시모토가 말하는 '천황제 이데올로기' 혹은 '울트라= 내셔널리즘'이란 근대 일본의 지배 체제를 의미하거나 일본인의 신체적 도덕적 규범, 혹은 가치를 의미하는 것이 아니다. 그것은 개인주의와 내셔널리즘이 서로 등을 마주대고 있는 가운데 비로소 성립하는 자기기만적인 정치이념이며, 경우에 따라서는 '나 자신을 위해서라면 '천황'이나 '국체' 따위는 아무럼 상관없다는 심정'이 얼마든지 먼저 돌출될 수 있는 불안정한 사상이다.

이 글이 쓰인 것은 안보투쟁 이후인 1964년이기에 패전으로부터 얼마간의 시간적인 거리를 두고 해석한 '천황제 이데올로기'라고 여길 수 있지만, 오구마 에이지(小熊英二)가 쓴 『민주와 애국(〈民主〉と〈愛

---

7) 吉本隆明, 「日本のナショナリズム」, 『現代日本思想大系 4 ナショナリズム』, 1964. (『吉本隆明全集 6』, p.381.)

国)』(新曜社, 2002)을 참조해 보면 요시모토가 종군하지 않고 근로봉사라는 형태로 전쟁에 협력했던 것은 아버지의 생활 리얼리즘의 영향이 크게 작용한 탓이라 볼 수 있다. 제1차 세계대전 당시 중국 칭다오(靑島) 전선에 종군한 요시모토의 아버지는 전사자 대부분이 질병으로 죽거나 차에 치여 죽었다고 말하며 전쟁의 대의와 명분이 실제와 얼마나 유리되어 있는지 증언해 보인다. 전쟁 혹은 전사에 대한 일종의 동경을 품고 있던 요시모토는 이러한 아버지의 생활 리얼리즘을 그대로 받아들일 수는 없었지만, 전사자에 대한 동경만큼이나 그에게는 국가를 초월하는 '개인'에 대한 동경도 잠재하고 있었다. 그가 다카무라 고타로를 탐독하는 한편, 요코미쓰 리이치와 미야자와 겐지를 애독했던 이유는 "나날이 우리들에게 결단을 종용하는 고뇌에 찬 조국의 목소리를 마주하다보면 유럽적 지성에 대한 남모른 여수(旅愁)"가 느껴졌기 때문이었다. 그러니까 요시모토는 국가라는 공동성의 압력에 대해 국가를 초월하는 '개인' 즉 '영원한 시인'으로 남는 유럽적 사상으로 대항하려 했던 것이었다.[8] 그러한 의미에서 본다면 그가 스스로 "사상적으로는 우익 테러리스트로부터 가장 많은 영향을 받았고 문학적으로는 일본적 근대주의자 다카무라 고타로(중략)의 영향 하에 소년기와 청년기를 보냈다"[9]고 말하거나 "전쟁에서 진다면 아시아의 식민지는 해방되지 않는다는 천황제 파시즘의 슬로건을 나 나름대로 믿고 있었다"[10]고 고백

---

8) 小熊英二, 『〈民主〉と〈愛国〉－戦後日本のナショナリズムと公共性』, 新曜社, 2002, pp.612~613.
9) 吉本隆明, 『高村光太郎』(『吉本隆明全集 5』, p.131.)
10) 吉本隆明, 위의 책, p.126.

해 보이는 것은 결국 개인주의적 심정을 천황제 파시즘 후면에 깊숙이 감추고 있었음을 강력하게 증거하는 행위이기도 한 것이다. 다시 말해 요시모토가 황국청년일 수 있었던 것은 그가 철저한 개인주의자(사실주의자, 현실주의자)였기 때문이라 말해도 무리가 없는 것이다.

이와 같은 모순과 역설의 사상에 주목하는 이유는 각종 이즘의 후면에 잠겨 모습을 드러내지 않는 심상이야말로 요시모토의 전후의 출발점이기 때문이다. 즉, 그가 패전 직후에 발표한 '전쟁책임론'이나 '전향론', '대중'이라는 사상적 틀은 바로 이 '자기기만'의 정동들에 의해 발견된 것에 다름 아니었던 것이다. 1945년 8월 15일 천황의 입을 통해 발표된 패전의 소식을 듣고 그는 '철저하게 전쟁을 이어가야만 한다'고 생각하고 있었고 또한 '항복을 납득하지 않는 일부 군인들과 청년들이 반란을 모의하고 있다는 소문'을 듣고 풍문대로 반란이 일어나기를 고대했다.[11] 그러나 현실적으로 요시모토가 목도한 것은 안도감에 젖어 기쁜 얼굴로 고향으로 돌아온 귀환 병사들이었다. "이들 병사는 천황의 명령이 한 번 내려졌음에도 불구하고 미군에 대한 저항도 없이 무장을 해제했으며 또한 자신들의 지배자에 대해 총을 겨누지도 않고 기쁜 듯이(?) 식량과 의류를 가득 지고서 고향으로 돌아왔던 것"이다.[12] 귀환 병사들의 모습은 패전 소식을 듣고도 요시모토에게 태평하게 한 숨의 잠을 권했던 기숙사 아주머니의 태도와 크게 다르지 않다. 문제는 안도

---

11) 吉本隆明, 위의 책, p.129.
12) 吉本隆明, 「思想的不毛の子」, 『「免罪不」』パンフレット』, 早稲田大学演劇研究会, 1961. 12. 6.(『吉本隆明全集 6』, p.509.)

의 한숨으로 패전을 맞이하며 내일의 삶을 위해 먹을거리와 옷가지를 챙기는 병사들의 모습이 바로 요시모토 자신의 모습이기도 했다는 점이다. 생환의 안도에 젖어 귀환한 병사들처럼 자신도 역시 동원 근로에서 도쿄로 무사히 돌아 온 것에 자족하고 있었기 때문이다. 그러한 이유로 그는 귀환 병사들을 마냥 비웃을 수 없었다. 그는 '천황제 이데올로기', '울트라=내셔널리즘'이란 자기기만적인 욕망 아래에 존재하며 심지어 궁극적으로 그것은 '나 자신을 위해서라면 '천황'이나 '국체' 따위는 아무렴 상관없다는 심정'을 전제로 하고 있다는 사실을 인정해야만 했다. 그리고 그러한 자기기만적인 이중적 심상은 적어도 대중들의 감각과는 구분되는 것이었다.

> 귀환 병사들을 깔보는 것은 나 자신을 깔보는 일이다. 지식인, 문학자의 변심을 비웃는 것은 내가 모방한 사상을 비웃는 것이나 다름없다. 아무리 생각해도 이런 순환적인 관계로부터 벗어날 길이 없다. 나락으로 떨어져버린 오욕감(汚辱感) 속에서 전후가 시작되었다. 도쿠타 규이치(德田球一), 미야모토 겐지(宮本顯治) 등, 비전향 공산당원이 십 수 년의 감옥 생활에서 해방되어 운동을 시작했다. 그러나 십 수 년의 공백을 넘어선 그 운동은 전쟁 체험을 모두 무화시키고 같은 십 수 년을 살아왔던 대중들과의 감각 차이를 매우 두드러지게 하고 말았다. 우리들은 모든 것을 비웃음으로써, 자기 자신을 비웃는 방식으로 스스로 사상 형성을 시작하는 것 외에 달리 방도가 없다.[13]

---

13) 위의 책, p.509.

위의 인용문에서는 적어도 두 가지의 논점을 발견할 수 있을 것이다. 하나는 앞에서도 지적했듯이 귀환 병사들이 죽음의 공포로부터 벗어나 안락한 일상으로 곧장 복귀하는 일이나 지식인들이 보여주는 전후의 태세 전환이란 근본적으로 자기기만을 바탕으로 한 이데올로기의 한 측면에 다름 아니며, 이 같은 모순적 양가성의 함정에서 요시모토도 자유롭지 못하다는 것이다. 다른 하나는 비전향 공산당원들의 공백은 결과적으로 대중들의 감각과 대단히 유리되어 있었다는 것으로, 이는 앞으로 살펴 볼 요시모토의 전향론과 대중의 발견과도 연동되는 대목이다.

특히 대중과의 유리 여부를 염두에 둔 전향론은 1958년에 이미 발표한「전향론(轉向論)」(『現代批評』創刊号, ユリイカ, 1958.12.)에 보다 구체적으로 적시된 바 있었다. 이 글에서 그는 전향을 "일본 근대사회의 구조를 총체적인 비전을 가지고 파악하는 데 실패했기 때문에 지식인들 사이에서 일어난 사상적 변환"이라 규정했으며, "일본 사회의 열악한 조건에 대한 사상적 타협과 굴복, 굴절 외에 우성유전의 총체인 전통에 대한 사상적 무관심과 굴복"이 "전향의 핵심 가운데 하나"라고 지적해 보이고 있다.[14] 즉 요시모토는 일본 사회에 대한 총체적인 비전을 가지지 않은 채 소위 일본적 전통이라 불리는 것을 도외시하고 서구적 근대성에 의지하다가 총력전이라는 전대미문의 위기 상황과 권력을 계기로 그들이 봉건적이라며 비판해 마지않았던 전통으로 회귀한 것

---

14) 吉本隆明,「転向論」,『現代批評』創刊号, ユリイカ, 1958. 12.(『吉本隆明全集 5』, p.369.)

이 바로 전향이라 보고 있는 것이다. 그리고 무엇보다 중요한 것은 그러한 전향의 계기가 "권력의 강제나 압박에서 비롯된다기보다 오히려 대중으로부터의 고립(감)"에서 기인한다고 지적한다.[15] 그러니까 전향이란 것은 자신의 사상 속에 대중을 비롯한 여론(世論)을 포섭하는 것에 실패했기 때문에 발생한 동요 상태에 지나지 않는다는 것이다.

요시모토는 이러한 전향론을 잣대로 하여 옥중 비전향 공산당 간부야말로 '비전향적인 전향'의 전형이라고 단정했다. 그의 주장에 따르면 옥중 비전향 간부로 대표되는 사람들의 사고방식은 그의 사상 속에 대중이란 존재가 포함되어 있지 않으며 그저 소여의 사상을 묵수하는 천동설적인 것일 뿐이다. 그것은 '처음부터 현대 사회를 필요로 하지 않'는다. 미야모토 겐지와 같은 비전향 공산주의자들에 대해서도 그들은 당시에 대중으로부터 고립되어 있었던 이상, 사상의 가치는 보통의 의미의 전향자와 다르지 않다고 단죄했다. 때문에 그는 32년 테제의 원칙을 지키며 비전향을 고집했던 일본공산당 간부보다는 32년 테제를 거부하고 코민테른과 결별하여 '대중의 동향'을 새로운 논점으로 부각시킨 사노 마나부(佐野学)와 나베야마 사다치카(鍋山貞親)의 행동을 오히려 크게 평가했다. 요시모토의 논법에 따르자면 적어도 두 사람은 자신들이 '황실을 민족적 통일의 중심'으로 생각하는 '대중'의 감성에서 크게 유리되어 있다는 것을 자각하고 있었다. 즉 사노와 나베야마의 전향은 "대중적 동향에서 고립되어 있다는 것에 대한 자성이 있었"[16]던

---

15) 위의 책, p.372.
16) 위의 책, p.378.

만큼 훨씬 사상적으로 건강하다는 것이다.

이처럼 요시모토가 주장한 전향론의 핵심은 "현실구조와 대응하지 않고 자동적으로 자기 완결적 형태를 가지는 사상", "이미 원리로서 완결되어 있어 결코 현실사회의 구조에 의해, 또는 시대적 구조의 추이에 의해 검증될 필요가 없는" "처음부터 현실사회를 필요로 하지 않는" 비전향적인 사상이야말로 '전향'이라고 보는 데 있었다.[17] 바꾸어 말하면 그의 전향 논의는 "권력에 대한 사상적 복종과 불복종"의 문제가 아니라 "현실 조건의 괴리"에 관한 문제이며 여기서의 '현실 조건'이란 '대중'의 또 다른 말로서 단적으로 말하자면 현실의 대중을 염두에 두지 않거나 포섭하지 않은 사상은 이미 전향을 약속한 것이나 다름없었다.

요시모토가 「전향론」을 발표한 1958년 즈음에 혼다 슈고(本多秋五)의 『전향문학론(転向文学論)』(1954)과 쓰루미 슌스케(鶴見俊輔)가 중심이 된 사상의 과학연구회 편 『공동연구 전향(共同研究 転向)』(1959)이 발간된 사정에서도 보듯이, 당시 전향이라는 주제는 전쟁 책임은 물론이고 전후민주주의를 논의하는데 있어서 가장 중요한 과제 가운데 하나였다. 자발적이든 비자발적이든 뜻을 굽혀 전쟁에 협력하게 된 경위를 비판하고, 또 끝까지 전쟁 협력 행위에 반기를 들었던 사람들에 대해 윤리적인 평가를 하거나 정치적인 당위성을 강조하는가 하면, 전쟁 협력에 관한 사실 관계 여부를 따지기보다 각각의 개별적인 전향의 방식과 전개 속에서 시대적 혹은 사상적 계보를 찾으려한 연구가 제출되

---

17) 위의 책, p.381.

는 등, 당시의 전향 연구의 진폭은 대단히 광범위한 것이었다.[18] 그러나 이들 대부분의 연구의 전제는 "우리들은 전향을 권력에 의해 강제로 야기된 사상의 변화라고 정의하고자 한다"[19]는 쓰루미의 집약적인 정의에 수렴되는 논의들이었다. 여기에 요시모토의 전향론을 나란히 놓고 보면 그의 정의에는 별도의 주의를 기울이지 않을 수 없다. 단적으로 말하자면 요시모토는 현실의 대중을 염두에 두지 않거나 포섭하지 않은 사상은 이미 전향을 약속한 것이나 다름없다고 지적하고 있으며, 전향의 계기를 마련하는 것은 강압적인 권력의 뜻이 아니라 대중이라 말하고 있는 것이다.

요시모토의 이러한 전향관이 특별한 의미를 가지는 이유는 1960년 안보투쟁에서 두드러지기 시작한 사상적 지각 변동을 1950년대에 이미 그가 선취하고 있기 때문이다. 다시 말해 요시모토는 전향 성명서의 발표 여부나 좌우 진영의 사상적 논리 등을 중요시 했다기보다 일본 사회에 대한 전반적인 비전을 염두에 두고 있는가, 또 그것은 대중과 어떠한 거리를 확보하고 있는가 하는 점을 더욱 중요한 전향의 기준으로 보고자 했던 것이다. 전향에 대한 이 같은 정의는 안보투쟁을 기점으로 여러 갈래로 분화한 일본 사회의 사상 지형에 그대로 투사되었다. 반미를 기조로 내 건 내셔널리즘 운동의 고양, 혹은 민주주의의 승패로 인식하는 안보투쟁 여론 속에서 요시모토는 이들 담론이란 사회인식, 혹

---

18) 최종길, 「전후 일본의 사회변동과 전향론」, 『일본사상』 28호, 2015, p.143 참조.
19) 思想の科学研究会編, 『共同研究 転向 上』, 平凡社, 1959, p.5.

은 대중 인식이 결여된 표층적인 이해에 불가하다고 보았고 도덕적 우
월성과 사상적 당위성에 함몰되어 있는 지식인 모두를 단죄하기 위한
방법으로서 '대중'을 본격적으로 등장시켰다.

3. '대중=생활자'란 존재 혹은 '정치적 무관심'의 힘

    1959년 11월 25일『도쿄대학신문(東京大学新聞)』에 발표된 「우국
의 문학자들에게(憂国の文学者たちに)」와 이어서 1960년 1월『중앙공
론(中央公論)』에 발표된 「전후세대의 정치사상(戦争世代の政治思想)」
은 안보투쟁을 바라보는 요시모토의 관점을 매우 명확하게 제시한 글
이라 볼 수 있다. 먼저「우국의 문학자들에게」에서 요시모토는『신일본
문학(新日本文学)』에 실린 문학자들, 예컨대 오다기리 히데오(小田切秀
雄), 오에 겐자부로(大江健三郎), 노마 히로시(野間宏), 나카노 시게하루
(中野重治), 홋다 요시에(堀田善衞) 등의 글을 언급하며 이들이 안보개
정을 '민족의 위기'나 '일본인의 종속'이라는 측면에서 접근하는 것에
대해 크게 성토했다. 그가 보기에 진보적인 문학자들의 주장은 "일본
인, 민족, 법제만을 추출하여 우리들의 사회적인 소외를 모두 거기로
집중시키려는 비논리"적인 논법을 기반으로 하고 있다.[20] 이미 한 차
례 전쟁을 경험한 "전쟁세대는 민족적인 혹은 국가적인 환상공동체의

---

20) 吉本隆明, 「憂国の文学者たちに」(『吉本隆明全集 6』, p.63).

이익 앞에서 개인은 절대적으로 복종해야 한다는 신화에 가장 심하게 속고 주박당한 세대이다. (때문에) 전쟁세대인 우리들은 전후사회에서 투쟁할 때 국가와 민족을 체제화하려는 사고의 환상성을 어떻게 타파할 것인가 하는 점에 집중"해야 한다. 이것이 바로 요시모토가 60년 안보투쟁을 바라보는 입장이다.[21]

앞에서 살펴본 것처럼 요시모토는 민족 이데올로기란 민족과 개인의 동거라는 '자기기만적인 정치이념'에서 출발하는 것이며, 개인은 자신의 생활권이나 인권을 침해하는 국가 권력에 그리 쉽게 호응하는 존재가 아니다. 이미 내셔널리즘의 허구성의 일단을 경험한 바 있는 요시모토로서는 다시 민족과 국가를 호명한다는 것 자체가 퇴행적인 사고로 여겨졌고, 현재의 일본 사회에서 주목해야 하는 것은 개인 혹은 대중으로 불리는 현실적인 생활자의 목소리였다. '민족의 위기'를 걱정하는 '우국의 문학자들'을 향해 요시모토가 "(그들의 주장으로는) 안보개정에는 무관심하지만 현실인식만큼은 어른인 대중을 움직일 수 없다."고 일갈해 보인 것도 그 때문인 것이다.

이러한 입장에 선 요시모토는 안보 개정의 문제를 "국가독점이 사회체제를 유시하고 발전시키기 위해 두는 정치적 포석 가운데 하나이며 독점 지배를 영속화시키려는 시도"[22]라고 파악했다. 그가 보기에 안보투쟁은 민족의 자립이냐 종속이냐 전쟁이냐 평화냐를 논의의 기저로 삼고 있는 듯이 보이지만 그것은 사회 인식이 결여된 표층적 이해

21) 위의 책, p.61.
22) 吉本隆明, 「戦争世代の政治思想」(위의 책, p.139).

에 지나지 않는다. 사실은 안보 개정은 일본의 대미 종속의 심벌이 아니라 일미 양국의 '독점지배의 심벌'로, 궁극적으로 독점 자본에 의한 사회지배의 유지 강화를 위한 포석일 뿐이다. 때문에 그는 "대중은 일본인의 종속이라든지 민족의 위기라든지 하는 문학자들의 발언에는 움직이지 않아도 (중략) 개인의 생활권이나 인권을 침해하는 국가의 법률 등이 자신의 이해관계와 관련이 된다면 절대 따르지 않을 것이다."[23]고 단언했다. 이 같은 입장은 당시의 대부분의 학자들과 지식인들, 혹은 안보조약개정저지국민회의(국민회의), 안보문제연구회, 안보비판의 모임, 헌법문제연구회, 국제문제담화회 등의 입장과 분명하게 구분되는 것이었으며, 오히려 그의 안보투쟁 해석은 전학련 주류파(분트)와 사상적으로 합치되는 부분이 많았다.[24] 안보문제를 대미 종속 문제로 보는 공산당과는 달리 적어도 분트는 이것을 일미독점자본의 정책이라고 보는 '총체의 비전'을 획득하고 있었고 그렇기 때문에 국가적 규제력이나 민족적 폐쇄성으로부터 벗어나 있는 듯이 보였다.[25]

---

23) 吉本隆明, 「憂国の文学者たちに」(위의 책, p.63).
24) 이러한 입장은 시미즈 이쿠타로(清水幾太郎)도 마찬가지였던 것으로 보인다. 시미즈의 회상에 따르면 당시의 어느 활동가는 안보반대운동이 생활밀착형 운동인 것을 강조하기 위해 "안보가 개정되면 두부가 5엔 비싸진다"는 슬로건을 제안했다고 한다. 우치나다(内灘)투쟁을 경험한 바 있는 시미즈는 당파 형식적 통일 행동을 우선시하는 무난한 온건 노선에 '불결하고 불성실하다'는 생각을 가지고 있었다. 시미즈는 요시모토와 함께 전학련 주류파의 래디컬리즘을 '정당한 것이라기보다는 아름다운 것'이라 말하며 지지를 보탠다. 전학련 주류파를 지지한 것과 안보투쟁을 패배로 총괄한 것, 마루야마를 비롯한 진보적인 지식인과 대립한 것 등은 요시모토의 입장과도 유사하다(小熊英二, 『清水幾太郎 ある戦後知識人の軌跡』, 御茶の水書房, 2003, pp.59~60).

실제로 전학련=분트 간부였던 니시베 스스무(西部邁)는 저서 『60년 안보-낭만 여행(六〇年安保 センチメンタル·ジャーニー)』(文藝春秋, 1986.10)에서 소위 60년 안보는 신안보조약을 둘러싼 논쟁이 아니라 제국주의로 부활한 일본자본주의를 타도하기 위한 전략이자 전술에 지나지 않았다고 술회한 바 있다.26) 이렇게 요시모토와 전학련 주류파는 안보투쟁에 대한 같은 인식을 공유하고 있었고, 요시모토는 안보투쟁에서 전학련 주류파를 지지하는 지식인으로 주목받으며 젊은 세대들과 연대할 수 있는 지평을 넓혀나갔다.27)

그런데 여기에서 주의해야 하는 것은 요시모토가 말하는 개인 혹은 대중이 당시 여론이나 담론에서 통념적으로 쓰이던 그것의 의미와

---

25) 吉本隆明, 「戰爭世代の政治思想」(위의 책, pp.153~154). 사회학자 마쓰이 다카시(松井隆志)는 요시모토가 전학련 주류파와 주장을 같이 한 데에는 다음과 같은 이유가 있었기 때문이라고 지적한다. 하나는 일반적인 심정의 문제로서 그들이 '잘 싸워주고 있다'고 보았기 때문이며, 다른 하나는 하나다 기요테루(花田清輝)와의 논쟁을 비롯해 50년대 이후 공산당계 문학자들과의 이론적 대립의 기저에도 공산당과 길을 달리 한 전학련 주류파에 대한 호의가 잠재하고 있었기 때문이다. 무엇보다 중요한 것은 그들이 '과도기'의 대중을 움직이는 쁘띠 부르 급진주의를 체현하고 있었기 때문이었다(松井隆志, 「「自立の思想」とは何だったのか」, 『現代思想 臨時增刊号 吉本隆明の思想』, 2012. 07, p.156).

26) 絓秀実, 『吉本隆明の時代』, 作品社, 2008, p.137에서 재인용.

27) 때문에 요시모토에게는 공산당계 지식인은 물론이고 시민 민주주의파 지식인 역시 비판의 대상이 될 수밖에 없었다. 그는 「의제의 종언」이라는 글에서 공산당과 진보적 지식인을 철저하게 싸우지 않은 방관자라 비판하며 민주주의의 신화를 의제(擬制)로서 해체하려 했다. 그들이 전학련의 직접 행동을 전면적으로 평가하지 않았다는 것과 그들이 안보투쟁의 와중에 실현된 민주주의의 정착을 강조하며 승리했다고 평가하는 것이 의문스러웠기 때문이다. 철저하게 투쟁하지 않은 쪽이 패배의 상처를 안지도 않고 승리를 외치는 것은 용서할 수 없는 일이었던 것이다.

꽤 다르다는 것이다. 예컨대 마루야마 마사오나 쓰루미 슌스케, 오다 마코토 등과 같이 1960년대 시민운동에 직간접적으로 연루되었던 진보적 지식인들은 근대적 책임 주체로서의 개인이나 시민을 상정했지만 요시모토의 경우에는 달랐다. 예컨대 1963년에 발표한 평론「모사와 거울(模写と鏡)」에서 그는 기존의 정치를 해체하는 것으로서 '대중의 정치적 무관심의 힘'을 크게 상찬하고 있었다.[28] 그에 따르면 생산의 고도화가 촉진시킨 대중사회의 힘이야말로 스탈린주의 해체를 추동시켰으며 그것은 긍정적으로 평가해야할 상징인 것이다. 또한 다음과 같은 여러 글에서 드러나듯이 요시모토의 대중이란 생활자, 곧 살아 있는 몸뚱어리 그 자체였으며, 그것이야말로 민족과 국가의 환상성을 미어뜨릴 수 있는 방법이었다.

> 대중은 사회 구성을 생활수준으로 밖에 파악할 수 없고 결코 그로부터 이륙하려 하지 않기 때문에, 대단히 강고하고 거대한 기반 위에 서 있다고 볼 수 있다. 동시에 정황에 착목하지 않으려 하기 때문에 현황에 대해서 매우 현상적으로 존재한다. 가장 강고하고 거대한 생활 기반과 가장 미묘한 환상 속에 존재하는 모순은 대중이 가진 본질적인 존재양식이다.[29]

> …태어나 결혼을 하고 아이를 낳아 기르며 늙는 무수한 사람들을 경외하라. 그 사람들의 빈곤한 식탁. 어두운 신앙. 생활과 질투 등의 싸움. 태평한 아들의 콧노래…그런 저녁 풍경에 부디 행복이 깃들기를…

---

28) 吉本隆明, 「模写と鏡」(『吉本隆明全集 7』, p.251).
29) 吉本隆明, 「情況とはなにか」(『吉本隆明全集 9』, 晶文社, p.254).

그리고 학자들과 예술가들과 말솜씨가 좋은 권위자들이여. 부디 오늘 같은 쓸쓸한 저녁만큼은 당신들의 껄끄러운 언어를 그만두어 주기를…30)

위의 예문에서 보듯이 요시모토가 말하는 대중이란 이념이나 거대 서사의 세계에 사는 사람이 아니라 일상이라는 사실의 세계를 살고 있는 자들이다. 이들에게는 사회나 국가를 바꾸기 위한 변혁의 가능성이 존재하지 않으며 오로지 각자의 삶에 스스로를 기투할 뿐이다. 요시모토가 긍정하는 일상은 투쟁이나 전쟁마저도 압도할 만큼 위력적이며 그러한 생활 세계는 어떠한 이념이나 이데올로기에도 훼손되지 않는 새로운 심층이 되어 현실을 지탱하고 있다. 이는 곧 전쟁을 통해 요시모토가 얻은 현실 감각이며 이러한 감각이야 말로 당시의 대중들과 공명할 수 있었던 주요한 요인이기도 했다.

국가와 민족의 주박으로부터 벗어나려는 생활자 대중에게는 실제로 그들 현실에 이념이 부재하는 경우도 있었겠지만, 그와 동시에 요시모토가 기도한 것은 이념으로부터 분리된 대중을 생활에 몰두시킴으로써 국가와 민족을 무화시키기는 알리바이를 설정하는 데 있었다. 예를 들면 이 무렵에 요시모토가 설정한 의제(擬制)와 진제(眞制)의 구분은 결과적으로 어떠한 대중을 설정하느냐에 따라 판가름 나는 것으로, 진제 민주를 탄생시키기 위해서라도 그는 국가나 민족으로부터 자유로운 생활자 대중을 설정할 수밖에 없었던 것이다. 그러한 의미에서

---

30) 吉本隆明, 『初期ノート』, 光文社文庫, 2006, p.29.

보자면 요시모토의 다음과 같은 '환상으로서의 대중'이란 수사에는 새삼 주목해 볼 필요가 있을 것이다.

> 나는 대중에 대해 말할 때, 그것을 윤리적 혹은 정치적 거점으로서 언급하는 것이 아니다. 또한 계몽적 사고법에 따라 말하는 것도 아니다. 있는 그대로 실제로 존재하는 대중을, 있는 그대로의 모습으로 파악하기 위해 환상으로서의 대중을 말하고 있는 것이다.[31]

"있는 그대로 실제로 존재하는 대중", 다시 말해 "환상으로서의 대중"의 모습은 같은 글에서 이렇게 구체화된다.

> 사회 정황이 어찌되건 정치적 정황이 어찌되건 일단 '나'가 현재적으로 생활하고 내일도 생활하는 일만이 중요할 뿐이다. 때문에 '나'의 생활에 정황이 직접적 혹은 간접적으로 영향을 미치건 그렇지 않건 간에 그것을 생각할 필요도 없고 생각한다 해서 어찌되는 일도 아니다. 이를 전제로 삼으면 정황에 대해 논하는 것 자체가 의미가 없다는 것을 알 수 있다. 이것이 내가 생각할 수 있는 대중의 있는 그대로의 모습, 원상(原像)이다.[32]

요시모토가 묘사하는 '있는 그대로의' '대중의 원상'이란을 대단히 간명하다. 대중은 오늘과 내일의 생활만을 중요시할 뿐 정황에 대해 생각할 의미와 필요를 느끼지 못한다. 때문에 대중에게 윤리적, 정치적,

---

31) 吉本隆明, 「情況とはなにか」(『吉本隆明全集 9』, p.253).
32) 위의 책, p.253.

계몽적으로 접근한다는 것 자체가 무의미하다. 그러나 여기에서 우리가 중요하게 생각해야 할 대목은 정황에 관한 철저한 무관심과 사적 이해의 욕망으로 충만한 대중을 어떤 연유에서 요시모토가 설정했는가에 대해 묻는 일일 것이다. 그가 묘사한 대중의 실존적 모습이란 일종의 '환상'으로 존재하는 것에 지나지 않지만 그럼에도 불구하고 일상에 철저한 대중을 상정한 이유는 대중의 생활적 감각 역시 각종 이데올로기와 표리관계에 있기 때문이었다. 앞에서 보았듯이 '나 자신을 위해서라면 '천황'이나 '국체' 따위는 아무렴 상관없다는 심정'은 역설적으로 천황이나 국체를 위해서라면 나 자신은 아무렴 상관없다는 심정을 대변하고 있고, 그러한 이율배반적인 이데올로기의 주박을 요시모토는 전쟁과 전후를 통해 처절하게 느끼고 있었다. 그러니까 그가 생활, 혹은 대중에 대해 지나치리만큼 강조해 보인 것은, 대중의 생활 역시 국가 이데올로기와 배리관계에 있는, 말하자면 자기기만적인 형태로 존재하기 때문이었다. 사회적 정치적 정황으로부터 온전히 독립한 대중의 모습이란 어쩌면 '환상'으로 존재하는 '원상'에 지나지 않을지 모르지만, 그는 대중, 혹은 생활이야말로 이데올로기와 전위를 견제하고 그로부터 자유로워질 수 있는 방안이라고 판단했다.[33] 그렇기 때문에 요

33) "요시모토의 대중 인식에서 특징적인 것은 단 한 번도 대중의 지조 없음을 비난한 일이 없다는 것이며 그는 패전 시에 대중적 총 전향이 일어난 것에 대해 단 한 번도 언급하지 않았다"는 오케타니 히데아키(桶谷秀昭)의 평가는 요시모토의 '대중'이 국가와 이념을 상대화하는 일종의 사상적 방법이었음을 잘 말해주고 있는 대목이기도 하다(桶谷秀昭, 「拒絶のナショナリズム」, 『構造』, 1970. 12.(『現代詩手帳臨増 吉本隆明入門』, 思潮社, 2003, p.74 재인용)). 그러나 다른 한편으로 본다면, 요시모토의 '대중'은 그가 여러 글에서

시모토는 다음과 같이 구체적으로 생활에 몰두할 것을 대중에게 제안하며 자립된 모습으로 존재하기를 요청했다.

> 만약 노동자에게 전위를 극복하는 방법이 있다면 이러한 노동자나 대중을 조직화하려는 전위적인 커뮤니케이션을 부정하고 생활 실체 쪽으로 자립하는 것을 노동자가 이론화할 때 가능하다. 만약 생선가게 여자 주인이 모친대회의 인텔리 ××여성을 극복하는 방법이 있다면 평화나 민주주의 이데올로기를 입에 담을 때가 아니라 생선을 팔고 밥을 짓고 아이를 낳고 키우는 것 자체를 이데올로기화할 때이며, 시민이 시민주의를 극복하는 방법도 직장의 실무에서 새로운 의미를 발견했을 때가 아니라 오늘날의 대상황에 있어서 스스로 빈껍데기의 생활적 실체를 실로 잘 곱씹어 그것을 이데올로기화할 때 가능하다.[34]

요시모토가 제안한 '빈껍데기의 생활적 실체'에 뿌리를 둔 대중의 사상의 이데올로기화는 실제로 안보투쟁의 실패를 예감하게 만드는 것이기도 했다. 사회적 정치적 정황으로부터 자유롭고 오로지 생활 실체에만 몰입되어 있는 대중은 안보투쟁이라는 혁명의 필요성을 피부로 느끼지 못했기 때문이다.

구체적으로 묘사하고 있는 바와 같이 "태어나 결혼을 하고 아이를 낳아 기르며 늙는 무수한 사람"으로, 그 개념은 끊임없이 실체적인 '대중'을 뜻하기도 한다. 이러한 대중을 타인에 대한 비판의 논리 근거로 사용할 경우, 무적과도 같은 논리로 둔갑할 가능성이 농후하다. 이미 다가와 겐조(田川建三)가 비판한 바 있듯이 요시모토의 대중은 지식인과의 대비 속에서 규정되는 것으로 양자는 양극단에서 고정화되어 있으며 타당성이 결여된 추상 이론으로 기울기 쉬운 부분이 있다(松井隆志, 앞의 글, p.160).

34) 吉本隆明, 「前衛的コミュニケーションについて」(『吉本隆明全集 6』, p.478).

우리들은 안보투쟁 가운데 종종 모순을 느낄 수밖에 없음을 알게 되었다. 아무리 격한 가두 데모를 전개하더라도 우리들이 최대한 기대할 수 있는 것은 기시 정권을 안보자연성립 이전으로 되돌려 해산시키는 정치적 효과 정도에 불과했다. 그렇지만 격한 가두 행동 없이는 그것조차 불가능하다는 딜레마가 있었다. 거기에는 혁명적인 정세가 조금도 없고 일본자본주의는 꽤나 안정된 경제적 기반에 입각해 성공리에 정책을 펼치고 있었기에 시민과 노동자는 질서 소멸을 위해 일어설 주체적인 자세를 가지고 있지 않았다.[35]

실제로 그 자신이 딜레마라고 말한 것처럼 그가 선택한 행동은 결코 혁명을 일으킬 방법이 되지 못했고 당시의 호경기와 정치적으로 안정된 분위기 속에서 그것은 오히려 희화화될 소지가 있었다.[36] 안보투쟁 이후 요시모토의 논의가 소비 자본주의 예찬으로 이어진 것은 자연스러운 일이었다. 생활에 입각한 대중의 무관심으로 이데올로기가 해체되기 위해서는 고도의 소비 자본주의가 전제되어야하기 때문이다.[37]

---

35) 吉本隆明,「擬制の終焉」(『吉本隆明全集 6』, pp.295~296).
36) 都築勉, 『戰後日本の知識人－丸山眞男とその時代』, 1995, 世織書房, p.374.
37) 이러한 요시모토의 입장은 안보투쟁 이후에도 지속된다. 예컨대 1980년대 점화되었던 반핵 논쟁에서 진보적 지식인 대부분이 반핵 성명을 발표하며 반핵 운동을 펼쳤던 것에 반해, 그는 이러한 사회적 논의들에 대해 크게 비판하며 논란을 일으키기도 했다. 그가 보기에 진보적 지식인들의 반핵 운동은 인류애와 인간의 윤리를 바탕으로 하고 있지만 그러한 반박 불가능한 윤리적 잣대의 일방성은 매우 위선적일 뿐 아니라 일상에 대한 위협이기도 하다. 나아가 반핵 운동의 성격은 전쟁의 위험성을 끊임없이 제기하며 군비 강화를 종용하는 보수 우파의 주장과 크게 달라 보이지 않았다. 말하자면 반핵 운동은 불안을 조장하며 대중을 이념에 추수하도록 만드는 지식인의 전위적 행위에 다름 아니었던 것이다. 이처럼 요시모토는 진보적 지식

4. '패배'라는 해방

안보투쟁으로부터 약 10년이 지난 1970년, 강연「패배의 구조(敗北の構造)」(1970.06.10. 明治学院大学)에서 요시모토는 자신의 전후 경험을 '패배'라는 단어로 요약해 정리한다. 다소 인용이 길지만 그 내용을 소개하자면 다음과 같다.

청년시절 이후, 나 스스로 패배를 자각하게 된 것으로 세 가지를 꼽을 수 있습니다. 하나는 태평양전쟁의 패전인데요, (중략) 대중이 철저하게 싸워줄 것이라 생각하고 있었고 저 또한 그렇게 여겼지만 사태는 전혀 달랐죠. 전화로 불타버린 들판에다 식량 부족이 일어나는 상황 속에서 병사들은 누구보다 먼저 군대가 부정하게 축적해 둔 식료를 등에 질 수 있을 만큼 가득 지고서 아무런 반응도 보이지 않으며 무장을 해제하고 고향으로 돌아갔습니다. 그것이 대중이 보인 패배의 구조였던 것입니다. 두 번째 패배는 학교를 졸업하고 회사 생활을 할 때 있었던 작은 노동 운동의 실패입니다. 저는 당시에 주범격이었는데, 일단 운동이 쇠퇴하니 노동조합 문제가 아니라 순전히 직업상의 문제로 이야기를 거는 사람이 없을 정도로 완전히 무시를 당했어요. 그건 참으로 이상한 느낌이었습니다. 주범과 말을 나누면 자신도 공범이 된다고 생각했던 것인지 모르겠습니다만(중략) 통상적인 대화조차도 더

인들에게 대해서는 크게 성토해 마지않았지만, 이와는 반대로 유명 브랜드를 쫓으며 소비 생활에 몰두하고 지내는 젊은이들의 문화에 대해서는 크게 상찬했다. 1982년 상업지『헤이본 펀치(平凡パンチ)』에 글을 발표하거나 1984년에 역시 상업 여성지『anan』에 꼼데가르송 옷을 입고 등장해 하니야 유타카(埴谷雄高)와 논쟁을 벌인 대목은 대중의 이념으로부터의 해방과 소비 자본주의에 대한 불가분의 관계를 강력하게 증명하는 대목이기도 하다.

이상 불가능해졌던 것이죠. 직업상, 업무상, 사무상에서 완전히 소외된 상황이었는데요, 대중에게 있어서의 패배란 결정적으로 이렇게까지 가 버리는구나 하고 느꼈습니다. 마지막 패배는, 이는 날마다 패배를 느끼는 바지만, 만약 다른 말로 바꾼다면 60년 안보투쟁의 패배를 꼽을 수 있을 겁니다. (중략) 당시에 저는 이런 패배 뒤의 오는 흔들림이랄까 반동이란 심히 엄청날 거라 생각했습니다. 그리고 글을 쓰는 저로서는 이 세계에서 완전히 차단되겠구나 라는 마음이 들었죠. (중략) 즉 당시의 저는 패배의 구조에 대해 꽤 체험적으로 예측하고 있었던 것인데, 안보투쟁 후 수년간 저는 저 나름대로 거점을 만드는 데에 상당히 진지한 고민을 했었습니다.[38]

패전과 노동 운동의 실패, 그리고 안보투쟁의 실패를 통해 요시모토가 체득한 것은 대중이 보여준 이른바 '패배의 구조'이다. 각각의 실패가 가지는 역사적 사회적 의미는 상이하지만 이때 대중이 보여준 일종의 태세 전환의 방식은 분명하게 일관성을 가지는 것이었다. 전쟁에 함몰되어있던 정신과 신체를 스스로 구원하며 오로지 생존의 방식에만 관심을 집중시키는 태도, 노동 운동의 주범과 자신의 거리를 무한히 떨어뜨리며 안전한 장소로 피신하려는 보신주의, 어떠한 정치적 사회적 담론에도 동요되지 않으며 오로지 자신의 일상에만 집중하는 대중의 생활보수주의 등은 어떠한 '외적 세계의 강제'로부터 영향을 받지 않겠다는 대중의 냉엄한 선언에 다름 아니었고, 요시모토가 보기에 이는 패배를 통한 대중의 진정한 해방을 의미하는 것이기도 했다. 그리고 이같은 대중의 '패배의 구조'는 앞에서 언급한 '자기기만'의 또 다른 형태

---

38) 吉本隆明, 『敗北の構造 吉本隆明講演集』, 弓立社, 1972, pp.409~411.

이기도 했다. 이미 확인했듯이 천황제 이데올로기나 울트라=내셔널리즘과 같은 각종 주의와 주장은 '나' 자신을 위해서라면 천황이나 국가 따위는 어떻게 되어도 상관없다는 정동을 바탕으로 하고 있으며 그것은 개인과 집단 사이의 이율배반적 모순으로 점철되어 있다고 보는 것이 타당하기 때문이다. 어떠한 이념도 무화시키는 대중의 '패배의 구조'를 경험한 요시모토는 그렇기 때문에 진보파 지식인들의 계몽적인 전후 민주주의에 대해서도 회의적일 수밖에 없었다.

> 우리들은 패전시의 대중의 절망적인 이미지 가운데서 일본적인 '무위(無爲)'란 무엇인지에 대해 확인할 수 있었다. 대중은 분노하는 대신 모든 것은 위선이 아닌가 하는 야유와 지배자를 거부하는 모습을 보여주었다. 예컨대 전쟁 권력과는 반대에 있는 어떠한 심벌을 가지고 오더라도 이러한 대중의 불신을 움직일 수 없다는 것은 명료한 일이었다. 어떤 방식으로든 사고를 바꿀 필요가 있다. 패전을 기점으로 파시즘에서 다시 코뮤니즘으로 옮겨 간 사람들, 이중적 입장에서 '민주주의'라는 하나의 입장으로 전환한 '진보파', 이들은 당연히 대중의 '무위'와 '불신'의 양식에 직면해야할 것이다.39)

대중을 설득시키기는커녕 그 어떠한 논리로도 그들의 불신과 무위를 불식시킬 수 없음을, 다시 말해 대중이 보여준 '패배의 구조'가 얼마나 강력한 규정력을 가지고 있는지를 요시모토는 일찌감치 감지하고 있었던 것 같다. 그 때문일까. 그는 앞의 강연문에서 고백하고 있듯

---

39) 吉本隆明,「丸山眞男」(『吉本隆明全集 7』, p.18).

이 60년 안보투쟁 이후 글 쓰는 입장에 있는 사람으로서 자신이 대중에 개입하는 것이 거의 불가능함을 시인하고도 있었다. 전후 일본이 제출한 여러 가지 사상적 과제들을 검토하고 그것을 전후 일본의 새로운 질서로 구현시키려는 기획은 결국 생활 대중에게는 정치적 사상적 선동에 불과했고 그것은 대중과 지식인 사이의 괴리를 더욱 선명하게 드러낼 뿐이었다. 이와 같은 대중의 '패배의 구조'를 체현한 요시모토가 이후에 대중소비사회를 지나치리만큼 긍정해 보인 것은 어쩌면 자연스러운 흐름이었는지 모른다. 요시모토는 물론이고 60년대 안보투쟁에서 요시모토가 보여준 전투적인 자세에 공명했던 젊은이들 역시 70년대 이후에 '뉴 페밀리'를 구성하며 생활 속에서 욕망을 발산하는 대중층을 구성하고 있었던 것에서 보듯이, 요시모토가 발견한 대중의 '패배의 구조'는 어떠한 이념도 허락하지 않는 채 대중으로 하여금 생활 혹은 생존에 몰두하게 만들고 있었다. 그리고 이 거듭된 패배의 경험과 구조는 더 이상 어떠한 사상도 용납하지 않으며 어떠한 변혁도 추구하지 않는 소위 '일본적인 무위'의 세계를 형성하며 현대 일본의 사상의 지반을 떠받치고 있다. 물론 요시모토의 대중이란 국가와 민족을 무화시키기 위한 알리바이이자 방법이었던 점은 부정할 수 없고, 대중에 의한 민족과 국가의 무화 뒤에 어떠한 공동체를 상정할 수 있는지에 대해서는 정치한 논의가 필요하지만 이에 대해서는 향후의 과제로 삼고자 한다.

현대일본생활세계총서 16

전후의 탈각과 민주주의의 탈주

문화보수주의의 '전후민주주의' 비판과 '친미'를 둘러싼 딜레마*
에토 준의 전후사 인식을 중심으로

서동주

1. 에토 준의 전후사 인식과 '전향'

1980년 에토 준은 워싱턴에 머물며 9개월간 진행했던 점령기 검열 연구를 마치고 귀국했다. 그 성과는 이후『1946년 헌법-그 구속(一九四六年憲法-その拘束)』(1980),『닫힌 언어공간(閉された言語空間-占領軍の檢閱と戰後日本)』(1989) 등과 같은 저서로 출간되었다. 그는 이 저서들을 통해 '일본국헌법'은 미국에 의해 '강요'된 것이며, '전후'란 점령군의 검열에 의해 자유로운 표현을 박탈당한 '닫힌 언어공간'이자 그런 의미에서 '미망(迷妄)의 시대'라는 주장을 펼쳤다. 에토는 이렇게 '전후' 부

---

* 이 글을『한일민족문제연구』제34호(한일민족문제학회, 2018.6)에 게재된 「전후일본의 친미내셔널리즘과 문화보수주의-에토 준의 전후민주주의 비판론을 중심으로」를 수정·보완한 것임.

정의 입장을 '전후사'의 기원에 대한 집착을 통해 드러내고 있다. 그런데 이런 관점에 설 경우, 전후의 시공간에서 분기하며 교차했던 다양한 흐름을 파악하는 것은 곤란해진다. 실제로 문예비평가 오쓰카 에이지(大塚英志)는 에토의 검열연구를 거론하며 자신은 거기서 전후사에 관해 많은 것을 배웠지만, 다른 한편 에토는 전후의 역사가 그 출발점에서 점령군에 의해 주어졌고 동시에 검열되었다는 사실에 지나치게 포박된 나머지, 결과적으로 전후라는 시공간 자체를 허망한 것으로 만들어 버린 경향이 있다[1]고 지적한 바 있다. 역사의 흐름을 기원으로 환원해 인식하는 것이 역사를 공허한 시간으로 만들어 버리는 역설을 말하고 있는 것으로 이해된다.

그러나 흥미로운 사실은 20년 전에는 오히려 에토가 기원에 집착하는 역사관을 비판하는 쪽에 서 있었다는 점이다. 안보투쟁(1960) 직후 발표한 「"전후"지식인의 파산」이라는 글에서 그는 패전 후 새 헌법의 제정과 함께 '전후'라는 새로운 시대가 시작되었다는 소위 전후파 지식인을 대표하는 마루야마 마사오의 발언을 인용하며, "헌법에서 '사물의 본성'을 찾는다는 가상(仮構)이 (전후파 지식인 사이에서—필자 주) 신봉되어 왔다는 것은, 역사를 만들려 하는 '사상'가가 실은 역사를 거부하고 역사로부터 내려왔기 때문"[2]이라고 비판했다. 이렇게 말할 수 있는 이유는 그가 역사를 대립하는 물리적인 힘과 힘, 세력과 세력이

---

1) 大塚英志, 『「彼女たち」の連合赤軍―サブカルチャーと戦後民主主義』, 1997, 131쪽.
2) 江藤淳, 「"戦後"知識人の破産」(1960), 『一九四六年憲法―その拘束』, 2015, 172쪽.

대결하고 부딪치는 가운데 만들어지는 어떤 것으로 간주했기 때문이다. 따라서 새롭게 등장한 제도에 가치를 부여하고 거기서 변화의 기점을 보려는 관점에서 파악된 역사는 '가상'에 불과한 것이다.

　이후로 그는 소위 전후파 지식인들과 그들이 주장하는 전후민주주의에 의혹의 시선을 거두지 않았지만, 정작 그 자신이 전후파 지식인에게서 보았던 전후사 인식의 오류를 20년 후 그 자신이 반복하고 있다는 것은 아이러니한 일이다. 그렇다면 이 20년의 시간 동안 에토의 전후사 인식에는 어떤 변화가 있었던 것일까? 전후를 하나의 '가상'으로 보는 시각은 거의 변함이 없었지만, 그런 '가상'을 초래하는 원인은 '전후파 지식인'에서 '미국'으로 옮겨갔다. 그는 미국이라는 존재가 전후일본인으로부터 '타자와 접촉할 전정한 경험의 기회'만이 아니라 '공적 세계'도 박탈했다고 강하게 비판했다. 즉 그는 미군기지의 철수와 교전권의 회복 없이 일본의 진정한 '독립'은 있을 수 없다고 주장했다. 하지만 그렇다고 '반미내셔널리즘'으로 나아가지는 않았다. 여기에 그의 미국 인식의 복잡함이 놓여있다. 또한 헌법이 미국에 의해 '강요'된 것이라는 주장도 1970년대 후반에 가서야 등장했다. 분명한 것은 시간의 흐름에 따라 미국이라는 존재는, 마루야마의 말을 빌리자면 "사물과 사건의 본성"의 자리를 차지해 갔다는 사실이다.

　이 글에서는 에토의 전후사 인식을 통시적으로 살펴보고, 그가 역사의 상실을 감수하면서 '미망'의 전후에 대한 대안으로 구상했던 이상적 일본을 분석해 보고자 한다. 달리 말하면 이글이 목표로 하는 것은 전후민주주의를 비판하는 그의 보수적 논리가 '개헌'을 통해 일본인의

'자기동일성'을 회복한다는 전망을 거쳐 최종적으로 초역사적인 '일본문화'에 조응하는 '국가'라는 쪽으로 귀결되는 양상을 보여주는 것이다. 이것을 통해 '혁신파'의 일원으로 민주주의의 신봉자임를 자처했던 에토가 최종적으로 민주주의를 미국문화의 산물로 상대화하며 이른바 문화보수주의로 귀착하는 도정을 확인할 수 있을 것이다.[3]

---

3) 에토 준의 보수사상에 대한 연구로는 가토 노리히로(2009, 초판은 1985)와 오구마 에이지(2003, 초판은 2002)의 연구가 있다. 가토는 에토의 정치적 입장을 '친미내셔널리즘'으로 규정하면서 미국인식이 보여주는 '난해함'은 그가 말하는 '독립'이 '미국'의 부정이 아니라 '미일동맹'의 '강화'를 전제로 하고 있다는 점에 기인한다고 지적하고 있다(加藤典洋, 『アメリカの影』, 講談社, 2009, 47~48쪽). 오구마는 에토가 사용한 '아이덴티티=자기동일성'이라는 말에 주목해 에토의 보수사상은 자기의 아이덴티티의 문제로부터 국가의 회복을 주장하고 있다는 점에서 앞선 시대의 소위 '올드 리버럴리스트'와 준별된다고 언급하고 있다(小熊英二, 「「屍臭」への憧憬―江藤淳」, 『〈民主〉と〈愛国〉―戦後日本のナショナリズムと公共性』, 新曜社, 2003, 714쪽). 한편 장인성은 전후일본의 보수사상을 '보수표상'이라는 관점에서 총체적으로 분석하고 있는 글에서 전후를 '가상'으로 표상하는 그의 전후비판론의 근저에는 전후체제의 허구성과 뒤틀림을 감지해 내는 '보수감각'이 작용하고 있음을 지적한 바 있다(장인성, 「현대 일본의 보수주의와 '국가' 표상」, 장인성 편, 『전후 일본의 보수와 표상』, 서울대학교출판문화원, 2010, 261쪽). 이 글은 이러한 기존연구의 논의를 참고하면서 동시에 그의 보수사상이 최종적으로 '개헌', '개인', '허구'라는 차원을 초월하는 '문화' 개념의 도입을 통해 이상적인(바람직한) 국가의 조건과 이미지를 제시하고 쪽으로 귀결되고 있음을 논증하려는 점에서 차별성을 갖는다.

2. 전후, '상실'의 시대

에토 준의 전후 비판의 계기는 안보투쟁이었다. 60년 안보투쟁 때 그는 '젊은 일본의 모임'이라는 조직의 일원으로 활동하며, 적극적인 정부비판 활동을 전개했다. 그러나 그해 6월 10일에 일어난 '헤거티 사건'(아이젠하워 대통령의 방일에 앞서 사건 협의차 일본을 찾은 대통령 신문담당시서 헤거티를 태운 차량이 하네다 공항 근처에서 전학련이 중심이 된 시위대에 포위되는 사건-필자 주)을 기점으로 안보투쟁의 대열에서 이탈하게 된다. 그는 「헤거티를 향했던 하네다 데모(ハガティ氏を向えた羽田デモ)」라는 글에서 이탈의 배경을 다음과 같이 설명하고 있다. 즉 그가 보기에 하네다에서의 데모는 안보투쟁이 배외적인 정념에 이끌린 내셔널리즘의 운동임을 드러냈다는 것이다. 그는 데모대의 주장이 '반미' 일색이었고 '반(反)기시'는 전혀 찾아볼 수 없었다는 것을 이유로 들고 있다. 그는 데모의 현장을 '지배하고 있는 것은 민중의 의지가 아'이라, '추악하고 갈 곳을 모르는 혼란뿐'이라고 일갈했다.[4] 그리고 '반미내셔널리즘'에 대한 위화감은 이후 그의 문예비평과 정치평론의 기저를 이루는 심정이 되었다.

1960년 6월 19일 국회에서 새로운 미일안보조약의 승인이 확정되고, 미국과의 비준서 교환을 끝낸 기시 내각이 사퇴하자 안보투쟁의 열기는 순식간에 가라앉았다. 그리고 그 실패와 공과를 둘러싼 '전후파'

---

4) 江藤淳, 「ハガティ氏を向えた羽田デモ」, 『江藤淳著作集』 第六巻, 1967, 27~33쪽.

지식인의 주장이 논단을 뒤덮었다. 반미내셔널리즘에 대한 위화감으로 안보투쟁 대열에서 이탈했던 에토는 이런 전후파의 안보투쟁에 대한 평가를 비판하는 가운데, 이후 평생에 걸쳐 지속하게 되는 '전후 비판'의 일성을 던지게 된다. 그 시작을 알리는 것이 바로 「"전후"지식인의 파산」이라는 글이다. 여기서 에토는 안보투쟁을 총괄하는 마루야마 마사오의 연설문(「복초의 설(復初の説)」)의 일부를 거론하며, 거기에 전후파 지식인의 어떤 전형적인 사고의 형태가 나타나 있다고 말한다. 예컨대 에토가 주목하는 마루야마의 발언은 다음과 같다.

> 처음으로 돌아간다는 것은 구체적으로 말씀드리면 5월 20일로 돌아가라, 5월 20일을 잊어서는 안 된다는 것입니다. … 5월 20일의 의미를 이렇게 생각하면, 나아가 그것은 8월 15일로 거슬러 올라간다고 나는 생각합니다. 처음으로 돌아가라는 것은 패전 직후의 어느 시점으로 돌아가라, 8월 15일로 돌아가라는 것입니다. 우리들은 폐허 속에서 새로운 일본의 건설이라는 것을 결의했던, 그 시점의 기분이라는 것을 항상 되살리면서 곱씹는 것, 그것은 우리들만이 아니라 여기에 내는 그것을 특히 언론기관에게 진심으로 희망하는 바입니다.

그에 따르면, '전후'에 정의의 실현을 보는 마루야마의 사고방식은 전쟁에 어떤 도덕적 가치를 도입하고 그것을 '사상전'으로 보는 것에서 출발하는데, 그것은 '근대전쟁의 철칙'에 대한 무지를 드러내는 것에 다름 아니다. 여기서 말하는 근대전쟁의 철칙이란 "국민을 납득시킬 대의명분을 갖지 못하면 싸움이 어렵다는 것"이며, 그런 이유로 "모든 전쟁은 아군에게 의전(義戰)이고, 적에게는 불의의 전쟁"이라는 성격을 벗어날 수 없다는 것이다. 따라서 전쟁에 사상을 결부시키는 것이 오류인 것처럼, '전후'에 정의라는 도덕적 가치를 부여해 사상화시키는 것 또한 오류이다. 에토에게 지난 '전쟁'은 사상적 요인이 아니라, 경제적 요인에 의해 일어난 것이며, 미국이 일본에 온 것도 점령지를 정복하기 위함일 뿐 그 외의 어떤 이유도 없다.[5] 따라서 '사물의 본성, 사건의 본원'이 8월 15일에 있다는 주장은 전쟁에서 사상적 의미과 도덕적 가치를 이끌어내려는 전후파 지식인의 '이상주의'가 초래한 하나의 가상(仮構)에 불과한 것이다.

'전후'라는 가상은 이렇게 전쟁과 사상을 결부시키는 이상주의의 결과이자 동시에 패전과 점령이라는 현실을 회피한 결과로도 간주된다. 15년 전 지식인들 앞에는 '폐허' 함께 '새로운 일본을 건설하려는 결의'가 있었다 말하는 마루야마에 대해, 에토는 거기에는 또한 패전이라는 비참함, 생활상의 불행도 있었지만 지식인은 자신에게 닥친 '육체의 비참'을 너무나도 냉정히 무시해 버렸다고 비판한다. 달리 말하면 그들은 패전과 점령이 안겨준 고통을 간과했다는 것이다. 그런 의미에서 전후파 지식인의 "이상주의는 점령하라는 온실에서 핀 꽃"에 불과하며, "(온실의) 유리창 박에는 시시각각 변화하는 국제 간 힘의 갈등이 휘몰아치고 있다는 것"을 통찰할 능력을 갖지 못했다고 말한다.[6]

그렇다면 왜 전후파 지식인들은 "눈 앞의 비참보다 폐쇄된 실험실

---

5) 江藤淳, 「"戰後"知識人の破産」, 176쪽.
6) 江藤淳, 「"戰後"知識人の破産」, 175~176쪽.

속에서 건설될 미래에 역점을 두"는 관념적인 태도를 보였던 것일까? 에토는 그것이 지식인들의 '상처받은 자부심(誇り)'에 연원한다고 말한다. 즉, 여기서 말하는 상처란, 패전이라는 현실이 모든 것에 가치의 문제를 결부시키지 않으면 만족하지 못하는 이상주의자에게 던진 고통의 흔적을 의미한다.

> 상처받은 '자존심'은 현실을 회피하려 해서 새로운 규범을 필사적으로 요구하게 된다. 패배가 결정적인 것이 되면 될수록 규범은 관념적이지 않을 수 없다. 그리고 관념이 현실을 가려버렸을 때 패전은 어딘가로 사라진다. 그러나 불행은 일체의 움직임과 상대화를 거부하는 닫힌 논리 속에 이 불안정한 심정이 갇혀버렸다는 것에서 시작된다. '진보적 문화인'이 심정에서 극히 급진적이면서 논리에서는 항상 복고파라는 자기모순이 일어나는 것은 그 때문이다. 논리는 일신되어 그것에 의해 가치의 원천으로 간주되는 신헌법은 '평화주의', '민주주의', '국제주의'를 주장한다. 하지만 이들 이데올로기에 주입된 심정은 패전 앞에서 조금도 변하지 않는다. 정치―정확히 말해 정치 작용의 변혁만으로 민족의 기질을 바꾸지 못하기 때문이다. 열렬한 전쟁협력자가 절대평화주의자가 되어도 놀랄 일이 아니다. 그는 객관적으로는 변절했지만 주관적으로 자신 안에 있는 무궁동(無窮動, 처음부터 끝까지 같은 속도로 진행되는 기악곡―필자 주)에 충실했을 뿐이기 때문이다. 지금 이런 사람들이 '평화'를 전쟁'처럼 하려 한다.[7]

에토가 보기에 정치를 사상과 도덕의 눈의로 보려는 이상주의의 치명적 문제는 국제관계에서 타자의 존재를 간과하는 데 있다. 달리 말

---

7) 江藤淳, 「"戰後"知識人の破産」, 179쪽.

하면 섣부른 예단을 허용하지 않는 냉엄한 국제현실에 대한 긴장감의 '상실'이다. 에토는 자신과 타자의 문제를 다루는 정치적 판단에서 상대적으로 생각하는 것 외에 현명한 다른 방책은 없다고 말한다. 즉, 그는 정치의 세계에 절대와 같은 것은 존재하지 않는다고 주장한다. 그리고 그런 관점에서 본다면, 전후파 지식인이 말하는 '평화주의'와 '중립주의'는 이상적이고 주관적인 기대의 표현에 다름 아니다. 그는 다음과 같이 말한다.

> '평화주의' 운동에 관해서는 그것은 무력을 대신해 '절대평화'라는 점에서 만방에서 좋은(冠絶) 것으로 급진적인 심정의 표현이고, '중립주의'란 결국 세계지배를 대신해 국제적인 권력관계로부터 이탈하고 싶다는 원망의 정치적 표현에 지나지 않는다.[8]

따라서 안보투쟁을 '전쟁인가 평화인가', 혹은 '전후의 유지인가 종언인가'로 접근하는 것은 냉엄한 국제적 현실과 무관하게 만들어진 '가상'이라는 비판을 피할 수 없다. 그는 전후파 지식인이 주장하는 '평화'와 '중립'은 선언으로 달성될 수 있는 성질의 것이 아니다. 안보투쟁의 의미를 생각함에 있어서 에토가 중요시 하고 있는 것은 냉전이라는 세계질서이다.

> 실제로 '평화'는 전쟁을 회피하려는 노력의 계속에 지나지 않으며, 이 노력이 결실을 거두는 것은 상대적인 국제관계 속에서이다. 만방에 앞

---

8) 江藤淳, 「"戦後"知識人の破産」, 182~183쪽.

서 호소하는 것 등이 가능할 리가 없다. 또 '중립'이란 아마도 동서의 이대세력의 어느 쪽에도 가담하지 않고 항상 분쟁의 외부에 있다는 특권적인 위치가 아니라 문제에 응해 어느 쪽을 지지할 것인가를 판단을 보류하는 노력일 것이다.[9]

그에 따르면 안보투쟁의 경위가 주는 교훈이란 일본 국내에서 이 두 세력이 충돌하고 있다는 사실이며, 거기에서 벗어나는 것은 곤란하다는 현실의 냉혹함이다. 나아가 거대한 외부의 압력과 9%에 이르는 경제성장과 공존하는 곳에 현재의 일본이 있다면, 일본은 이른바 죽음을 키워 살아가는 것이 된다고 덧붙인다. 이렇게 그는 국제적 현실을 '전후'라는 가상에 의지해 보려는 전후파 지식인을 비판하는 가운데, 이미 경제적 풍요를 냉전이라는 현실과 분리시켜 사고하는 것이 갖는 한계 또한 분명히 자각하고 있었다.

에토가 전후파 지식인에게서 본 것은 타자와의 관계를 통해 존재하는 현실에 대한 냉정한 시각과 감각의 '상실'이라고 할 수 있다. 물론 그것은 지식인에 한정되지 않는다. 예컨대 에토는 이것을 메이지인의 현실감각에 빗대어 다음과 같이 비판하기도 한다. 즉 "해외여행자가 늘었다고는 하지만 메이지의 지식인이 외국의 현실에 접해 감득한 타자의 존재를 과연 얼마의 사람들이 느끼고 있는 것일까? 실상은 오히려 자신의 심정을 투영하며 걷고 있는 경우가 많지 않은가?"라고 묻고 있다. 그런 의미에서 일본은 국제연맹 탈퇴 이래의 '고립주의'를 전혀 청

---

9) 江藤淳, 「"戰後"知識人の破産」, 183쪽.

산하지 못했다고 말한다.[10)]

이 '상실'이라는 문제는 1960년대 에토의 전후인식을 이해하는 데 중요한 실마리를 제공한다. 2년간(1962-64)의 미국 체류를 마치고 돌아온 에토는 전전 자신이 살았던 오쿠보(大久保)를 찾았을 때의 심정을 다음과 같이 표현하기도 한다. "내가 쇼크를 받은 것은 토지의 모습이 일변해 어떤 품격을 띠고 있었던 주택지가 외잡한 번화가의 연장으로 변해버렸기 때문이다. 이것이 나에게 있어서의 '전후'였다.…내가 그 외에 무엇을 얻었다고 해도 나 자신에게 가장 중요한 이미지가 깨져 흩어졌다고 생각되는 이상, '전후'는 상실의 시대로 밖에 생각되지 않았다. 에토는 오쿠보에 살던 4살 때 모친가 사별했다. 오쿠보는 짧았던 모친과의 추억이 서린 장소인 것이다. 하지만 자신의 기억 속의 오쿠보는 눈 앞에 존재하지 않는다. "모친이 즉은 것은 철쭉이 피는 계절이었다. 그러나 철쭉은 없어지고 식수림이 있었던 부근도 건축현장으로 변"해버렸다.[11)] 이렇게 과거의 풍경은 사라지고, 자신의 집터에는 숙박시설의 건축이 한창 인 것을 보며 그는 깊은 상실감을 토로한다.

그리고 중요한 것은 이런 개인적 감정이 전후민주주의에 대한 그의 보수적 비판의 근저에 뚜렷한 형태로 모습을 드러내고 있다는 점이다. 예컨대 그는 전전을 부정하는 전후파 담론에 대한 위화감을 '사정(私情)'이란 말을 통해 표현하고 있다.

---

10) 江藤淳, 「"戦後"知識人の破産」, 183쪽.
11) 江藤淳, 「戦後と私」, 『新江藤淳文学集成 5』, 1985, 332쪽.

그렇게 생각하는 것이 나의 사정이라는 것을 나는 부정하지 않는다. 당신의 조부가 만들고 지켰다는 메이지 일본이 민중을 압박했다는 소리가 일어나고 있음을 나는 부정하지 않는다. 당신의 부친이 수입된 넥타이를 하고서 말에 올라탔을 때 특고경찰에 고문당하고 있던 인간이 있다고 말하는 자가 있음을 나는 부정하지 않는다. 당신이 전후 무엇을 잃었던 간에 민중은 민중은 많은 것을 얻었다고 주장하는 자나 나타났음을 나는 부정하지 않는다. 요컨대 "꼴좋다, 잘됐다, 뭐가 국가냐(ざまあみろ、いい気味だ。なにが国家だ)"라고 외치는 목소리가 적지 않음을 나는 조금도 부정하지 않는다. 그러나 그 모든 것을 받아들인다 해도 내 안에 있는 깊은 치유하기 어려운 슬픔이 있고, 그것은 어떤 정의와 정당화에 의해서도 닦아낼 수 없음을 나는 부정할 수 없다. 그것은 사정(私情)이며 정의가 아니어도 좋다. …(중략)… 그리고 도대체 문학이란 무엇인가. 그것은 '사정'을 솔직히 말하는 것에서 시작하는가 아니면 그것을 날조된 '정의'에 따르는 것인가? 구십 구명이 '전후'를 구가해도 나에게 그 슬픔이 깊고 그것이 가장 강렬한 현실인 이상, 나는 그것을 말하지 않을 수 없다. …(중략)… 나는 옛날이 좋았기 때문에 옛날로 돌아가라고 말하고 있는 것이 아니다. 오히려 옛날로 돌아갈 수 없다는 상실감을 말하고 있는 것이다.[12]

여기서 에토가 펼쳐 보이고 있는 보수적 상상력은 단지 옛날이 좋았기 때문에 그때로 돌아가자는 것이 아니다. '정의'의 이름으로 단죄받은 전전을 '구제'하려는 아니라, 다만 '사정'에 의지해 애석함을 표현하고자 할 뿐이다. 이렇게 볼 수 있는 이유는 메이지 때 이미 과거로 돌아갈 수 없다는 인식을 갖고 있었던 나쓰메 소세키에 대한 비평을 통해

---

12) 江藤淳, 「戦後と私」, 332~333쪽.

등단한 에토에게 근대화가 동반하는 '상실'은 피해갈 수 없는 것이라는 점은 자명했기 때문이다. 그리고 이「전후와 나」에 이어서 발표한 평론집 『성숙과 상실』에서 그는 이런 '상실'의 감각을 견디는 것을 '성숙'이라 불렀다. 바꿔 말해 "'성숙'한다는 것은 뭔가를 획득하는 것이 아니라 상실을 확인하는 것이다"13)라고 에토가 말할 때, 거기에는 에토 자신의 '성숙'의 흔적이 새겨져 있다. 그런 의미에서 에토는 스스로의 '상실'을 전후일본의 운명과 일체화해서 묘사함으로써 그것을 문학표현으로 만들고자 했다고 할 수 있다.14)

그런데 에토 준에게 있어서 '성숙'은 문학의 문제에 국한되지 않는다. 그것은 또한 정치적 과제이기도 하다. 여기서 말하는 정치적 의미의 '성숙'이란 전후일본에서 약체화된 '국가', 달리 말하면 사람들의 의식에서 희미해진 국가의 존재감 회복을 의미한다. 그러나 그것은 전전의 '국가주의'와 같은 것은 아니다. 그것은 무엇보다 '교전권'을 회복한 국가이며, 에토의 표현을 빌리자면 '자유로운 주권국가'를 가리킨다. 그리고 그는 그런 국가에 대한 요청은 '전쟁'할 수 있는 권리와 같은 것과는 무관하며, 오히려 전후의 평화주의를 미국에 의해 '강요된' 헌법에 의해서가 아니라 국가의 자유로운 선택으로 전환하는 것과 관련된다고 말한다. 결국 '성숙'의 문제는 미국이라는 초월적 타자와 만나지 않을 수 없다. 그렇다면 에토는 전후일본을 규정하는 '대미종속'의 문제

---

13) 江藤淳, 『成熟と喪失ー"母"の崩壊』, 講談社, 2009, 38쪽.
14) 三ツ野陽介, 「江藤淳と「戦後」という名の近代」, 『比較文學研究』(91), 2008, 25~ 26쪽.

를 어떻게 다루고 있었을까? 다음 장에서 이 문제를 살펴보고자 한다.

3. '종속'에서 '소속'으로 : 친미내셔널리즘의 행방

『성숙과 상실』의 주된 논점은 전후일본에서 소위 친밀한 높은 관계를 지탱하는 '모성적 원리'의 '상실'이다. 에토 준은 그것을 '제3의 신인'이라 불리는 동시대의 문학자, 즉 야스오카 쇼타로(安岡章太郎), 고지마 노부오(小島信夫), 쇼노 준조(庄野潤三)의 작품에 대한 비평을 통해 이끌어내고 있다. 달리 말하면 그들의 문학은 '성숙'할 수 없는 문학으로 규정된다. 그런데 그들의 성숙불가능성은 다만 '모성'의 상실 때문만은 아니다. 그들은 '모(母)'만이 아니라 '부(父)'도 상실했다.

점령시대에는 그들(미국－필자 주)이 '부'이자 그들이 '천'이었다. [중략] 그러나 점령이 법적으로 종결되었을 때, 일본인에게 더 이상 '부'는 어디에도 없었다. 거기에는 초월적인 것, '천'을 대신할 수 있는 것은 철저히 부재했다. 만약 그 잔상이 있다면 그것은 '부끄러운' 패배의 기억으로 부상해 부정되었다. 그 과정은 실로 농경사회의 '자연'='모성'이 '방치되어 버린' 자의 불안과 치욕감에 의해 철저하게 파괴된 것과 표리일체를 이루고 있다. 앞서 말한 것처럼 오늘날 일본인에게는 '부'도 없을 뿐만 아니라 '모'도 없다. 거기에는 인공적인 환경만이 매일매일 확대되고, 사람들은 살아가면서 동시 고사되어 갈 뿐이다.15)

---

15) 江藤淳, 『成熟と喪失―"母"の崩壊』, 37쪽.

실제로 야스오카 쇼타로『해변의 풍경』의 주인공 하마구치 신타로의 아버지는 패전 후 귀환했지만 가족을 지탱할 능력이 없으며 어머니는 지속되는 곤궁함 속에서 병을 얻는다. 신타로는 가부장제에서 벗어난 '개인'이 되었지만 의지할 곳 없는 고독한 존재이다. 또한 고지마 노부오의『포옹가족』속의 주인공 미와 슌스케는 부인 도키코에게 '현모양처'를 기대하지만 그녀는 그런 슌스케의 기대를 저버린다. 그녀는 한 명의 '여성'이 되기를 원했고, 그로 인해 미군 병사와 '불륜'에 빠지고 만다.『포옹가족』은 이렇게 표면적으로 '처의 붕괴'를 그리고 있는 것처럼 보이지만, 에토는 슌스케가 처음부터 도키코를 자신의 어머니와 겹쳐서 생각하는 점을 거론하며 이 소설 또한 자식의 시점에서 바라본 '모성의 붕괴'라고 말한다. 그런 점에서 두 소설의 주인공은 정도의 차이는 있지만 전전의 권위적인 '부'를 거절하면서 동시에 돌아갈 '자연=모'도 잃은 존재이자, 또한 전후의 '부'도 잃고 '모'도 없는 다만 '인공적인 환경' 속에서 홀로 방황을 계속할 수밖에 없는 존재로 그려지고 있는 것이다.16)

하지만『성숙과 상실』은 '모성의 상실'만을 주제로 삼고 있지 않다. 에토는 쇼노 준조가 그의 소설『해질녘의 구름(夕べの雲)』에서 묘사하고 있는 '지자(治者)' 태도에서 일종의 '성숙'의 가능성을 또한 이끌어내고 있기도 하다. 소설은 주인공 다이스케(大輔)가 아내, 두 명의 자식과 가정을 유지해가는 모습을 그리고 있다. 다이스케의 집은 언덕 꼭대기

---

16) 浜崎洋介,「江藤淳と「交戦権」の回復について―「現実」に辿り着くために」,『Espressivo』(64), 2016, 87쪽.

에 있는 탓에 그는 바람과 사람들의 시선으로부터 가정을 지키기 위해 바람막이 나무를 심거나 불침번을 서는 등의 구체적인 행동을 계속해 간다. 여기서 에토가 말하는 '치자'의 태도란 바람막이 나무를 심는 행위가 상징하는 것, 즉 최소한의 질서와 안식을 회복하기 위한 구체적인 행동을 통해 가정을 지켜내려는 의지를 말한다.[17]

『해변의 풍경』과 『포옹가족』의 주인공은 '모'를 상실하고 '개인'이 되었지만 '치자'가 되지는 못했다. 왜냐하면 '치자', 즉 '불침번'의 역할을 감내하는 그들이 의지할 어떤 초월적 존재를 갖지 못했기 때문이다. 전후일본에서 '아버지'의 권위를 부여할 존재는 미국의 '철수'와 함께 사라졌고 사람들은 다만 '아버지'가 있는 것처럼 살아가고 있을 뿐이다. 에토는 전후일본에서 '부=아버지'의 상실을 이렇게 규정하면서, 그렇기 때문에 『해질녘의 구름』의 다이스케의 경우도 '치자'의 가능성을 보여주고는 있지만 거기에는 결정적으로 '치자'라는 자각이 결여되어 있다고 말한다. 정확히 말하면 그것은 다이스케의 한계이자 동시에 '아버지'의 상실 위에 존재하는 전후일본이 작가 쇼노 준조에게 던진 아포리아였다고 할 수 있다.[18]

『성숙과 상실』을 통해 에토가 도달한 결론의 하나는 '치자'가 되려는 '개인'을 배후에서 지탱해 줄 초월적 존재의 회복이다. 그것은 구체적으로 말하면, 전후일본에서 약체화 된 '국가'의 재생이다. 예컨대 「전후와 나」(1966)에서 에토는 "나는 부(父)의 모습의 배후에 상상할 수 있

17) 江藤淳, 『成熟と喪失—"母"の崩壊』, 243쪽.
18) 三ツ野陽介, 「江藤淳と「戦後」という名の近代」, 32쪽.

는 저 쇠약한 국가의 이미지를, 저 인내하고 있는 국가의 이미지를 한 번도 배신하지 않았다"고 말하며, 『성숙과 상실』에서 제기한 '성숙'의 가능성은 최종적으로 국가의 '회복'에 있음을 분명히 언급하고 있다. 그리고 다음에서 보는 것처럼 그리고 이 국가를 향한 희구는 이후 철저한 '전후비판'을 거쳐 일본국 헌법9조의 개정을 통한 '교전권의 회복'이라는 주제로 이어져간다. 그리고 그 과정은 동시에 점령 종결 이후에도 드리워져 있는 미국의 '그림자'에서 벗어나는 것을 의미했다.

1960년의 시점에서 에토는 소위 냉전의 세계, 즉 두 개의 세력으로 나뉘어 대결하는 국제관계 속에서 살아남기 위해 정치를 사상(도덕)과 결부시키는 사고의 극복이 필요하다고 주장했다. 하지만 이 단계에서 대미종속이라는 문제는 분명하게 언급되지 않는다. 하지만 70년대에 들어오면서 미국은 전후일본인이 겪어야 했던 '자기동일성=아이덴티티' 분열의 원인으로 지목된다. 미국이라는 '쿠션'으로 인해 일본인은 진정한 경험의 기회를 갖지 못했지만, 그런 이유 때문에 역설적으로 그 안에서 자유를 누렸다고 말한다. 물론 그 자유란, 미국의 비호 아래 이루어지는 '흉내놀이'에 불과한 것이었지만. 따라서 문제는 이 '가짜 자유', 즉 '흉내놀이'에서 벗어나는 것이며, 달리 말하면 미국으로부터 독립하는 것으로 귀결된다. 하지만 그는 대안을 반미에서 찾지 않는다. 그렇다면 에토가 제안하는 대미종속에서 벗어날 수 있는 길은 어떤 것일까?

여기에서는 오키나와반환이 결정된 직후 발표된 「흉내놀이(ごっこ)의 세계가 끝났을 때」(1970)를 중심으로 이 문제를 살펴보고자 한자.

여기서 에토는 전후일본사회가 '흉내놀이'의 세계와 닮아 있다고 말한다. 즉 일본사회는 진정한 경험을 맛보기 어려운 사회라는 것이다. 그가 설명하는 흉내놀이의 구조는 다음과 같다. 그것은 우선 참가자 간의 '묵계'에 의해 성립하는 세계이다. 예를 들어 타로를 귀신으로 간주하고 로프를 전차로 간주하는 '묵계'를 참가자들 모두가 승인함으로써 존재 가능한 세계이다. 따라서 이것은 일종의 공범관계에 의존한다. 하지만 이것은 필요조건에 불과하다. 그것을 충분히 지속하려면 외부의 시선에 의한 승인이 반드시 필요하다; "묵계는 친구들 간만이 아니라 타인과의 사이에서도 교환되지 않으면 안 된다. 타인이란 이 경우 어른이고 어른은 진짜 귀신과 전차를 아이들의 손이 닿지 않는 곳에 두고, 타로가 귀신이고 줄이 전차라는 것을 인정해 주면서 아이들로부터 일정한 거리를 유지하지 않으면 안 된다. 만약 어른이 계약을 무시하고 아이의 눈앞에 진짜 귀신과 전차를 가져다 놓으면 모두 것은 무너져버린다. 이 세계에는 경험에 대한 갈망은 존재하지만, 결코 진정한 경험은 요구되고 있지 않다."[19]

그런 의미에서 에토는 당시 학생들의 반체제운동도 진정한 혁명운동이 아니라 혁명운동의 흉내놀이에 불과하다고 말한다. 왜냐하면 과격화하는 학생운동은 그들의 손이 닿지 않는 것에 대한 욕구이자 뭔가를 경험하고 싶다는 갈망의 표출이기 때문이다. 하지만 그들의 목적은 결국 증발해 버리고, 그것의 실현은 영원히 지연된다. 따라서 그

---

19) 江藤淳, 「"ごっこ"の世界の終わったとき」(1970), 『一九四六年憲法ーその拘束』, 2015, 133쪽.

들은 진심으로 혁명을 지향하고 의미있는 경험을 원하지만 잘 살펴보면 모든 것이 '흉내놀이'의 세계 안에서 벌어지는 행위에 지나지 않는다.[20]

　이런 흉내놀이는 반체제운동에 그치지 않는다. 에토는 그런 현상은 '자주방위'라는 주장 속에도 나타나고 있다고 말한다.

　　오늘날 이른바 '자주방위'란 결코 일본인에 의한 일본의 자주적 방위가 될 수 없기 때문이다. 분명 상대적으로 자위대는 미군의 방위부담을 대신하고 있고…하지만 그것이 여전히 미국의 극동전략의 일환을 분담하고 있다는 사실에는 변함이 없다. 문제는 국민이 자위대에 다가설 수 있는가 여부가 아니라, 자위대가 미군에서 멀어지는가 그렇지 않은가에 있다.[21]

　따라서 일본인들이 말하는 '자주방위'란 '자주방위 흉내놀이' 혹은 make-believe의 세계에서의 '자주방위'에 불과한 것이다. 그런 의미에서 에토는 자위대를 '천황의 군대'로 바꿔야 한다고 주장하는 '방패회'와 같은 조직은 '흉내놀이' 속의 '흉내놀이'에 불과하다고 말한다.

　그렇다면 왜 전후일본에서는 어떤 행위도 흉내놀이가 되어 버리는 것일까? 에토는 그 원인을 전후일본인이 겪고 있는 자기동일성(identity)이 심각하게 혼란에 빠진 것에서 찾는다. 이것을 '자주방위'에 관해 말하자면, 자위대는 자주방위를 위한 조직으로 간주되지만, 자위

---

20) 江藤淳, 「"ごっこ"の世界の終わったとき」, 136쪽.
21) 江藤淳, 「"ごっこ"の世界の終わったとき」, 139쪽.

대를 거슬러 올라가면 미국의 극동전략에 부딪치고, 미국의 핵우산에 마주치게 된다. 즉 자위대는 미국의 영향력 아래서 자주방위를 수행한다는 일종의 형용모순(이율배반)에 빠져 있는 것이다. 이어서 그는 다음과 같이 말한다.

> 우리들의 의식과 현실 사이에는 항상 '미국'이라는 것이 개재되어 있다는 것이다. '미국'이 현실과의 거리를 만드는 쿠션으로서 현존하고 있기 때문에 전쟁도 역사도 아마도 타자와의 갈등 속에서 맛볼 수 있는 진정한 경험은 부재하며, 거꾸로 말하면 평화의 충실감도 역사에 대립할 개인도 부재하다. 자신과 현실 사이의 거리가 이렇게 결코 극복되지 않기 때문에 전쟁에 관여하고 싶다, 혹은 역사에 관여되고 싶다는 갈망은 점점 작열하게 된다. 왜냐하면 갈망은 항상 거리의 자각에서 발생하기 때문이다.[22]

여기서 '역사와 타자의 부재'에 관한 인식과 관련하여 이글과 1960년에 발표된 「"전후"지식인의 파산」과의 차이를 확인해 둘 필요가 있다. 앞서 본 것처럼 「"전후"지식인의 파산」에서 그것은 전후파지식인의 사상적 한계로 간주되었다. 반면 1970년에서 그것은 학생, 자위대원, 평화운동을 비롯해 전후일본인 대다수가 빠져있는 집단적 '무의식'처럼 간주된다. 이것을 그는 '흉내놀이'의 세계로 정의한다. 즉, 현실과의 접촉이 차단된 채 이루어지는 모든 행위는 현실에서 경험하고 싶은 것의 '흉내=모방'에 지나지 않다는 것이다. 그리고 무엇보다 미국이 이

---

22) 江藤淳, 「"ごっこ"の世界の終わったとき」, 142쪽.

렇게 전후를 흉내놀이의 세계로 만들고 있는 원인으로 지목된다. 전후
파 지식인이 창조한 것으로 간주되는 '가상'의 전후는 여기에 이르러 미
국이 구조화시킨 보다 거대한 '가상=흉내놀이'의 세계로 그 의미가 확
대되고 있다.

　나아가 에토는 자기동일성의 혼란 위에 구축된 흉내놀이의 세계
에서 소위 '공적인 것'도 성립할 수 없다고 말한다. 그가 말하는 공적 세
계란, "자신들의 운명을 비롯한 모든 것을 자신의 의지에 유래하는 것
으로 받아들이는 각오"23)를 의미한다. 결국 '미국'이 하나의 현존으로
일본인들 위에서 일본인의 의식의 첨단에 부착되어 있는 한 일본인은
흉내놀이의 세계에서 이탈 수 없다. 군사점령 이래 오히려 전후일본=
흉내내기의 세계는 점령기를 거치면서 공적인 가치를 미국의 손에 맡
긴 채 점점 더 비대해졌다고 말한다.24)

　그렇다면 자기동일성을 회복하고 이 흉내놀이의 세계에서 벗어
날 방법은 무엇인가? 그는 자신의 대답을 내놓기에 앞서 오키나와 반환
이 확정된 사건이 전후 미일관계에 중요한 전환을 가져올 수 있다는 점
에 대해 언급한다. 즉 오키나와 반환은 일본이 전쟁에서 잃은 영토를
외교교섭을 통해 회복을 의미함과 동시에 아시아에서의 미국의 (부분
적이지만) '후퇴'임을 인정한다. 하지만 그렇다고 '흉내놀이의 세계=전
후'가 끝나는 것도, 일본인이 공적 가치를 회복하고 자신의 운명을 장
악하게 되는 것도 아니라고 말한다. 왜 그런가?

---

23) 江藤淳, 「"ごっこ"の世界の終わったとき」, 144쪽.
24) 江藤淳, 「"ごっこ"の世界の終わったとき」, 145쪽.

그 이유를 다음과 같이 설명한다. 즉 여기에는 미국과 관련한 일종의 딜레마가 존재한다. 그는 전후의 일본정부가 미국으로부터 상대적 자유도를 획득하며 조금씩 자기동일성을 회복하려 노력했다는 점은 인정한다. 하지만 동시에 일본정부는 국가와 국민의 생존을 위해, 방위와 안전보장만이 아니라 경제의 재건과 성장을 위해 미국에 의존했으며, 이것을 정책의 가장 우선 순위에 두었던 점을 환기시킨다. 따라서 이 방침(생존을 위해 미국에 의존하는 방침)의 변경이 없는 한, 오키나와 반환이 확정되어도 '미국'이 일본인의 주의를 뒤덮고, 의식의 첨단에 부착해 기묘한 쿠션의 역할을 하는 사정에 기본적인 변화는 없다는 것이다. 바꿔 말하면,

> 자기동일성의 회복과 생존의 유지라는 두 가지의 기본 정책은 서로 숙명적인 이율배반의 관계에 놓여있다. 자기회복을 실현하려면 '미국'의 후퇴를 요구하지 않을 수 없고, 안전보장을 위해서는 그 현존을 요구하지 않을 수 없다. 오키나와 반환으로 이 이율배반이 반드시 해소되는 것은 아니다.[25]

에토에 따르면, 이런 이율배반에서 벗어나기가 쉽지 않은 이유는 (합리적 이성에 따른) 철저한 이해득실의 계산 위에서 생존을 위해 미국과의 관계가 필요하다는 것을 강조해도 미일관계의 군사적 불균형의 시정을 요구하는 사람들의 심정을 설득하기는 어렵기 때문이다. "이해득실론은 단지 생존의 유지에 관련된 논의이지만, 이 심정은 자기동

---

25) 江藤淳, 「"ごっこ"の世界の終わったとき」, 149쪽.

일성의 회복에 관한 심정이며, 이 두 가지는 결코 같은 차원에서 논할 수 없는 것"이다. 그는 감정의 문제는 때로 자기파괴적인 모습으로 나타날 수 있다는 점에서 결코 가볍지 않다고 말하는데, 예를 들어 인간은 (전후일본인처럼) 생존을 유지하기 위해 자기동일성을 폐기하기도 하지만, 또한 (반미운동처럼) 자기동일성의 달성을 위해 자기를 파괴하기도 한다. 그리고 그 위에서 그는 "현대의 정치는 단지 인간의 이성만 아니라 이런 충동을 안에 감추고 있는 전체로서의 인간을 상대로 할 필요가 있다"고 덧붙인다.26)

　　이러한 곤란함에도 불구하고, 에토는 1970년대 중반이 되면 미일관계를 시정하려 분위기가 조성되면서 "양국 정부와 국민이 생존의 유지라는 생물로서의 종족보존의 문제에서 눈을 돌려, 자기동일성의 달성이라는 인간의 가치의 문제로 좋든 싫든 관계없이 직면하게 되는 때"가 올 것이라고 전망한다. 이때 일본정부는 핵무장에 의한 자주방위의 방식을 선택할 수도 있지만, 이것은 미국과의 대립을 불러일으키고 일본을 다시 아시아로부터의 고립시킬 수 있다는 점에서 피해야 한다고 말한다. 대신 그가 내놓고 있는 대안은 "안보조약의 발전적 해소로 부를 수 있는 새로운 동맹관계의 모색"이다. 이러한 새로운 미일관계의 내용을 그는 다음과 같이 설명한다.

　　경제면에서 미국의 자본투하를 오히려 적극적으로 받아들이고, 그것에 의해 일본을 미국의 번영에 불가결한 시장으로 하는 한편, 사세보,

---

26) 江藤淳, 「"ごっこ"の世界の終わったとき」, 152쪽.

요코쓰카 이하의 재일미군기지의 이관을 요구하는 형태가 될 것이다. … 이렇게 국제화되고 미국경제에 불가결한 시장이 된 일본은 당연 미국이 공격할 수 없는 나가가 될 것이다. 게다가 그 보상으로 미국의 해상병력을 괌까지 후퇴시키는 것은 이른바 서태평양 상태를 1941년 12월 7일 이전의 상태로 복귀시키는 것에 다름 아니다.[27]

이렇게 에토는 1970년의 시점에서 1970년대 중반을 지나면서 '새로운 미일관계'가 출현하면서 "흉내놀이=가상의 세계"로서의 '전후'는 종언을 고하고, 일본인은 자신의 운명을 스스로 선택할 수 있는 진정한 자유를 얻게 될 것이라고 희망섞인 전망을 내놓고 있다. 하지만 1970년대 후반에 이르자, 에토는 오히려 미국에 대해 한층 첨예한 비판을 전개하기 시작한다. 그 대표적인 사건이 1978년에 일어난 '무조건항복'을 둘러싼 논쟁이고, 1980년대에 접어들어 주장한 '강요된 헌법론'이라고 할 수 있다. 그럼에도 불구하고 새로운 미일관계에 대한 미련을 버리는 않았다. 그것은 다나카 야스오의 소설 『어쨌든, 크리스탈』(1980)에 대한 격찬이라는 형태로 표출되었다.

이 작품은 잘 알려진 것처럼 최신의 풍속을 그린 것으로 본문에 각종 고유명사에 대한 다수의 주로 유명한 소설이다. 주인공인 여대생 유리는 모델 일을 하면서 경제적으로 자립된 생활을 하고 있다. 소설인 그녀와 그녀의 연인인 준이치와의 공생의 나날을 유리의 시점에서 보여주고 있다. 그렇다면 당시의 평단에서 저급한 풍속소설로 폄하되었던 이 소설을 에토가 평가한 이유는 무엇일까? 가토 노리히로는 이 소

---

27) 江藤淳, 「"ごっこ"の世界の終わったとき」, 157쪽.

설이 에토의 관심을 끌었던 이유를 이렇게 해석한다. 그가 주목하는 대목은 다음과 같은 곳이다.

나는 알았다. 준이치가 떠나버릴 것이라는 것을. 서로에게 필요 이상으로는 구속하지 않는 것도, 준이치가 나로부터 떠나지 않는다는 보증이 있고 나서의 이야기였다. 역시 준이치가 있어준다는 것이 나의 아이덴티티였다. 준이치라는 컨트롤러 아래 나는 소속되어 버렸다. 내가 보통의 학생이었다면 여기에서 준이치에 찰싹 달라붙어 "동거"라는 분위기가 되어버렸을지도 모르겠다. 하지만 다행인지 불행인지 나에게는 모델이라는 일이 있었다. 함께 살고 있다고는 해도 나에게도 그에 상응하는 경제적으로 보면 생활력이 있었다. (중략) 준이치만 줄 수 있는 환희를 알아버린 지금에도 그의 콘트롤 아래에 "종속"이 아니라, "소속"되어 있을 수 있는 것도 오직 내가 모델을 하고 있었기 때문일지도 모른다.(중략) 언제나 두 사람의 주의에는 크리스탈 같은 애트모스피어가 떠돌고 있었다.

가토는 주인공 유리가 자기 자신이 타자(준이치)에 종속되어 있다는 현실에 충분히 자각적이라는 점에 주목한다. 하지만 그 종속이 경제적 자립에 의해 "소속"이라 부를 수 있는 크리스탈 같은 애트모스피어를 띠는 관계로 변하고 있다는 것이다. 나아가 그녀 자신은 거기에서 충분히 의미를 찾고 있다. 가토는 이런 유리의 자의식을 전후일본인의 미국에 대한 인식에 적용한다. 유리처럼 일본인은 약하다. 즉 '미국 없이는 생존을 장담할 수 없는' 처지에 있다. 하지만 유리처럼 또한 일본인은 경제력을 갖고 있다. 그리고 이 경제력을 더 중요한 의미가 있다.

경제력이 가져다준 풍요로움이 있기에 일본인은 미국에 대한 "종속"을 "소속"으로 변화시킬 수 있고, "종속"되면서도 동시에 자존심을 잃지 않을 수 있게 된다.[28] 가토는 소설이 이것을 말하고 있다고 본다.

실제로 미국의 영향력을 부정하지 않는 가운데 주권 회복의 길을 찾는다는 것의 의미는 '교전권 회복' 이후의 미일관계에 관한 설명에 잘 나타나 있다. 에토는 자신이 말하는 '교전권'의 회복이란, 전쟁을 물론이고 핵무장과도 관계없다고 강조한다. 그것은 다만 일본이 표방하는 평화주의를 "강제된 헌법상의 구속에 의하지 않고 스스로의 의사에 의해 선택"하는 것, 즉 일본이 "자유로운 주권국가"가 되는 것을 의미할 뿐이라고 말한다. 그리고 미일관계도 이런 자유로운 선택에 기초한 것으로 변경하는 것이 그가 말하는 새로운 미일관계론의 요체이다. 하지만 그것은 일본이 미국의 '핵우산'에서 이탈하는 것까지를 포함하는 것은 아니다.

> 그것(일본이 통상의 자유로운 국가가 되는 것-필자 주)은 하여튼 일본이 금후에도 미국의 "핵우산" 아래에 머무르는 것을 의미하며 미일안보조약을 계속 유지하는 것을 의미한다. 하지만 그 경우, '교전권'을 회복한 일본이 미국에게 강제된 파트너가 아니라, 하나의 자유로운 파트너로 바뀌는 것은 두말할 나위도 없다. 그때 비로소 미일동맹은 당초의 점령의 계속이라는 색채를 완전히 불식하고 자유로운 주권국가 간의 동맹으로 변할 수 있다. 미일간의 자유로운 동맹은 미국을 잘 아는 일본인에게 영원한 꿈이었다. 그 꿈은 혹은 금후의 미일양국의 노

---

28) 加藤典洋, 『戰後入門』, 42~43쪽.

력 여하에 따라서 실현되지 못할 이유가 없다.[29]

여기서 강조되고 있는 '자유'라는 말이 미국을 의식하고 있음을 알아차리기란 그다지 어렵지 않다. '자유'라는 가치가 무엇보다 미국적이라면, 미국이 그런 자신들이 가치 위에서 일본을 자유로운 동맹의 파트너로 인정하지 않을 수 없을 것이라는 기대가 이런 주장을 지탱하고 있음은 두말할 나위도 없다. 그런 의미에서 에토의 주권 회복의 주장은 최종적으로 미국의 '선의'에 의존하고 있음을 확인할 수 있다. 새로운 미일관계는 일본의 일방적인 제안으로는 이루어질 수 없다. 그런 의미에서 그는 가토가 말하듯이 '친미내셔널리즘'이라 부를 수 있을 것이다. 자기동일성의 회복을 요구하는 일본의 요구를 미국이 수용할 때 비로소 성립하는 것이다. 그렇다면 미국이 이런 일본의 요구를 수용할 것이라고 어떻게 장담할 수 있는가? 만약 거부한다면 일본에게 남은 선택은 어떤 것인가? 그는 「흉내놀이의 세계가 끝났을 때」에서 다음과 같이 적고 있다.

> 미일관계를 새로운 동맹으로 교체하고 사세보와 요코쓰카로부터 철수했으면 좋겠다고 정부는 미국을 설득하려고 할 것이다. 이것은 일본인의 자존심에 걸린 가시를 빼내는 것이자 동시에 중일관계와 미중관계를 완화시키는 요인으로도 작용하게 될지 모른다. 미국이 이것을 거부하면 어떻게 될까? 미일관계는 결정적으로 악화해 일본정부는 핵무장에 의한 자주방위의 길로 나아갈지 모른다. 이 경우 생존의 유지와 자

---

29) 江藤淳, 「一九四六年憲法—その拘束」, 104쪽.

기동일성의 회복이라는 두 가지 요구를 함께 충족하려면 이것 이외의 방책이 있다고 생각하기 어렵기 때문이다.[30]

1980년대에 이르러서도 이것을 대신하는 대안을 에토는 제시하지 않고 있다. 그런 의미에서 이 생각을 견지했다고 볼 수 있다. 그리고 이 것은 그 이후 에토가 전후민주주의에 대한 전면적 부정으로 인해 논단에서 고립이 심화되었을 때, 『일미전쟁은 끝나지 않았다 숙명의 대결 -그 현재, 과거, 미래』(1986)라는 저서를 통해 다시 한 번 반복된다. 그는 친미의 형태로 대미자립을 모색했지만, 최종적으로는 반미노선으로의 선회를 피하지 못했다.[31]

에토가 '반미'라는 선택지를 배제하지 않았다는 점을 인정하더라도 그가 '반미내셔널리즘'에 품었던 강한 반발의 심리는 다시 한 번 강조될 필요가 있을 것 같다. 앞서 그가 『어쨌든, 크리스탈』(1980)을 격찬했다고 말했는데, 반대로 1976년 아쿠타가와 상을 수상한 무라카미 류의 『한없이 투명에 가까운 블루』에 대해서는 혹평을 아끼지 않았다. 미군기지를 배경으로 젊은이들의 허무적인 일상을 그리고 있는 이 소설에서 에토는 작가의 강한 '반미감정'을 읽어냈기 때문이다. 그렇다고 에토가 '반미내셔널리즘'에 대한 비판에 집착만 한 것은 아니다. 다음 장에서 보는 것처럼, 1980년대 에토는 '강요된 헌법'론에 입각해 개헌을 주장하면서도 다른 한편에서는 국가의 존재방식은 헌법이 아니라 문

---

30) 江藤淳, 「"ごっこ"の世界の終わったとき」, 157쪽.
31) 加藤典洋, 『戦後入門』, 48쪽.

화에 토대를 둔다는 '문화결정론'을 주장했다. 이러한 논리 속에서 현실성을 의미하는 '친미'와 가능성으로서의 '반미'라는 이항대립은 일본문화와 미국문화의 본질적인 차이라는 논점으로 전환되었다. 나아가 '국가의 회복=성숙'은 헌법의 개정 여부와 관계없이 고유한 일본문화에 조응하는 국가를 가능케 하는 정치인의 정치적 결단을 통해 가능한 것으로 제시된다. 다음 장에서는 에토의 이러한 문화보수주의적 국가론의 내용을 검토해 보고자 한다.

4. '미국'과 '조선'의 사이에서 – 최종심급으로서의 '문화'

1980년대에 들어와 에토 준의 전후 비판은 전에 없었던 새로운 모습을 보여준다. 그것은 이전 시기에 거론했던 아이덴티티의 문제를 문화론의 관점에서 접근하는 것이다. 전후 야스쿠니에 관한 논의 중 가장 세련된 부류에 속하는 것으로 평가받는 「산자의 시산과 사자의 시선」(1986)에서 그것을 확인할 수 있다. 여기서 그는 야스쿠니신사 참배를 둘러싼 사회적 논란에 대해 그것은 '헌법상의 문제'로 볼 것이 아니라, '일본문화'의 문제로 다루어져야 한다고 주장한다. 달리 말하면 야스쿠니신사의 존재를 일본문화의 관점에서 정당화하려는 에토에게 강요된 헌법이 초래한 자기동일성의 혼란이라는 문제는 문화론의 시각에서 극복 가능한 것으로 간주된다. 여기에서는 「산자의 시선과 사자의 시선」에 초점을 맞춰 그의 문화론적 전후비판의 논리를 분석해 보고자 한다.

　그는 야스쿠니신사와 일본문화의 관계를 본격적으로 논하기에 앞서 헌법을 의미하는 영어Constitution의 어의를 확인한다. 그에 따르면 사전[OED]에서 Constitution의 원래 의미가 'make-up of the nation'으로 되어 있기 때문에 Constitution은 "성문·비성문에 관계없이 문화·전통·습속 일체를 포함한 국가의 실제 존재방식"으로 봐야한다는 것이다. "헌법은 국가의 make-up 위에 올려진 것에 지나지 않으며 Constitution의 부분이기는 해도 결코 전체일 수 없"다고 말한다. 달리 말하면 일본의 Constitution 위에 헌법전이 올려져 있는 것이지 헌법전이 Constitution을 규정하는 것이 아니다.

　그렇다면 에토가 생각하는 일본의 make-up of the nation이란 무엇인가? "그것은 요컨대 기기, 만요 이래 오늘날에 이르는 일본이라는 나라의 지속 그 자체가 만들어 낸 것"이며 "그 위에 개인으로서의 기억도 민족으로서의 기억도 전부 누적되어 있는" 것으로 정의된다.[32] 따라서 야스쿠니신사 참배문제처럼 국가가 어떻게 전몰자에 대한 태도를 결정할 것인가라는 문제와 관련해서 논의 대상이 되는 Constitution은 좁은 의미에서의 헌법의 문제가 아니라, 일본문화의 문제 즉 "그 문화의 문맥 속에서 사자는 어떻게 제사 지배고 산자는 사자를 어떻게 대했으며, 그것이 그대로 오늘날에도 끊임이 없이 이루어지고 있는가"[33]의

---

32) 江藤淳・小堀桂一郎編,「生者の視線と死者の視線」,『靖国論集－日本の鎮魂の伝統のために』, 日本教文社, 1986, 16쪽.
33) 江藤淳・小堀桂一郎編,「生者の視線と死者の視線」, 16쪽.

전후의 탈각과 민주주의의 탈주

관점에서 다루어져야 한다는 것이다.

한편 그는 국가의 존재방식을 의미하는 Constitution이 살아있는 인간과 관련될 때 그것은 '생의 양식(way of life)'로 바꿔 부를 수 있고 말한다. 특히 그는 미국과 일본의 경우 이 '생의 양식'이 근본적으로 이질적임을 강조한다. 그가 이런 문화적 차이를 강조하는 이유는 일본국헌법이 평화, 민주주의, 기본적 인권과 같은 '보편적' 가치에 기초하고 있다는 주장을 반박하기 위함이다. 이런 인식은 이미 『미국과 나』(1965)라는 글에 나타나 있다. 여기서 그는 '농부의 생활'에 그 기원을 두는 미국의 전통에 대해 다음과 같이 말하고 있다.

> '낡고' '작은' 것을 중시하고 그 밑바닥에 뚜렷한 윤리적 지향을 감춘 'American way of life'의 근본을 대표하는 것은 이미 밝힌 것처럼 농부의 생활이다. 'American way of life'란 미국의 농민생활을 토대로 하여 발전한 생활양식과 가치관의 집합니다. 'grassroots democracy (풀뿌리 민주주의)'라는 미국말 만큼 이 '웨이 오브 라이프'의-즉 미국식 민주주의의-농민적 기원을 잘 보여주는 것도 없을 것이다.[34]

따라서 그가 보기에 민주주의와 같은 것은 흔히 말하듯 결코 '보편적'인 것이 아니며, 미국의 농민생활에 기원을 두는 '생의 양식'이 만들어 낸 이념에 불과한 것이다. 즉, 그것은 American way of life인 것이다. 나아가 그는 이런 '생의 양식'이 다르다면 죽음 내지 사자를 대하는 방식, 즉 way of the dead도 같을 수 없다고 말한다. 그런데 에토가 보기에

---

34) 江藤淳, 「アメリカの古い顔」, 『アメリカと私』, 新潮社, 2007, 304쪽.

전후일본에서는 미국적 생의 양식에 근거한 헌법을 '보편적'이라 말하면서 야스쿠니신사로 상징되는 Japanese way of the dead를 구속하는 상황이 벌어지고 있는 것이다. 그렇다면 에토는 죽음(사자)에 대한 일본인의 전통적인 태도(Japanese way of the dead)의 핵심을 어떻게 정의하고 있는 것일까? 요컨대 그것은 "사자와 함께 살고 있다는 감각"이다.

> 일본인이 풍경을 인식할 때에는 단순히 객관적인 자연의 형상으로 인식하는 것이 아니라 그 풍경을 보고 있는 자신들의 시선과 교차하는 사자의 시선을 동시에 인식한다는 것이다. 달리 말하면 일본인은 일상을 이루는 풍경을 바라볼 때에도 같은 풍경을 보고 있는 또 하나의 보이지 않는 시선, 즉 사자의 시선을 동시에 감득함으로써 거기에서 기쁨과 편안함을 이끌어내면서 살아왔다는 것이다.[35]

이상의 논의에서 에토가 말하는 문화란, 공동체의 토대이며 국가는 그것 위에 존재하는 것으로 간주되고 있음을 알 수 있다. 이것은 이를테면 일종의 '문화환원주의'라고 할 수 있다. 따라서 그에게는 Constitution을 성문법이 아니라, make-up of the nation 즉, '생과 죽음의 양식'으로 보는 것이 중요한 것이다. 그리고 '산자와 사자와 공생감'을 핵으로 하는 일본문화(make-up of Japan)의 관점에서 볼 때, 점령군에 의해 '강요'받은 헌법, 달리 말하면 make-up of America에 의거한 '헌법'[36]을 이유로 야스쿠니신사에 대한 자유로운 참배를 제약하는 전후

---

35) 江藤淳・小堀桂一郎編, 「生者の視線と死者の視線」, 18쪽.
36) 江藤淳, 『アメリカと私』, 講談社, 2007, 301~302쪽 참조.

일본의 국가는 '극복'의 대상이 이외에 그 어떤 것도 아닌 것이다.

그렇다면 이런 '헌법'이 존재하는 상황에서 전후일본이 안고 있는 문화와 국가 사이의 괴리는 어떻게 메워질 수 있는 것일까? 이때 에토가 해법으로 제시하는 것은 문화를 존중하는 정치인의 '정치적 결단'이다. 이를 테면 에토는 야스쿠니신사 참배와 헌법과의 문제는 자위대와 헌법의 문제와 다르지 않다고 말한다. 즉 정부가 자위대를 통해 산자의 방위와 안전을 확보하는 것처럼, 사자의 추도와 위령에 관해서도 같은 입장을 취할 수 있다는 것이다. 수상은 대내외의 비판이 있더라도 이런 각오와 입장에서 참배하면 충분하다는 것이다.[37] 따라서 "야스쿠니문제의 본질은 문화론이지만 실무상의 돌파구는 정치론이며 정치적 결단의 문제"가 된다.[38]

소위 '야스쿠니문제'를 둘러싼 에토의 이러한 주장에 대해서는 그것을 초역사적인 문화와 결부시킴으로써 거기에 관여했던 국가의 정치적 의지를 무시해 버렸다는 비판이 가능할 것이다.[39] 군인과 군속에 한정된 전사자의 합사와 추모에 관해 야스쿠니신사가 갖고 있는 독점적 지위를 생각할 때, 그것을 문화의 연속성에서 비롯된 자연스런 결과

---

37) 江藤淳・小堀桂一郎編, 「生者の視線と死者の視線」, 37쪽.
38) 江藤淳・小堀桂一郎編, 「生者の視線と死者の視線」, 38쪽.
39) 예를 들어 야스쿠니문제의 본질을 일본문화에서 보는 에토에 대해 다카하시 데쓰야는 다음과 같이 비판한다. 즉 무엇보다 전사자와의 공생감이 야스쿠니라는 형태를 취해야 할 필연성은 없다는 것이다. 그에 따르면 현재와 같은 야스쿠니의 지위는 문화가 아니라 전전부터 전후까지 천황과 수상의 참배라는 정치적 의지의 결과이기 때문이다. 高橋哲哉, 『靖国問題』, 筑摩書房, 2005, 165쪽.

처럼 서술하는 에토의 논지는 분명 야스쿠니신사의 역사에 깊숙이 관여하고 있는 국가의 정치적 의지를 간과하고 있는 것처럼 보인다. 하지만 정말로 에토는 야스쿠니신사에 관여했던 국가의 의지를 못보고 있는 것일까? 오히려 그의 관심은 국가적 의지의 관여 여부라기보다 국가가 문화라는 토대에 조응하는 형태로 자신의 의지를 발휘하고 있는가의 문제에 있는 것이 아닐까? 그것은 에토가 헌법의 위반 여부에 구애받는 수상과 관료들을 거론하며 야스쿠니에 대한 국가의 의지 부족을 불만스럽게 지적하는 것에서 알 수 있다.

사실 이런 전후비판의 근거가 되고 있는 문화에 대한 환원주의의 기원은 1960년대 그의 미국 체험까지 거슬러 올라간다. 예를 들어 미국 체류를 마치고 돌아와 발표한 『미국과 나』에서 그는 미국에 머무는 동안 그의 내면에서 일어났던 '일본적인 것'에 대한 자각을 다음과 같이 표현하고 있다.

나를 나 자신을 일본에 연결시키는 유대가 있음을 느낀다. 그것은 일본에서 나를 향해 오는 것이 아니다. 오히려 나로부터 일본으로 향해 가는 것이다. 이는 요청이 아닌 자발적 결합이기에 반드시 나를 일본이라는 '국가'에 접근시키지는 않는다. 하지만 이는 결코 단순한 개인적 유대가 아니다. 나를 포함하면서 나를 넘어서기 때문이다. 물론 그것은 언어다. 나라는 개체를 『만요슈』 이래로 오늘날까지의 일본문학과 사상의 전체와 이어주는 일본어라는 언어다. 만약 나에게 자신을 일본의 과거와 현재—즉 역사에 이어주는 이 언어의 의식이 없었다면, 나는 어쩌면 미국이라는 이상한 동화력을 지닌 사회에 쉽사리 삼켜졌을지 모른다.[40]

그러나 야스쿠니문제와의 직접적인 관련을 생각한다면, 1980년 대 미일관계라는 맥락을 간과할 수 없다. 전후 이래 일본의 안보는 미국에 의존하고 있었지만, 적어도 1980년대 일본이 경제의 영역에서 미국과 경쟁하는 경제대국이라는 점은 의심할 나위도 없었다. 그리고 그런 상황을 배경으로 1980년대에 들어와 에토는 '교전권'의 확보를 통해 미일관계를 "대등한 주권국가 간의 긴밀한 동맹관계"[41]로 전환해야 한다는 주장을 펼치기 시작한다. 예컨대,

> 그럴 때 비로소 미일관계는 당초의 점령의 계속이라는 색채를 완전히 불식하고 자유로운 주권국가 간의 동맹으로 변질하는 것이 가능하다. 미일 간의 그런 자유로운 동맹은 미국을 아는 일본인에게 영원한 꿈이었다. 그 꿈은 혹은 금후의 미일관계의 노력 여하에 따라 불가능하다고만은 할 수 없다.[42]

즉 에토의 관심은 어떻게 '자유'의 관점 위에서 미국과 대등한 관계를 형성할 수 있는가에 있었다. 그가 야스쿠니론에서 make-up of Japan과 make-up of America의 차이를 반복해서 강조하는 것도 이런 맥락에서 이해할 수도 있을 것이다. 즉 문화적 대등함에 조응하는 정치적 관계의 대등함에 대한 열망으로.

그리고 문화에 대한 이런 본질주의는 이 시기 과거 일본의 프롤레

---

40) 江藤淳, 『アメリカと私』, 272쪽.
41) 加藤典洋, 『戦後入門』, 46쪽.
42) 江藤淳, 『一九四六年憲法―その拘束』, 文藝春秋, 2015, 104쪽.

타리아트와 식민지조선의 프롤레타리아트의 '국제주의'를 주제로 한
나카노 시게하루의 시 「비 내리는 시나가와역」(1929)에 대한 비평에서
도 반복되고 있다는 점을 확인해 둘 필요가 있다. 왜냐하면 이런 사례
는 그의 문화에 대한 인식이 일종의 일본의 '인종적 순수함' 내지 '일본
민족=단일민족'에 대한 믿음과 결부되어 있음을 보여주기 때문이다.
일본문학이 보여준 식민지조선에 대한 연대의 기록으로 기억되는 나
카노 시게하루의 시 「비 내리는 시나가와역」은 쇼와 천황의 즉위식
(1928)을 앞두고 일본에서 추방을 강요받은 조선인들과의 이별을 내용
으로 한다. 여기서 시인은 시나가와 역에서 기차에 오르는 조선인들
(신, 김, 이-필자 주)을 향해 '잘 가라(さようなら)'라는 말로 이별의 감
정을 표현하고 있다. 그리고 에토 준은 이러한 '고별의 말에 담겨진 어
떤 래디컬한 선율'이 전율과 함께 감동을 일으켰다고 고백한다. 왜냐하
면 거기에는 조선인과 일본인 사이의 '청결한 거리'의 감각이 나타나 있
기 때문이다.

> 지금 다시 읽어보면 처음부터 이 속에 그렇게 이데올로기적인 저항을
> 느끼지 않게 만드는 어떤 적절한 거리의 축이 내포되어 있다. '잘 가라'
> 라고 부르는 '신'도 '김'도 모두 일본인이 아니다. 조선인이면서 동시에
> 일본제국의 신민이기를 강요받았던 그들이 일본천황에 적대감을 갖
> 고, 반면 경애의 마음을 갖지 않는 것은 지극히 자연스러운 것이다.[43]

---

43) 江藤淳, 『昭和の文人』, 講談社, 1989, 41~42쪽.

그런데 에토는 고별의 말을 통해 시가 확보한 '적절한 거리'의 감각이 시의 마지막에 보이는 '프롤레타리아 국제주의'를 환기시키는 말, 즉 조선인들을 '일본프롤레타리아트의 뒷방패 앞방패'라 부르는 것에 의해 붕괴되어 버렸다고 말한다. 달리 말하면 그는 일본인과 조선인의 차이를 계급의 이름으로 넘어서려 했던 시인의 시도는 해소될 수 없는 거리에 대한 부인에 불과한 것으로 간주한다.

신과 김과 이 등이 명확하게 조선인인 것에 대해 시인 나카노 시게하루는 좋던 싫던 관계없이 일본천황의 정통적인 신민 이외에 어떤 것도 될 수 없다. 그리고 너무나 당연하게도 조선인인 그들과 일본천황의 신민인 시인 사이에는 결코 해소할 수 없는 거리가 엄연히 존재하기 때문이다.[44]

에토가 계급적 연대를 부정하고 '거리의 감각'에 집착하는 이유는 민족적 혹은 인종적 정체성이란 의식의 문제가 아니라 어느 '민족집단'에 속하고 있느냐에 의해 결정된다고 보기 때문이다. 따라서 민족을 넘어선 정체성을 추구하는 어떤 시도도 에토에게는 몽상(夢想)에 불과한 것이 된다. 어떤 의미에서 에토의 이런 비평은 전후의 문화보수주의가 가장 극단적인 형태로 문학의 담론으로 나타난 사례라고 할 수 있다.[45]

반복되지만 일본문화(make-up of Japan)의 고유성을 보증하는 것

---

44) 江藤淳, 『昭和の文人』, 45~46쪽.
45) 서동주, 「전후 일본문학의 자기표상과 보수주의-나카노 시게하루 「비내리는 시나가와역」의 전후 수용을 중심으로」, 『일본어문학』 제38집, 2008, 101쪽.

은 오랜 시간에 걸친 문화의 지속이다. 그것은 예를 들어 야스쿠니신사의 문화적 의미를 논할 때는 그것의 역사를 '기기와 만요'로부터 시작되는 긴 시간 속에 용해시키는 발상으로 나타났다면, 프롤레타리아 국제주의에 관한 기억에 대해서는 식민지 조선인들을 철저하게 '타자'로 표상하는 방식으로 표현되었다. 문화에 대한 에토의 논법은 역사에 대한 관심을 보여주는 것 같지만, 실은 그 내부에 존재했을 다양한 사건들의 '퇴적'이 만들었을 복잡함을 배제하고 있다. 역사에 대한 지나친 몰입이 역설적으로 '사건으로서의 역사'를 구축(驅逐)하고 있는 것이다.[46]

5. 에토 준의 '좌절'과 '유산'

에토 준은 1999년 자실로 생을 마감했다. 그의 생전에 집요한 점령기 검열연구가 낳은 '강요된 헌법론'이나 미국의 '후퇴'와 교전권의 '회복'에 관한 주장의 영향력은 제한적이었다.[47] 하지만 특히 2000년 이후 일본정치의 우경화 흐름 속에서 그의 주장은 소위 '개헌파'를 지탱하는

---

46) 서동주, 「전사자 추모의 '탈전후적' 상상력 – 에토 준의 야스쿠니 문화론을 중심으로」, 『일어일문학연구』 101집, 2017, 123~124쪽 참조.
47) 예를 들어 가토 노리히로는 에토의 전후비판의 현실적 결말을 다음과 같이 적고 있다. "1980년 전후에 시작되는 미국의 무조건항복, 점령정책을 둘러싼 에토의 비평적 시도는 1959년의 미시마의 기획과 마찬가지로 '허사'로 끝나버렸고, 시간이 지남에 따라 그를 기묘한 고립으로 몰아넣었다. 그는 친미파, 지미파(知美派)의 보수지식인의 범주에서도 떨어져 나와 이윽고 개인적인 사정까지 더해져 70년의 미시마에 이어 99년 자살에 이르렀다." 加藤典洋, 『戰後入門』, 50쪽 참조.

논거로서 새삼 주목을 끌게 된다. 그럼에도 불구하고 헌법이 바뀌면 일본이 바뀐다는 개헌파의 논리적 단순함 속에 에토를 자리매김 하는 것은 그에 대한 평가로서 부당한 감이 없지 않다. 분명 그는 개헌이 '가상'의 전후에서 벗어나 진정한 '독립'으로 가는 길이라 생각했지만, 동시에 생존을 위해 미국에 의존할 수밖에 없는 일본의 '약점'에 대한 자각 또한 갖고 있었다. 이것이 예를 들면 아베 신조와 같은 '친미내셔널리스트'와 에토를 구별시키는 점이다. 뿐만 아니라 그는 '새역모'와 같은 집단과 '전후부정'이라는 점에서 입장을 같이 하지만, 일본이 '패배'했다는 것을 부인하기는커녕 거기서부터 다시 사유할 것을 주장하고 있다는 점에서 역사수정주의와 이질적이다.[48] 앞서 말한 것처럼 그는 점령과 검열에 의해 구축된 '가상'의 전후가 사라지고 나서 일본이 돌아갈 곳은 패배와 폐허라고 말했다.

이렇게 본다면 에토의 사상적 위치란 생각처럼 간단하지 않다. 그는 '친미내셔널리즘'을 견지하면서도 미국과 일본의 근본적인 문화적 이질성을 강조했다. 그런 의미에서 그의 '친미'는 방법이기는 했어도 '목적'은 아니다. 또한 개헌을 통한 교전권의 회복을 열망했지만 동시에 문화를 통해 개헌을 둘러싼 논의 자체를 '초극'하려 시도했다. 바꿔 말하면 그가 상정했던 이상적인 미일 관계는 주권의 경계가 문화의 경계에 정확하게 조응하는 세계라고 할 수 있다. 그를 '문화보수주의자'라고 말할 수 있는 이유는 여기에 있다. 그러나 문제는 그의 사상은 현재적

---

48) 白井聡, 「解説」, 『一九四六年憲法―その拘束』, 文藝春秋, 2015, 222~233쪽 참조.

관점에서 볼 때 하나의 지적 '퇴행' 이상은 될 수 없다는 점에 있다. 이미 냉전 해체 이후 국제관계의 불안정성이 높아지고 있는 세계 속에서 '미국/일본'이라는 구도의 유효성은 더 이상 유지되기 어렵다. 어디 그뿐인가 다문화적 경향을 가속화해 가는 일본사회의 현실은 '일본'을 단일한 문화와 민족의 공동체로 간주하는 것이 하나의 '신화'에 불과함을 폭로하고 있다. 게다가 미국이 일본의 '개헌'을 반대하지 않는 상황에 이르렀으니 현실의 역사는 그의 예측과 사뭇 다르게 전개되었다고 할 수 있다.

결국 에토는 '전후민주주의'라는 '가상'과 투쟁하는 가운데 현실과 역사에 대한 감각의 상실이라는 대가를 지불했다고 할 수 있다. 즉 '전후'를 허구로 만든 점령이라는 '기원'과 미국이라는 '본성'에 몰입하면 몰입할수록 그의 사고와 언어는 '미일관계'로 단순화된 세계표상 속으로 빠져들어 갔다. 그런 점에서 '지나치게 친미적인' '보수파'와 '지나치게 친소/친중적인' '혁신파' 모두와 거리를 두면서 '타자'와 대면하는 '생활자'의 감각에서 '평화주의'를 사고하려 했던 1960년의 에토가 역설적으로 빛을 발하는 것은 당연한 것일지도 모른다. 요컨대 에토의 사상적 궤적은 '미국이라는 그늘'가 '자기동일성' 사이에서 동요하는 가운데 '역사'를 증발시킨 전후 보수주의의 지적 '타락'을 보여준다.

서브컬처 비평담론과 '전후민주주의'*
오쓰카 에이지(大塚英志)를 중심으로

남상욱

1. 서브컬처와 '전후민주주의'

1958년 도쿄에서 태어나 1981년 쓰쿠바 대학 졸업 이후 만화 잡지 프리랜서 편집자로 활약했던 오쓰카 에이지(大塚英志)는, 1989년 도쿄·사이타마연속유녀유괴살해사건 직후 오타쿠에 대한 사회적 혐오에 대항하는 의견을 피력한 나카모리 아키오(中森明夫)와의 대담집『M의 세대―우리들과 미야자키군』을 출간함으로써 일약 사회적 주목을 받게 된다. 같은 시기에 발표한『이야기소비론』은 오타쿠 문화를 80년대 일본의 주류문화인 소비문화의 일부로서 접근하고자 하는 새로운 방법론을 제시함로써, 일차적으로 오타쿠문화를 옹호하고 이차적으로는 일본서브컬처 비평장을 성립시켰다고 평가받고 있다.[1]

---

　* 이 글은『日本思想』제34호(2018.6)에 게재되었음.
　1) 예컨대 사사키 아쓰시는『이야기 소비론』이 아즈마 히로키의『동물화하는

1990년대 들어 오쓰카는 서브컬처 비평가로서 자신의 입지를 다져나가는 한편, '전후민주주의'에 관한 글을 다수 발표하기 시작한다. 1994년『전후민주주의 황혼—우리들이 잃어버리고 있는 것은 무엇인가』, 96년『'그녀들'의 연합적군—서브컬처와 전후민주주의』, 2001년『전후민주주의 리허빌리테이션—논단에서 나는 무엇을 말했는가』, 2005년『헌법력—어떻게 정치의 말을 되돌릴까』, 2007년『호헌파가 말하는 '개헌'론—일본국헌법의 '올바른' 변화 방법』등의 제목에서 확인할 수 있듯이, 그는 일본의 '전후민주주의'의 상속자를 자청하면서 그 핵심이라고 할 수 있는 헌법9조를 적극적으로 옹호하는 활동을 전개하고 있는 것이다. 이러한 오쓰카의 비평 활동은 흔히 전후민주주의파 혹은 리버럴이라고 불리우는 작가 및 사상가들과 비교해도 조금도 뒤처지지 않는다.

그렇다면 이러한 오쓰카의 활동을 어떻게 이해하면 좋을까? 일본의 서브컬처가 이른바 거대담론의 죽음 이후 전개되는 이른바 파편화('데이터베이스화')된 세계의 문화를 표상한다고 보는 아즈마 히로키(東浩紀)의 관점에 따른다면,[2] 서브컬처를 옹호하는 그가 '전후민주주의'라고 하는 거대담론에 강하게 커밋한다는 것은 서브컬처 진영으로부터 이탈하는 것처럼 보일 수도 있지 않을까.

물론 냉전 종식을 기점으로 일본사회가 모던에서 포스트모던으

포스트모던』, 하마노 사토시의『아키텍처의 생태학』의 출발점이 되었다고 평가한다. 佐々木敦『ニッポンの思想』, 講談社現代新書, 2009, p.207.

2) 東浩紀, 『動物化するポストモダン—オタクから見た日本社会』, 講談社現代新書, 2001, pp.40~53.

로 급격하게 이행되었다고 보는 역사인식 자체에 대해서도 충분히 비판적으로 고찰해볼 수 있게 된 현재적 관점에서 본다면, 오쓰카의 이러한 행위는 충분히 일리가 있는 것으로 인식될 수 있다. 예컨대 3·11 동일본대지진과 후쿠시마 원자력 발전소 사고는 포스트모던 이전에 '모더니티'가 제대로 성취되었는가 하는 의문을 낳게 만들었다. 또한 90년대 이후의 서브컬처에는 고바야시 요시노리의 만화 『전쟁론』과 같이 거대담론에 강하게 커밋하는 양상을 찾는 것은 그리 어렵지 않은데, 이는 아즈마가 제시한 것처럼 서브컬처와 거대담론의 경계선을 명확하게 확정할 수 없음을 말해준다.[3]

하지만 적어도 동시대적 상황에서 봤을 때 이러한 오쓰카의 행위는 매우 특이한 현상으로 비춰졌을 뿐만 아니라, 실제로 이러한 오쓰카에 대한 불만이 2000년대 서브컬처 비평가로서의 아즈마의 등장을 촉진시켰다고 하더라도 과언은 아닐 것이다. 바꿔 말해 아즈마는 동시대 일본서브컬처 비평을 '전후민주주의'와는 다른 개념으로 설명함으로써[4] 2000년대 일본 서브컬처 비평의 활성화에 영향을 미쳤다고 할 수 있다. 그렇다면 어째서 오쓰카는 이렇게까지 '전후민주주의'를 고집할 수밖에 없었던 것일까?

이러한 문제의식 속에서 이 글에서는 1990년대부터 현재까지의

---

3) 한정선, 「현대 일본 우익 대중주의의 알고리듬－고바야시 요시노리 『전쟁론』의 언설과 이미지」, 『일본비평』 제10호, 2014, pp.190~207.
4) 예컨대 일본의 오타쿠문화를 미국문화의 '국산화' 혹은 환골탈태로서 설명하거나, 코제브의 '역사의 종말의 인간'의 형상으로 제시된 '동물'과 '스놉'으로 설명하는 방식이 그러하다. 東浩紀, 앞의 책, p.20, pp.95~108.

오쓰카의 글 속에서 '전후민주주의'가 어떤 식으로 인식되고 있는지를
살펴보고자 한다.

2. '말의 민주주의'로서 '전후민주주의'

일본의 언론이 자신의 속옷과 체육복을 팔거나 원조교제를 하는
여고생들에 대한 스쿠프 기사를 쏟아내고 있었던 1993년, 사회학자 미
야다이 신지(宮台真司)는 『겐다이(現代)』에 게재한 「부루세라 여고생
의 고백 ~ 팬티를 파는 게 뭐가 나빠? ~」라는 도발적인 평론을 통해 이러
한 언론의 행태에 대해 다음과 같이 비판한다.

> '지금이야말로 내면화된 근대적 윤리의 확립이 필요하다'는 종류의, 뭔
> 가가 있을 때마다 '전후지식인'에 의해 귀에 못이 박힐 정도로 들어왔
> 음에도 불구하고, '입장을 배신하는 현실'에 의해 상처받았던 자기의식
> 을 위안하는 것 이외에 실제로 어떤 역할도 하지 못했던 '논단적 언행'
> 이 또다시 '부루세라 문제'를 둘러싸고 반복되고 있다. 입장과 현실의
> 괴리가 점점 진행되는 상황에서 확실히 그러한 '정신안정제적 말'에
> 대한 수요는 점차 높아졌고 앞으로도 계속해서 재생산 될 것이 분명
> 하다.5)

---

5) 宮台真司, 『制服少女たちの選択』, 朝日文庫, 2006, p.56.

여고생들이 자신의 속옷을 파는 행위는 단순히 교사나 부모, 혹은 학생 개인의 책임으로 환원될 수 있는 성질의 것이 아니라 그러한 선택지가 만들어진 시스템으로서의 '사회' 그 자체에 문제로서 생각해야 함에도, 당시의 언론이 이에 대한 해결책으로 개인의 '내면화된 근대적 윤리의 확립'에서 찾는 모습에, 미야다이는 모든 문제를 '내면의 근대화'로 귀결시키고자 한 '전후지식인'과 그들이 재생산하는 담론공간의 한계를 지적한다.

여기서 미야다이가 표상하는 '전후지식인'이, "자유로운 인식주체라는 의미에서도, 윤리적인 책임주의라는 의미에서도, 그리고 질서형성의 주체라는 의미에서도", "강인한 자기억제력을 갖춘 주체"의 산출을 '제2의 근대화'의 과제이자 '혁명'으로 주장한 마루야마 마사오와 이러한 그의 '사상'을 공유한 「근대문학」 동인들 같은 지식인들을 가리킨다는 것을 알아차리기는 그리 어렵지 않다.[6] 1945년 이후 등장해 '신민'을 부정하고 책임과 결단의 주체로서의 '일본인'을 재구성하고자 하는 담론공간을 만들었던 그들의 영향력은 시대에 따라 그 진폭의 차이가 있다 하더라도, '전후민주주의'라는 이름으로 현재에 이르기까지 계속되고 있다. 그런데 미야다이에게는 90년대초에 등장한 소녀들이야말로 그들이 만들어내는 담론이 현실로부터 유리되어 있음을, 다시 말해 '내면'에 대한 강조만으로는 행동을 바꾸지 못하는 어떤 '현실'이 이미 도래해 있다는 것을 보여주는 가장 명백한 증거로 비춰졌던 것이었다.

---

6) 丸山真男, 『日本の思想』, 岩波文庫, 1961, pp.63~66.

오쓰카 에이지가 '전후민주주의'에 대한 개념규정을 하고 이에 대한 본격적인 옹호를 개시하기 시작한 것도 비슷한 시기였다. '전후민주주의 비판이라는 기묘한 언설이 유행하고 있다'는 문장으로 시작되는 「어떻게 전후민주주의를 말할까」라는 글에서, 7) 그는 '전후민주주의 비판의 대다수가 실은 대중비판'이며, 그것이 사토 겐지(佐藤健志) 같은 자신과 동세대 비평가에게도 일종의 '서브컬처 비판'이라는 형태로 출현하고 있음에 대해 우려하며 다음과 같이 반발한다.

> 사토는 코믹이나 애니메이션 이야기 구조의 파탄을 전후민주주의의 귀결인 '정부가 없어도 사회의 질서는 유지된다'라는 사고의 반영으로서 종종 비판하는데, 서브컬처 비판을 행한다면 텍스트 내부구조의 비판이 아니라 그것이 매스 컬처로서 소비자 측에 어떻게 수용되고 소비되었는가에 대한 검토를 포함하지 않는다면 대중이데올로기로서 전후민주주의 비판이 될 수 없을 테며…… 8)

사토 겐지는 『고질라와 야마토와 우리들의 민주주의』(1992)에서 〈고질라〉나 〈우주전함야마토〉와 같은 서브컬처 작품이, 개인주의나 작은 정부나 평화주의 같은 '전후민주주의'의 이념에 입각하면서도, 동시에 집단주의나 강력한 힘을 갖는 정부, 나아가 '일본인'이라는 내셔널리즘도 긍정한다고 하는 모순을 가지고 있다는 점에서, '전후민주주의'의 파탄을 보여주고 있다고 주장한다. 이에 대해 오쓰카는 사토의

---

7) 大塚英志, 「いかに戦後民主主義を語るか」, 『Voice』, 東京ニュース通信社, 1993.
   → 大塚英志, 『戦後民主主義のリハビリテーション』, 角川書店, 2001, p.305.
8) 大塚英志, 앞의 책, p.305.

'전후민주주의' 비판에는 비판의 옳고 그름 이전의 문제로서 "서브컬처에 의해서 어떻게 자신의 사상이나 말이 형성되어 갔는지"에 대한 비판적 검토가 부재하다는 점을 지적한다. 그러니까 "서브컬처의 사회사와 자신의 역사를 포개볼 때만 유효한 전후민주주의 비판이나 서브컬처 비판도 가능"할 텐데, 그러한 인식이 빠진 채로 서브컬처에 대해 왈가불가하는 것은 "특권적 〈외부〉"에서 입각해서 말하는 것" 이외에 아무것도 아니라는 것이다.

그렇다면 오쓰카에게 있어 서브컬처와 전후일본 사회는 어떻게 관련되는가? 이에 대해 그는 다음과 같이 설명한다.

말할 필요도 없지만 내 본업은 게임 잡지의 편집자이며 사상이나 학문을 전문으로 하는 인간은 아니다. 대학교육을 받기는 했지만 그것은 그야말로 대중화된 대학교육 이외의 아무것도 아니며, 또 나는 80년대에 철저히 상품화된 〈지(知)〉의 흔해 빠진 소비자로서 존재한다. 이렇게 나는 전후사회가 대중에게 건네줄 수 있었던 말의 충실한 수혜자였다. 만주로부터 인양되었던 아버지와 노동조합운동에서 알게 된 어머니는 모두 중학교밖에 졸업하지 못했고, 내 양친은 나에게 '남들같은' 교육을 받도록 하는 것에 온 힘을 다했던 사람들이었다. 사실 아버지는 내가 대학을 졸업하기 직전에 죽었다. 그러한 개인사를 냉정하게 바라봤을 때, 나는 자신이 획득한 말을 대중화된 말로서 규정할 수밖에 없다.[9]

---

9) 大塚英志, 앞의 책, pp.295~296.

오쓰카에게 '전후'는 그 전까지는 일부 계급에게만 독점되었던 말이 대중화되어 소비되는 공간으로 인식되고 있음을 알 수 있다. 대학 졸업 후 성인 만화잡지의 편집으로 생계를 이어가면서도, 요시모토 다카아키(吉本隆明)의 『매스 이미지』나 아사다 아키라(浅田彰)의 『권력과 힘』의 '말'을 읽고 '내면화'함으로써 글 쓰는 사람으로서 꿈을 키워나갈 수 있게 된 것은 바로 이러한 '대중화'를 허락하는 사회적 규범으로서 '전후민주주의'에 의해 가능할 수 있었음을, 그는 자신의 가정사를 통해 분명히 인식하고 있는 것이다. 그런 그에게 '전후민주주의'에 대한 비판은 '자신 안에서 확실하게 신체화'된 '감수성의 영역'에 대한 비판이라는 점에서, 생리적인 혐오를 불러일으킨다.

이러한 감정은 '전후민주주의'를 표방하는 지식인들의 '전후민주주의'에 대한 몰이해에 대해서도 마찬가지로 발생된다. 91년 걸프전 때 가라타니 고진(柄谷行人)을 중심으로 하는 지식인들이 헌법9조에 입각한 반전성명을 발표함에 있어, 자신과 같은 사람도 포함시키는 '일본인'이나 '일본대중'이라는 이름이 아닌, '문학인'이라는 이름을 사용한 데에 오쓰카는 불쾌감을 감추지 않는다. 그건 전후의 교육제도와 소비사회를 통해서 '말'의 대중화가 이루어졌음에도, 그들은 자신들을 '문학자'로서 제시함으로써 문학자의 말과 자신과 같은 대중의 언어 사이에 경계선을 그으며 한쪽을 특권화하고 '말의 민주주의'로서의 '전후민주주의'의 본질을 은폐하여, 결과적으로 "대중비판으로서 전후민주주의 비판"을 가능하게 만드는 빌미를 제공하는 것처럼 그에게 비춰졌기 때문이다.

이러한 오쓰카의 '전후'는 앞서 본 미야다이의 '전후지식인'의 '전후'와는 미묘하게 다르다는 것을 알 수 있다. 미야다이에게 있어 '전후'란 70~80년대를 거치면서 성립된 소비사회로서의 일본을 보지 못하게 만드는 낡은 프레임에 지나지 않다면, 오쓰카에게 그것은 소비사회를 성립시킨 필수적인 조건으로 인식되고 있는 것이다. 다시 말해 미야다이가 주로 단카이세대(団塊世代)의 정체성과 그들의 자녀 세대의 정체성의 차이를 설명하기 위해서 '전후'와 '소비사회'를 대립시킨다면, 오쓰카에게 '전후'란 세대적 차이마저 성립시킨 생의 조건으로서 인식되고 있는 것이다. 따라서 오쓰카에게 '전후'란 '말의 민주주의'를 가져온 '전후민주주의'와 따로 떨어뜨려놓고 생각할 수 없을 정도로 밀착되어 있으며, 심지어는 '전후민주주의'가 없는 서브컬처란 존재조차 할 수 없는 것이다.

'전후민주주의'를 '대중화'라는 관점에서 보는 오쓰카의 입장은 실은 1960년대말의 학생운동 진영의 그것과 일정 부분 공유되는 측면이 있다. 오구마 에이지가 지적했듯이 1960년대 중후반 학생운동 진영은 '전후민주주의'가 일종의 대중화임을 전제한 후에, 이러한 대중화로서의 '전후민주주의'를 '미소지배 체제'나 '부르주아 지배'를 속이는 기만의 시스템에 지나지 않다고 맹렬하게 비판했다.[10] 따라서 1994년 오쓰카가 훗날 「'그녀들'의 연합적군」이라는 제목으로 묶이게 되는 일련의 글을 통해 산악 베이스 린치 사건에 관여한 연합적군에 대한 비판적 비

---

10) 大熊英二, 『〈民主〉と〈愛国〉—戦後日本のナショナリズムと公共性』, 新曜社, 2002, pp.564~565.

평을 전개한 것은 결코 우연이 아니다. 오쓰카는 자신의 '전후민주주의'에 대한 입장을 관철시키기 위해서라도 산악 베이스 린치 사건을 일으킨 연합적군을, 그 대척점에 선 존재로서 분명하게 표상할 필요가 있었던 것이다.[11]

오쓰카는 연합적군 관련 문헌들 속에서 당시 연합적군파의 '총괄'에 의해 여성들이 살해되는 과정에 '귀엽다'는 말이 중요한 기능을 담당하고 있었음에 주목하고 이를 근거로 그들이 이미 '소비사회의 감수성'을 가지고 있었다고 주장한 후에 다음과 같이 아사마산장 사건의 의미를 부여한다.

그녀들은 대중으로서 여성들이 '나'라는 윤곽을 그려낼 수단을 '사상'이 아니라 '소비'에서 찾아가는 시대로의 과도기에 있었고, 그 욕망에 충실했기 때문에 살해당한 것이다. 우에노 지즈코는 80년대 소비사회

---

11) 물론 이 글이 쓰인 직접적인 계기는, 1990년 연합적군의 여성지도자로서 검거되어 감옥생활을 하고 있었던 나가타 히로코(永田洋子)의 수기 『속 16의 묘표－연합적군 패배로부터 17년』이 발표된 이후, 대중잡지 속에서 그녀가 소녀를 대상으로 하는 로맨스 코미디 만화를 즐겨 읽는 여성 오타쿠의 한 부류로서 표상된 것과 관련이 있다. 1971년 12월부터 다음해 2월에 걸쳐 약 12명의 젊은이가 '총괄'이라는 명목하에 '동료'들의 의해 집단린치를 당했던 이 사건이 세간에 알려지기 시작한 직후부터, 다른 사람도 아닌 여성지도자였던 나가타는 어째서 말리기는커녕 이에 깊숙하게 관여했는가가 문제시되면서 그녀는 '아이를 낳을 수 없는 여성의 질투심'의 화신으로 오랫동안 표상되고 있었는데, 89년 유녀연속살해사건을 거치면서 그녀는 미야자키 쓰토무(宮崎勤)의 여성판 버전으로 표상되었던 것이다. 미야자키가 지닌 오타쿠적 측면을 부각함으로써 오타쿠를 잠재적 범죄자로 표상하는 가십성 기사에 반발한 적 있는 오쓰카로서는, 나가타에 대한 이러한 기사에도 민감하게 반응할 수밖에 없었던 것이다.

의 욕망의 본질이 '소비에 의한 자기실현'에 있음을 간파했지만, 그 욕망을 초극할 사상을 연합적군 사람들은 만들어내지 못한 채 스스로 무너지고 말았던 것이다. 하지만 결국 전공투 시대의 〈좌익사상〉 그 자체가 최종적으로 서브컬처 속에서 무너져 내려가는 성질의 것이었다. 전공투운동으로부터의 전향자들이 80년대의 서브컬처를 담당해 간 것은 역사적 사실로서 존재한다. 연합적군 사람들은 산악 베이스에서 말하자면 소비사회화라는 역사의 변용과 싸웠고, 그것을 거부해 패배해간 것이다.[12]

오쓰카에 따르면 당시 연합적군의 리더였던 모리 쓰네오(森恒夫)는, '생리혈'로 대표되는 생물학적 여성성 그 자체뿐만 아니라, 60년대 고도성장기 속에서 자연스럽게 획득된 '귀여움'이라는 가치를 추구하는 소비적 감수성이라는 사회적 여성성을 혁명사상에 방해가 되는 것으로 간주해 배제하려 했고, 이러한 모리에 '저항할 수 있는 말'을 아직 획득하지 못했던 여성들은 그의 말에 따라 자신의 여성성을 '총괄'을 통해 지우려고 노력했음에도 결국 살해당하고 말았다고 한다. 이러한 오쓰카의 관점에서 본다면, 소녀취향이라는 감수성을 가지고 있었음에도, 모리에 저항할 말을 찾지 못하고 모리의 말에 동화되어 갔던 나가타(永田) 역시, 모리의 여성과 서브컬처 혐오의 희생양으로서 볼 수 있는 것이다.

요컨대 오쓰카에게 산악베이스에서 전개된 연합적군 젊은이들 사이의 대립은, 서로 다른 혁명노선 사이의 이념적 대립이 아니라, "의

---

12) 大塚英志, 『「彼女たち」の連合赤軍―サブカルチャーと戦後民主主義』, 角川文庫, 2001, p.35.

미를 잃어버릴 운명에 있었던 남자들의 '신좌익'의 말과, 시대의 변용에 충실하게 반응하고 있었던 여성들의 소비사회적인 말" 사이의 대립이었고, "적어도 여성 4명의 '총괄'은 그러한 '투쟁'의 결과"이었다.[13] 다시 말해 소비사회 속의 감수성을 버리고 철저히 혁명의 언어에 동화되지 못한 채 희생된 네 여성들의 죽음은 민중의 언어로부터 유리된 혁명의 언어의 한계를 가시화한 것으로서 오쓰카는 파악하는 것이다.

이렇게 오쓰카에게 일본의 서브컬처란 스스로를 표현할 말을 획득하거나 그러한 말의 형식을 찾는 공간이며, 그런 의미에서 '전후민주주의'와 표리일치의 관계 속에 있다고 할 수 있다. 예컨대 그가 이른바 '24조'로 일컬어지는 소녀만화가의 '나 말하기'라는 형식의 획득을 지나칠 정도로 높게 평가한 것도 이와 밀접한 관련이 있다.

한편 전공투 등에 의해서 '전후민주주의'가 맹렬하게 비판받았던 1960년대말의 일본에서는, 한편으로는 오다 마코토(小田実) 등의 지식인들에 의해 헌법 9조를 근거로 하는 평화주의로서의 '전후민주주의'라는 이념이 정립되던 시기이기도 했음을 오쓰카는 언급하지 않는다는 점에 대해서는 주의할 필요가 있다. 이들의 이념은 생활 세계를 사는 대중의 감수성 속에 뿌리내려 '생활평화주의'로 이어지기도 하는데, 바로 그 때문에 '전후민주주의'는 '폭력'을 반전(反戰)이라는 목적이 아닌 '폭력' 그 자체로서 미학화하는 서브컬처와는 대립되기도 하기 때문이다. 예컨대 대전(對戰)을 통한 무한한 힘의 증대를 그리는 《드래곤

---

13) 大塚英志, 위의 책, p.31.

볼》이나 불량소년들이 거리의 패권을 장악하기 위해 끝도 없이 난투를 벌이는《크로즈》같은 작품들이 그러하다.

하지만 '전후민주주의'를 고집하는 오쓰카는 90년대 이러한 동시대 서브컬처 작품들을 비평장으로 가지고 오기는커녕, 2000년대 이후는 반전의 메시지를 명확히 읽어낼 수 있는 데쓰카 오사무의 작품을 통해 만화의 기원을 밝히거나, 전시체제 속에서 만화가 어떻게 국민동원에 기여하는 미디어로서 기능했는지를 밝히는 작업을 전개해 나간다. 나아가 2010년대에 접어들면서부터는 일본의 대중들을 '토인'으로 부르는 지경에 이른다. 어째서 그런 일이 일어났을까.

그 과정을 이해하기 위해서는 먼저 전후 일본의 문예 비평가이자 사상가인 에토 준(江藤淳)에 대한 오쓰카의 애증을 살펴볼 필요가 있다.

3. 에토 준의 '전후'인식에 대한 비판과 계승

전후 50주년 이후 '전후' 담론이 본격적으로 부상하는 모습을 지켜보던 오쓰카는, 1996년 「'그녀들'의 일본국헌법」[14)이라는 글에서 '전후민주주의'를 부정하는 에토 준을 소환한 후 다음과 같은 형태로 비판을 개진한다.

---

14) 大塚英志, 「「彼女たち」の日本国憲法」, 『「彼女たち」の連合赤軍ーサブカルチャーと戦後民主主義』, 角川文庫, 2001.

『닫힌 언어공간』, 『점령사록』 등, 에토의 작업으로부터 나는 많은 것을 배웠다. 하지만 한편으로 에토는 전후사가 그 출발점에 있어 점령군에 의해 부여되었고 검열되었다고 하는 사실에 너무나도 집착한 나머지, 전후라는 시공 그 자체를 공허한 것으로서 보고 마는 경향이 있는 것은 아닌가. 전후사 그 자체를 허망이라고 보고 마는 것은 아닌가.[15)]

이 글에서 오쓰카는 소설가 마루야 사이이치(丸谷才一)처럼 일본의 현재가 '어쩌다보니 이렇게 되었다'는 식의 비역사적인 애매함 속에서 문제를 해소하려는 경향에 비한다면, '전후민주주의'의 기원 속에 반민주주의적인 요소로서의 미국의 존재가 있음을 밝힌 에토의 공적을 인정하면서도, 그 기원상의 문제만으로 '전후라는 시공 그 자체를 허망'으로 보는 인식에는 결코 동의하지 않는다. 거기에는 앞서 언급했듯이, 인양자이자 공산당원인 아버지와 중졸의 어머니 사이에서 '인민의 아이'라는 축복 속에서 태어나 '인양자 주택'이라고 불리는 도영주택에서 성장해 마침내 자신의 '말'을 획득했다고 하는 그의 실존이 강하게 작용하고 있다. 요컨대 "보지 않고, 혹은 보려고 하지 않는 마루야와 볼 가치는 어디에도 없다고 생각하는 에토"에게는 오쓰카 자신의 실존적 '전후사'는 완전히 누락되어 있는 것이다.[16)]

에토가 누락한 '전후사'란 오쓰카 자신의 개인사에만 한정되지 않고, '생산사회'에서 '소비사회'로 들어선 1980년대의 일본사회 전체의

---

15) 大塚英志, 위의 책, p.149.
16) 大塚英志, 위의 책, p.150.

변화이기도 했다. 일본의 80년대를 어떻게 볼 것인가 하는 문제에 대해서 오쓰카가 1994년에 발표한 「소비사회론 재고」라는 글이 중요한 참조점이 된다.

이 글에서 그는 전후민주주의를 비판하는 담론의 문제점으로서 그것이 "헌법이나 안전보장의 체제나 국가관이라는 전후 일본사회를 운영해온 정치 시스템과 전후사회 속에서 생성된 사회문제나 문화현상, 이 양자가 식별되지 않은 채로 논의"가 전개됨으로써 "오타쿠 대상의 애니메이션 이야기구조나 부루세라 여고생이 헌법이나 안전보장제도나 국가관을 수정하기 위한 설득 자료로 변"질되고 마는 결과를 초래한다는 점을 지적한 후에, 전후민주주의라는 정치시스템이 80년대 일본의 '소비사회'를 가져왔다고 전제하고, 그것의 의미에 대해서 다음과 같이 설명한다.

> 기호론적 소비사회론이 일종의 '계급투쟁'일 수 있었던 것은 사물이 순수 기호가 되는 것으로, 사물 그 자체의 가치를 수직의 차이(계급)로부터 수평의 차이로 이동시키는 것이 가능했기 때문이다. 우에노만이 아니라 많은 소비기호론자는 이 '수평화(ヨコナラビ化)'에 커다란 의미를 발견했다고 생각한다. 즉 기호론적 소비사회란 사물의 가치를 기호론적으로 조작하는 것에 의한 평등의 달성, 말하자면 기호의 민주주의였다고 할 수 있다. 80년대 소비사회의 사물=기호 만들기를 전공투 세대의 투쟁체험자가 담당해 갔다는 것은 그 때문이다.[17]

---

17) 大塚英志, 「消費社会論再考」, 『戦後民主主義のリハビリテーション』, 角川書店, 2001, p.313.

앞 장에서 우리는 오쓰카에게 '전후'가 자기표현이라는 자유를 실현할 수 있는 '말의 민주주의'의 과정임을 확인할 수 있었는데, 여기서는 '전후'를 기호화된 사물의 소비를 통해 평등을 실현하고자 한다는 의미에서 '기호의 민주주의'로서 재인식하고 있음을 확인할 수 있다. 요컨대 오쓰카에게 '전후'란 한편으로는 '말의 민주주주의'를 통해 표현의 자유라는 가치를, 다른 한편으로는 기호-소비로서의 '기호의 민주주의'를 통해 평등이라는 가치를 '대부분'의 일본인들이 공유할 수 있게 된 역사적 공간으로 인식되고 있는 것이다.

80년대 일본사회의 소비문화를 기호 소비라는 관점에서 파악하는 관점은 이른바 뉴 아카데미 진영에 폭넓게 공유되고 있었던 것인데, 그 중에서도 우에노 지즈코(上野千鶴子)는 80년대 일본 상품의 차별화 방향이 "'위에서 아래로'가 아니라 '수평화'"를 지향했고, 이에 여성들이 소비자로서 적극 참여함으로써 남녀 사이의 불평등이 개선될 수 있을 것으로 판단했다. 이렇게 80년대 소비문화가 계급적 불평등 해소에 기여할 것으로 보는 관점은, 적어도 1989년 오자와 마사코(小沢雅子)의 『신·계층소비의 시대』[18]가 출간될 때까지 일본의 사상담론계에 있어서 지배적인 것이었던 것으로 보인다.

그 대표적인 예로서 오쓰카가 자주 인용하는 것이 바로 80년대의 요시모토 다카아키(吉本隆明)의 모습이다. 80년대 중반 여성 패션잡지 『an·an』에 게재된 "62,000엔짜리 레용 크리드 셔츠, 29,000엔짜리 레용

---

18) 小沢雅子, 『新·階層消費の時代―所得格差の拡大とその影響』, 朝日新聞社, 1989.

셔츠, 25,000엔짜리 바지, 1,800엔 가디건, 5,500엔짜리 넥타이"를 건친 요시모토의 사진에 대해 전후문학자를 대표하는 하니야 유타카(埴谷雄高)가 비판했을 때, 요시모토가 이 "잡지는 선진자본주의국인 일본의 중학교나 고졸 출신의 OL을 독자대상"으로 하며, 이는 전후 일본사회가 상대적으로 사회적 약자인 그녀들조차 이러한 잡지를 참조하면서 소비생활을 즐길 정도는 풍요로워진 것을 의미한다고 받아친 모습은 오쓰카의 뇌리에 깊게 각인되어 있었다. 실제로 훗날 이 장면을 돌이켜 보면서 그는 "일본의 대중을 어떻게 해방할 것인가가 좌익운동에게 있어 소박한 목적이었다면, (소비사회 도래에 대한─필자) 요시모토의 감동을 공유할 수 없었던 것에 이 시기 이후 좌익의 문제가 있다"고 비판할 정도였다.[19]

물론 오늘날의 관점에서 본다면, 80년대에 대한 이러한 '중류환상'을 긍정적으로 볼 수만은 없다. 실제로 이 글에서 오쓰카도 인정하고 있듯이 이러한 기호론적 소비사회론은 '1억총중류'라는 환상을 만들어 소비사회 속에서 진전되고 있었던 '격차'를 보지 못하도록 만들었다는 데에 문제가 있다. 그리고 이러한 문제가 실은 90년대 이후 '전후민주주의'에 대한 비판의 근거가 되기도 했다. 하지만 오쓰카는 다음과 같이 말한다.

---

19) 大塚英志, 「吉本隆明はいつ吉本ばななを産んだか」, 『諸君!』, 文藝春秋, 1995. 4.
→ 大塚英志, 『「彼女たち」の連合赤軍─サブカルチャーと戦後民主主義』, 角川文庫, 2001, pp.187~189.

따라서 중류 '환상'을 간파하는 것은 쉽지만, 그 환상을 무너뜨린 후에 나타나게 될 노골적인 현실과 '계급'에 직면해 다시 필요해지는 것은 사회적 모순의 해결 원칙이 될 '이념'임은 두말할 나위도 없을 것이다. 그것이 내가 '전후민주주의' 비판에 대항해 그 이념의 현실의 유효성을 설파하려고 하는 근거의 하나라는 것은 말할 필요도 없다.[20]

90년대 들어 '전후민주주의'가 사회적 평등을 가져다 줄 것이라는 믿음이 '환상'에 지나지 않는다는 것을 알게 된 이후에도, 그것이 '격차'라는 현실을 해결해야 하는 원칙으로서 여전히 유효하다고 보는 오쓰카의 인식은, "대일본제국이라는 '실재'보다는 전후민주주의라는 '허망'에 걸겠다"고 한 마루야마 마사오의 발언의 연장선상에 있는 것처럼 보일 수도 있다[21]. 하지만 마루야마에게 '전후민주주의'가 앞으로 실현해야 할 미래적인 이념이라는 성격이 강했다면, 오쓰카는 이미 스스로가 그 '환상'의 유효성을 개인적 체험을 통해서 깨닫고 있다는 점에서 양자는 다르다. 그것은 그가 이른바 '실재'와의 거리를 강하게 의식하고 '환상'을 '환상' 그 자체로서 즐기는 장르로서의 서브컬처라는 문화의 '실재성'과 유효성을 강하게 실감하고 있었다는 것과 깊은 관련이 있다.

주지하다시피 오쓰카는 『이야기 소비론』에서 돈으로 살 수 없는 '이야기'나 '세계'가 어떻게 '돈'을 움직이는지를 자세히 밝히고 있는데,[22] 이는 80년대 일본의 소비자들이 궁극적으로 소비하고자 하는 대상이

20) 大塚英志, 『戦後民主主義のリハビリテーション』, 角川書店, 2001, p.319.
21) 丸山真男, 『増補版 現代政治の思想と行動』, 未来社, 1964, p.585.
22) 大塚英志, 『定本 物語消費論』, 新曜社, 2001, pp.27~33.

'물질'도 '기호'도 아니라 '이야기의 세계'라는 '환상'임을 드러내기 위해 서였다. 그리고 '환상'을 소비하는 한에 있어, 80년대의 일본에서는 어른과 아이, 남성과 여성, 문학자와 서브컬처 창작자는 동일선상에 놓일 수 있음을 우회적으로 드러내기 위해서이기도 했다.

서브컬처 비평가이자 창작자인 오쓰카가 전후 일본의 가장 영향력 있었던 문학비평가인 에토 준을 비판하면서도 의식할 수밖에 없었던 이유는 바로 두 영역이 '이야기의 세계'에서 맞닿아 있기 때문이었다.

> 나는 그러한 에토의 문학영역에 있어서의 영위를 거리에서 멀리 떨어진 서브컬처 쪽에서 동정과 얼마간의 공감을 갖고 오랫동안 지켜보아 왔다. 이는 구체적인 문화영역으로서의 서브컬처 속에 저항하기 어려운 '전체문화'에 대한 욕망이 하나의 본질로서 있다는 것을 창작자의 한 명으로서 내가 실감하고 있었기 때문이다. 내가 서브컬처의 실제 저작자인 이상, 그러한 욕망은 나에게 늘 억제하기 힘든 형태로 있었으며 바로 그렇기 때문에 나는 서브컬처의 창작자로서 강하게 자기규정을 함과 동시에 '전후민주주의'자로서 과도하게 행동함으로써 이를 억지해야만 했던 것이다.[23]

에토가 동시대의 문학을 '문학의 서브컬처화'로서 간주하고 있는 부분을 서브컬처 진영의 관점에서 문제시하고 있는 이 글은, 단순히 대문자로서의 일본문학의 죽음을 선고하고 있다는 점에서가 아니라, 서브컬처 비평가로서 오쓰카의 아포리아가 잘 드러나고 있다는 점에서

---

23) 大塚英志, 「江藤淳と「サブカルチャー」としての戦後」, 『サブカルチャー文学論』, 朝日文庫, 2007, p.13.

주의 깊게 살펴볼 필요가 있다.

에토는 70년대 후반부터 "소설이 컬처의 자리에서 전락해 서브컬처가 되고 있다"는 느낌을 받았다고 하면서, 20년 동안 계속해왔던 문예시평을 그만둔다. 그 직접적인 이유가 무라카미 류의 『한없이 투명에 가까운 블루』의 아카타가와상 수상에 대한 불만에서 비롯된 것으로 보는 오쓰카는, 이 작품을 근거로 서브컬처는 부분적인 문화현상의 반영에 지나지 않고 문학은 서브컬처의 한계를 넘어서 전체문화와의 관계성을 구성해야 한다고 주장하는 에토의 의견을 부분적으로 수용한다. 이러한 인식은 스스로를 전체문화에 대항하는 '서브컬처의 저작자'로서 자기규정하고 싶어하는 오쓰카에게도 중요한 문제였기 때문이다.

에토의 지적대로 '전체문화'로서 문학이 힘을 잃고 '부분'화된다면, 더 이상 그것과 '서브컬처'의 경계선을 명확하게 그을 수 없어진다. 위의 "문화영역으로서의 서브컬처 속에 '전체문화'에 대한 욕망이 하나의 본질로서 있다"는 말은 먼저 그런 의미로 이해할 수 있다. 물론 문자 그대로 읽어서 오쓰카가 '서브컬처의 창작자'로서 자신이 속해 있는 문화가 시대의 주류문화가 되거나, 혹은 시대를 대표하는 전체성을 획득하고자 하는 '건강한' 욕망을 갖고 있다는 뜻으로 해석할 수도 있다. 하지만 그 욕망이 실현되는 순간에도 마찬가지로 그는 더 이상 '서브컬처' 창작자가 아니게 된다. 에토는 오쓰카에게 서브컬처 창작으로서의 아포리아를 깨닫게 만들어 준 존재였다.

그러한 그에게 있어 '전후민주주의'는 '전체문화'에 대한 근원적인 욕망을 억제해주는 일종의 방어제 같은 것으로 인식되고 있음을 알 수 있다. 바꿔 말하자면 오츠카에게 있어 '전후민주주의'는 전체성을 구현하는 표현양식과, 부분을 부분으로서 표현하는 표현양식이 서로 침범하지 않도록 만들어주는 칸막이 같은 존재에 다름아니다.

어떻게든 '전후민주주의'를 방패로 삼아서라도 서브컬처 창작자로서의 아이덴티티를 지키고 싶은 오쓰카는, 무엇보다도 먼저 문예비평가로서 에토가 '전체문화'의 반영을 지향하는 '일본문학'을 계속해서 견인해가길 원한다. 혹은 반대로 내심 그가 요시모토 다카아키처럼 서브컬처로의 전면적인 '전향'을 원했는지도 모른다. 하지만 오쓰카가 보기에 80년대의 에토는 그 양자도 아닌 지점에서 스스로 무너지고 있는 것처럼 보일 뿐이었다.

그 단적인 예로 제시되고 있는 것이 다나카 야스오(田中康夫)의 『어쩐지, 크리스탈』에 대한 에토의 호의적인 평가였다. 이러한 평가에 대해 가토 노리히로(加藤典洋)가 "미국 없이는 살아갈 수 없는 일본"에 대한 에토의 무의식이 반영되어 있다고 비판한 것은 잘 알려져 있는데, [24] 서브컬처 비평가로서 오쓰카의 눈에는 서브컬처문학으로서 『어쩐지, 크리스탈』에 대한 에토의 평가는 "서브컬처 문학이 근거를 빼앗긴 채 '어쩐지(なんとなく)'로밖에는 존재하지 않는 언어 공간에 대해 적어도 비평적이어야 한다"고 주장해왔던 평소의 자신의 신념에 전면으로 배치되는 것으로 인식되었다.

---

24) 加藤典洋, 『アメリカの影』, 講談社文芸文庫, 2013, 전자책, No.225/4316.5%.

그러니까 여기서 오쓰카는 에토의 문학에 대한 태도의 일관성이 무너졌음을 지적하고 있는데, 이러한 평가가 이루어지기 위해서는 무엇보다도 먼저 에토의 『성숙과 상실』에 대해 호의적으로 평가하고 있다는 점에 주의를 기울일 필요가 있다. 오쓰카가 보기에 『성숙과 상실』의 에토는 제3의 신인들의 작품들을 통해서 전후일본 속의 남성과 여성의 혼란과 쇠약이 어쩌다 보니 그렇게 된 것이 아니라, 전후 미국의 개입에 의한 근대적 제도로서의 '어머니'의 상실에 의해 비롯된 것임을 읽어낼 수 있었던 것이다. 하지만 『어쩐지, 크리스탈』의 여성 주인공은 정확한 이유도 없이 "준이치라는 컨트롤러 밑에 나는 소속되고 말았다"는 것으로 자신의 혼란을 수습한다. 하지만 왜 준이치라는 청년이 그녀의 '컨트롤러'가 될 수 있었는지에 대한 근거는 끝내 설명되지 않는 것은 아닌가. "근거없는 '컨트롤러'는 이 나라의 담론이 '어쩐지' 빠져들기 쉬운 또 하나의 위험한 장소"는 아니던가. 사실 전후 일본의 근거에 대한 근본적인 물음이야말로 오쓰카가 에토의 『성숙과 상실』을 비롯한 저작을 통해서 습득한 자산이었는데, 그러한 물음이 『어쩐지, 크리스탈』에서는 누락되어 버리고 만 데에 대해 그는 안타까움을 금할 수 없었던 것이다.

하지만 그렇다고 그가 에토를 전면적으로 부정했다고 보면 곤란하다. 그는 에토를 통해서 서브컬처 비평의 윤리가 무엇이어야 하는지를 배웠고, 이를 계승하게 된다. 그러니까 2000년대 이후 서브컬처의 방향을 이야기가 없는 데이터베이스의 소비로 보는 아즈마의 관점에 동의하지 않고, 일본 서브컬처라는 인공적인 공간 설립의 역사적 '근거'

를 찾는데 집중하게 된다. 예컨대 테츠카 오사무(手塚治虫)의《철완 아톰》을, 천재적인 한 작가의 상상력으로 신비화하지 않고, 미국의 디즈니 산업과 에이젠슈터인 영화기법의 야합으로 설명하는 방식이 그러하다.

하지만 무엇보다도 서브컬처 영역에『성숙과 상실』의 '성숙'이라는 키워드를 가지고 들어온다는 점이야말로 에토의 영향이 가장 잘 드러난다. 물론 미야자키 쓰토무 사건이나,《에반게리온》을 논할 때 가지고 오는 '성숙'이라는 개념은 2000년대 들어 민속학의 '통과의례'라는 의미로서 쓰이는 경우가 많았지만, 적어도 90년대까지의 오쓰카에게는 그것은 에토의 개념을 계승한 것으로 봐도 무방할 것이다.

이러한 오쓰카의 작업은, 전후를 부정했던 에토를 전후의 한 부분으로서 긍정하고 문제의식을 공유하는 것을 통해서, 에토와는 다른 그나름대로의 사성적 일관성을 구축하려고 노력의 일환으로 볼 수 있지만, 우노 쓰네히로(宇野常寬)와 같은 평론가들에게 다음과 같은 비판을 받는 원인이 되기도 한다.

> 오쓰카는 성숙기피를 받아들이는 태도야말로 성숙이라는 뒤틀린 주장을 전개해, 이토 쓰요시 등의 비판을 받고 있는데, 이 점에 대해서는 오히려 레토릭상의 문제이며, 그 태도는 매우 일관되고 있다. 오쓰카 에이지는 '성숙기피라는 성숙'이라는 윤리를 지속시키기 위해서 전후민주주의자를 옹호하고, '오타쿠(オタク)'를 옹호하는 것이다. 이 논리 구성은 심플하며, 매우 강고하다. 단 하나, 더 이상 '전후'는 아니다라는 결정적인 현실과의 괴리를 빼면.[25]

일본의 서브컬처가 신자유주의 이전과 이후에 근본적으로 변했다고 보는 우노의 관점에서 본다면, 오쓰카의 '전후민주주의' 옹호는 단순히 성숙을 기피해도 괜찮은 80년대적 상황에 대한 향수에 불과하다고도 할 수 있을 것이다. 다시 말해 '중류환상'이 깨지고 격차가 심화되는 고이즈미(小泉) 정권 하의 신자유주의 경제체제에서 어른이 되기 이전에 이미 살아남기 위해서는 '총'과 '싸움'이 필수적임을 깨닫게 된 세대들에게는, "그럼에도 불구하고 성숙을 기피하는 것이야말로 성숙"이라는 오쓰카의 논리는 그저 이미 무너져버린 80년대적 '소비사회'에서 빠져나오지 못하는 퇴행적인 태도로밖에는 보이지 않았던 것이다. 실세로 사사키 아쓰시(佐々木敦)는 오쓰카의 '사상'을, "80년대에 일단 완성된 '소비사회'와 그 태평성대의 인프라 중 하나인 '전후민주주의'를 강하게 옹호한다"는 측면에 있어 "'80년대'의 '호지(護持)'"로 정리한 바 있다.26)

이렇게 '전후민주주의'에 대한 옹호는 서브컬처 비평가로서 오쓰카의 입지를 2000년대 들어 점점 좁게 만드는 하나의 요인이 된 것은 분명하다. 하지만 동시에 이러한 '일관성'에 대한 추구야말로 좁은 의미에서의 서브컬처 비평가에서 넓은 의미에서의 '사상가'로서 오쓰카의 탄생으로 이어지게 된 요인이 된다.

---

25) 宇野常寛, 『ゼロ年代の想像力』, ハヤカワ文庫, 2011, p.330.
26) 佐々木敦, 앞의 책, 198쪽.

4. '공민'의 발견과 '토인', 그리고 '원숭이'로서의 일본인

실제로 2000년대 이후 오쓰카는 동시대 서브컬처 비평가보다는 민속학자로서의 저술 활동에 힘을 기울이게 되었고, 그에 따라 그의 글의 시간적 범주는 80년대나 전후만이 아니라, 전시기, 그리고 근대로 확장되게 된다. 그 중에서도 특히 주목하게 된 존재가, 일본 민속학의 창시자로 일컬어지는 야나기타 구니오(柳田国男)이다. 그렇다면 왜 하필 야나기타일까?

> 야나기타는 '가상의 어머니'의 이야기를 필요로 하는 '어른'으로서, '민속학'이라는 거대한 패밀리 로맨스를 스스로 만들어야 했던 것이다. 왜냐하면 그는 '근대'라는, '개(個)'가 귀속하는 '전통'을 새롭게 만들어내야 하는 시대에 태어났기 때문이다. 그 때 내력을 부인하는 아이들의 패밀리 로맨스적인 상상력은 '전통'을 창조하는 힘으로서 작용한 것이다.[27]

위는 90년대후반 역사수정주의 출현 이후 '근대'라는 시공에서 만들어진 '전통'을 새로운 국민통합의 매개로 실체화하는 경향이 두드러진 가운데, 자신의 학문영역인 민속학이 어떠한 전통을 만들어냈는지를 야나기타를 중심으로 추적하는 『전통이란 무엇인가』의 일부인데, 여기서 오쓰카는 앞서 언급했던 에토 준이 주장했던 '모자의 밀착관계'라는 전통을 문제시하고 있다.

---

27) 大塚英志, 『伝統とは何か』, ちくま新書, 2004, p.52.

오쓰카에 따르면, 에도 시절에는 사회적으로 크게 문제시되지 않았던 '혈통'이 메이지정부에 의해 호적제가 만들어짐에 따라, 나쓰메 소세키(夏目漱石)나 야나기타 같은 세대들은 "애매해도 좋았을 부모와의 혈통을 무리하게 확신해야만 하는 시대"로 인한 '불안'에 휩싸이게 되었고, 그러한 '불안'을 해소하고자 '혈통의 이야기'가 필요해지게 되었다고 한다. 하지만 야나기타의 경우 자신의 혈통을 실재의 어머니가 아닌, "'천황'에 따르지 않는 '산인(山人)'"에 귀속시키고자 했다고 한다. 이러한 해석을 통해 오쓰카는, 일본의 민속학을 천황과 혈통이라는 지배적인 이야기에 대항하고자 '산인'이라는 '전통'을 만들어낸 야나기타의 글쓰기의 산물이라고 보고자 하는 것이다.

물론 일본 민속학을 제국일본의 정치시스템인 천황제의 외부에 위치시키려고 하는 이러한 오쓰카의 견해는 논란의 여지가 있다. 이는 야나기타가 1900년부터 1919년까지 약 20년간 제국일본의 관료로서 근무하면서 조선식민지 통치를 위한 '조선민속학' 창설에 관여했다는 이력이 있으며, 이러한 그의 '일국민속학' 속에 식민주의의 흔적을 읽을 수 있기 때문만이 아니다.28) 더 큰 문제는 '전통'이 만들어진 것이라는 인식 하에 새로운 '전통'을 제시하려는 오쓰카의 행위가, 실은 그가 상대화하려고 하는 역사수정주의 진영의 그것과 별다른 차이가 없다는 점에 있는 것은 아닐까. 그리고 이러한 점은 그가 아무리 스스로를 '전

---

28) 임경택, 「야나기타 구니오의 '일국민속학'과 식민주의에 관한 일고찰; −국가 · 민족인식과 아시아 인식을 중심으로−」, 『정신문화연구』 제27권, 2004, pp.67~96.

후민주주의자'로서 규정하고 이를 선전한다 하더라도, 그 밑 세대들에게 그가 종종 '보수'로 비춰지는 큰 요인이기도 하다.

사실 오쓰카가 사상적으로 가장 중시하는 존재가 에토 준이나 야나기타 구니오라는 사실 그 자체가 뉴아케데미즘의 사상적 영향력 속에서 성장한 세대들에게는 매우 '보수'적으로 보일 수 있다. 왜냐하면 에토 준이나 야나기타 구니오 같은 존재는 『분게슌수文芸春愁』나 『쇼쿤諸君!』에서 인정하는 명실상부한 일본의 '지식인'들이기 때문이다. 설령 비판이라고 할지라도 이러한 존재들에 대한 언급이야말로 보수 미디어의 독자들에게는 환영할 만한 일이지만 젊은 세대들의 눈에는 그것이 보수를 도와주는 행위로서밖에는 보이지 않는 것이다. 그럼에도 오쓰카가 굳이 에토와 야나기타에 주목하는 이유는 무엇일까.

그 이유는 그들이 '선한' 의지를 가지고 있었음에도, 어떤 시점에서 급격하게 무너져 내렸다는 공통점에서 찾을 수 있다. 오쓰카는 그들이 좌절하기 전에 품었던 시대의 문제의식으로 돌아가 이를 자신의 문제의식으로 끌어안고 거기서부터 다시 시작하지 않고서는, 주변의 "공기"에 따라 자신의 의견을 맞추는 일본적 병폐를 해결할 수 없다고 인식하게 된 것이다. 그리고 그러한 인식은 야나기타의 다음과 같은 말의 발견을 통해서 더욱 확고해진다.

그 선거구라면 아무개씨를 끌어들으면 대략 몇 백표만은 얻을 수 있다는 것은 얼굴로 표를 모을 수 있는 오야붕이 그곳에 있다는 것을 의미했다. 혹은 수입후보라고 칭하고 약간의 돈을 가지고 가면 인물과는 관계없이 당선을 기대할 수 있다고 하는 식의, 조금 지나치게 융통성을 발휘한 거래도 드물게는 있었는데, 대개는 돈으로는 환산할 수 없는 인정을 횡령하려고 하는 것으로, 지반은 곧 새로운 선물 용기(容器)의 이름이었다. 개개의 투표의 매매만을 경계한들, 아직 선거가 자유롭게 행해진다고 판단할 수 없는 이유는, 이러한 크고 작은 선거군이 단순히 일개 중심인물의 변덕에 따라 좌지우지되기 때문이었다.[29]

위는 1930년 당시 아사히신문 논설위원이었던 야나기타가 1927년 제1회 보통선거의 모습에 대해 서술한 부분인데, 이 대목으로부터 오쓰카는 왜 야나기타가 이 책의 마지막을 "우리들은 공민(公民)으로서 병들어 있고 또한 가난한 것이었다"로 끝냈는가에 대한 이유를 이끌어낸다. 즉, 그에 따르면 당시의 야나기타는 당시의 일본인들이 '고독과 빈곤(孤獨貧)'에 빠져 있는 것은 '공(共)'이 성립하지 못하고 있기 때문이며, 그것의 유일한 실현수단인 선거마저 '군중의식'에 사로잡혀 제대로 치러지지 못한다고 생각했다고 한다. 오쓰카에게 이러한 야나기타의 눈에 비친 당시 일본인의 선거 모습이 '세습정치인'과 '여성자객'이라는 말로 얼룩진 고이즈미 정권하에서 치뤄진 2000년대의 그것과 그리 다르지 않게 비춰졌으리라는 것은 미루어 짐작할 수 있다.

따라서 2000년대의 오쓰카는 현대 일본인들에게 무엇보다도 필요한 것은 '일본인' 이전에, '군중의식'으로부터 자유로운 '공민'이 되는 것이라고 주장하기 시작한다. 그가 일본의 아이들에게 일본국헌법 전문을 쓰게 만드는 것도 바로 그런 이유 때문이라고 스스로 밝히고 있다.

---

29) 柳田国男, 『明治大正史—世相篇』, 講談社学術文庫, 1993, p.416.

우리들이 채용하고 있는 것은 민주주의라고 하는 정치 시스템입니다. 그것은 국가라고 하는 개념으로서 인공적이며 추상적인 것이면서도, 한편으로는 폭력장치로서의 실체를 가진 이 시스템을 어떻게 개개인이 책임을 가지고 운용해갈 것인가 라는 난문에 도전한다는 것을 의미합니다. 그 민주주의 시스템 속에서 '나'를 정의할 때, 그것은 '공민'이라는 말투가 현시점에서 오해를 부른다면, '유권자'라는 형태밖에 없는 것입니다. (중략) '국민'이나 '일본인'으로 존재하는 것은 각자의 자유입니다만, '공민'으로서의 '나'는 모든 사람들에게 '책임'으로서 요구되는 것입니다. 그러한 '유권자'로서의 '나'의 회복이나 재정의가 '헌법력'이라는 말에 내가 걸고 있는 것입니다.[30]

주체를 '헌법'에 의해서 재구성하자는 오쓰카의 주장이, 현재의 '나'를 '일본'이라는 문맥으로 재구성하자고 주장하는, 당시 '포스트 코이즈미'의 유력주자였던 아베 신조에 대항하기 위한 것임을 알아차리기는 그리 어렵지 않다. 실제로 아베는 2006년에 출간된 『아름다운 나라로』를 통해서 잃어버린 '일본의 영광'을 되찾기 위한 개헌의 정당성을 주장하게 되는데 이러한 행위는 더 이상 오쓰카가 단순한 동시대 서브컬처의 의미를 묻는 비평가가 아니라, 당대의 가장 유력한 정치인의 정치적 이념을 반박할 수 있는 논리를 제공하는 '지식인'이자 교육자가 되었음을 보여준다.

물론 오쓰카는 자신의 이러한 입지 변화는 그저 시대적 상황 변화에 따른 착시효과일 뿐, 그 자신은 아무 것도 바뀐 것이 없다고 담담하

---

30) 大塚英志, 『憲法力―いかに政治のことばを取り戻すか』, 角川oneテーマ21, 2005, p.81.

게 말한다. 실제로 앞서 살펴봤듯이 그는 일본국헌법의 이념 하에 서 있는 '전후민주주의'를 한 번도 부정한 적이 없을 뿐만 아니라, 그로 인해 자신이 큰 수혜를 얻었음을 언제나 자각하고 있었고, 따라서 이에 대한 일종의 '은혜갚기'로서 '전후민주주의'의 재생산은 당연한 귀결이라고도 할 수 있다.

하지만 바로 그 때문에 오쓰카는 시대적 상황의 변화에 따라서 달라지는 '대중'의 변화를 받아들이지 못하고 여전히 그들을 계몽의 대상으로 볼 뿐만 아니라, 계몽이 통하지 않을 경우 '토인'이나 '원숭이'로 비난하고 만다.

> 즉, 일본인의 '마음'은 진화론적으로 진화가 멈춘 '원숭이'(라고까지는 말하지 않는다고 하더라도) 상태에 있다, 진화론적으로 열등하다고 하는 생각이 설사 호의를 가지고 말한다 하더라도 로엘에는 있었고, 헌은 그러한 문맥을 밟고 있는 것이다. 말할 필요도 없지만 서구가 식민지 지배를 합리화하는 당시의 근거는 비서구적 사회가 진화론적으로 열등하기 때문이며, 진화론적 강자가 진화론적 약자를 지배하는 것은 당연하다고 생각하고 있었기 때문이다. 헌은 그러한 진화론적으로 열등한 미개민족으로서 일본인을 사랑하고 호의를 보여준 것에 지나지 않는다. 이러한 일본인관은 실로 지금도 여기저기에서 계속되고 있다고 생각할 때가 있다. (중략) 동물화하는 포스트모더니즘이 일본에 최초로 찾아왔다고 하는 논의가 '서양'에서 곧바로 받아들여진 것도 이러한 일본인관이 암묵 하에 서구에는 지금도 있으며, 일본인은 자아가 미성립한 원숭이이므로 동물화하는 것도 이르다고 암암리에 생각되고 있기 때문이다. 그 원숭이 문화로서의 '오타쿠 문화'도 있다고 생각하고 있는 해외 연구자의 속내가 프랑스 주변의 학계의 논의에서 가끔

어른거리는 경우가 현재 있다. 그러나 바야흐로 그것에 반론할 수 없다. 바로 그 때문에 아사다 아키라의 쇼와 천황 죽음 때의 '토인' 발언은 감정의 국민화가 생겨나는 것에 그가 정확하게 혐오했다는 증거로서 역시 평가받아야 한다.[31]

2016년 8월 8일 현 천황의 생전퇴위 의사를 극존칭으로 표현하고, 이에 대해 '국민'의 압도적인 '공감'이 이루어지는 현상을 보면서, 오쓰카는 '감정'이 가치판단의 최상위에 위치해 "'감정'에 의한 '공감'이 사회시스템으로서 기능하는 사태"를 우려하는 글을 『감정화하는 사회』라는 제목으로 발표하는데, 위의 인용은 그 일부이다.

여기서 오쓰카는 현재 천황에 대한 일본인들의 '감정화'가 메이지 시대나 쇼와 시대와 조금도 변함이 없음을 지적하고, 이를 진화론적 관점으로 해석하고자 한다. 즉 일본인은 감정을 컨트롤하는 이성을 여전히 갖추지 못하고 있다는 점에서 진화론적으로 열등한 민족으로 비춰질 수 있으며, 이는 서구인들에게 '일본인'이 여전히 '원숭이'로 비춰지는 요인이라고, 말이다. 사실 이러한 주장은 근대 담론 속에서 반복해 온 것으로 딱히 새로울 것이 없는데, 그렇다면 문제는 이러한 사실에 왜 유독 지금의 오쓰카가 민감하게 반응하는가 하는 점에 있을 것이다.

그 이유는 바로 "바야흐로 그것에 반론할 수 없다"는 부분과 밀접한 관련이 있다. 실제로 90년대 서브컬처 비평가로서 오쓰카는, '전후민주주의'를 통해서 '소비사회'를 성립시킨 일본인들, 그리고 그 대표적

---

31) 大塚英志, 『感情化する社会』, 太田出版, 2016, p.40.

인 문화적 산물로서 '오타쿠'에 대한 강한 프라이드를 가지고 있었다. 그것은 심지어 교복을 입은 소녀들이 죽어가는 천황을 보면서도 '귀엽네'고 말할 수 있는 급진적인 어떤 것이라고 그는 생각했었다.[32] 하지만 2011년 3·11 동일본대지진을 거쳐 현재에 이를 때까지 오쓰카의 눈에 비친 일본인들의 '감성'은, 그러한 급진적인 성격이 빠진 채 일종의 사고정지에 기인한 것이 대부분이었다. 즉, 그의 눈에는 '이성'이 아니라 '감정'에 휘둘리는 동시대 일본인들이 '토인'에서 '원숭이'로 퇴화하는 것으로 비춰지기 시작한 것이다.

오쓰카의 이러한 인식변화는 일단 그 자신의 변화와 깊은 관련이 있을 것이다. 그렇게 거리를 두고자 했던 아사다 아키라의 의견에 결국은 동의하는 2010년대의 오쓰카 모습 속에서, 한 때 뉴 아카데미즘에 대해 품었던 '원한'이 해소되었음을 발견하기는 그리 어렵지 않다. 무엇보다도, 이러한 현재의 그의 모습이 80년대 요시모토 다카아키의 대중으로의 전면적인 '전향'을 상찬하며 하니야 유타카의 딱딱한 포즈를 비판하던 그의 모습과는 많이 달라졌다는 것은 분명하다. 그렇다면 그러한 변화의 원인은 무엇인가?

그것은 그가 서브컬처 비평가로부터 민속학자로서 변하면서 '성숙'했기 때문은 아닐 것이다. 보다 근본적인 원인은 그가 '성숙'에 집착한 나머지 에토로부터 물려받았던 질문법을 빠뜨렸다는 데에 있을 것이다. 그러니까 그는 왜 2010년대의 일본인이 감정화될 수밖에 없었는

---

32) 大塚英志, 『少女たちの「かわいい」天皇』, 角川文庫, 2003, p.28.

지, 그 변화의 근거를 묻지 않고 있는 것이다. 대의제 민주주의 그 자체에 대한 실망과 무력함이 논의되고 있는 오늘날의 일본에서, 그 이유를 묻지 않은 채 100여년전의 '공민'만을 소리 높여 외치는 오쓰카의 영향력은 어떤 파급력도 없을 뿐만 아니라, 오히려 '전후민주주의'의 완전한 종말을 명시적으로 드러낼 뿐이다.

현대일본생활세계총서 **16**

전후의 탈각과 민주주의의 탈주

제2부

전후민주주의를 둘러싼 탈주의 상상력

V 박규태

신도(神道)와 전후민주주의
아시즈 우즈히코를 중심으로

VI 조관자

신좌익의 전후민주주의 비판과 조반 운동
마오이즘의 수용과 우익사상의 부활

VII 김태진

'(탈)전후' 일본의 신체정치와 민주주의
자폐와 분열증 사이에서

현대일본생활세계총서 16

전후의 탈각과 민주주의의 탈주

신도(神道)와 전후민주주의*
아시즈 우즈히코를 중심으로

박규태

1. 아시즈 우즈히코는 누구인가

대표적인 신도(神道) 저널리스트이자 국체론자 신도가인 아시즈 우즈히코(葦津珍彦, 1909-1992)는 흔히 "신도의 전투자, 신도의 사회적 방위자, 신도의 변호사"[1] 등으로 불리는 보수민족파 진영의 논객이다. 부친 아시즈 고지로(葦津耕次郎)는 신도인으로 경신숭조와 존황을 핵심으로 하는 일본정신의 전형적인 체현자였고, 신도 사가(社家)가문 출신인 조부는 1887년 하코자키궁(筥崎宮) 궁사가 된 이래 신기관 부흥운동에 진력한 복고신도파의 중심적 활동가였다. 아시즈는 젊은 시절 한때 사회주의자였으나 부친과의 정신적 대결을 거쳐 이윽고 23세(1932년)

---

* 이 글은 "아시즈 우즈히코의 전후민주주의 비판과 신도적 정치론"(일본사상 34호, 2018)을 수정 보완한 것임.

1) 坂本是丸, 「神道・政敎論解題」, 葦津珍彦選集編集委員會, 『葦津珍彦選集1』, 神社新報社, 1996, p.227(이하 『葦津珍彦選集』은 『선집』으로 약기).

때 국체론자로 전향했다. 그때의 회심에 대해 아시즈는 "일본인을 믿는 정서의 아름다움과 고귀함을 나는 확신했다. 그 아름다움과 고귀함을 가르쳐준 것은 부친이었다."[2]고 회술한 바 있다. 이 회심 후 부친은 자신이 가장 외경한 우익의 거두 도야마 미쓰루(頭山滿, 1855-1944)[3]에게 아시즈를 데리고 갔다. 이런 인연이 아시즈에게 결정적인 의미를 가지게 되었다. 아시즈가 생애를 통해 절세의 영웅으로 경도하고 목표로 삼은 인물이 바로 도야마 미쓰루였던 것이다.

이후 아시즈는 〈신사본청〉(神社本廳, 1946)과 〈신도정치연맹〉(神道政治連盟, 1969)의 창설에 깊이 관여하고 그 이론적 지도자로 오랜 기간 활동하면서, 일관되게 신도의 입장에서 방대한 분량의 시국론, 천황론과 국체론, 일본사론, 황실법론, 헌법론, 정교(政敎)론, 국가신도론 등을 남겼다. 이를 통해 그는 전후 신사계 뿐만 아니라 민족파라 불리는 사람들에게도 큰 영향을 끼침으로써 국체론적 국가주의 고양운동 가령 헌법개정, 종교법인법 개정, 신기(神器)계승 복원, 기원절 부활, 야스쿠니신사 국가호지법 제정, 이세신궁 제도의 시정, 정교문제, 원호문제 등[4]의 이론적 토대를 제공하는 데에 크게 기여했다. 그의 이론적

---

2) 『선집2』, p.724.

3) 대륙낭인에게 많은 영향을 미친 아시아주의자. 일본 우익단체의 원조라 할 수 있는 현양사(玄洋社) 창설을 주도했으며, 제자 우치다 료헤이가 설립한 흑룡회(黑龍會) 고문으로 활동했다. 나카에 초민이나 요시노 사쿠조 등의 민권운동가 및 아나키스트들과 교류하는 한편, 일찍부터 일본의 해외진출을 주창하면서 러일전쟁 개전론을 주장했다. 그는 조선의 김옥균, 중국의 손문과 장개석, 인도의 라스 비하리 보스, 베트남의 판 보이 차우 등 일본에 망명한 아시아 각지의 민족주의자와 독립운동가들을 적극적으로 원조하기도 했다.

수준은 다케우치 요시미(竹内好)라든가 하시카와 분조(橋川文三) 등 다른 진영에 속한 사상가나 학자들에게도 '첨예한 보수파 논객'으로 높이 평가받은 바 있다.

패전 전의 아시즈는 당시 군부와 관료의 군국주의적 독재에 대해 격하게 경고하거나 도조 수상을 비판하는 글을 많이 써서 수차례 발간 금지 처분을 받기도 했다. 패전 직후에는 맥아더와 GHQ에 대해 국체 회복을 지향하는 민족주의적 저항운동을 전개하는 한편, 국내 좌익세력, 언론, 소련과 중공의 사회주의, 국제공산주의의 영향 하에 있던 정당과 정치가, 미국식 민주주의를 외치는 지식인 및 진보적 문화인들에 대해 적대적인 맹공을 퍼부었다. 이때 아시즈는 그가 일본민족의 정신

---

4) 이것들은 '헌법개정'과 '야스쿠니신사 국가호지법 제정'이라는 아시즈 최대의 두 가지 염원만 빼고 생전에 다 실현되었다. 첫째, 아시즈는 이세(伊勢)신궁과 아쓰타(熱田)신궁의 거울 및 검이 "국가의 상징인 황위와 함께 계승되어야만 한다."는 공적 해석을 주장했다. 이 염원은 전후의 새로운 종교법인법 하에서 이세신궁도 일개 종교법인이 되어 황실과의 관계가 애매해진 신기(神器)에 관해 정부의 견해를 추급한 결과, 1960년 이케다 내각이 이세신궁의 본질이 천황의 지위와 불가분에 있음을 국회에서 공표 공인함으로써 실현되었다. 둘째, 미군정기인 1947년의 '국민 축일에 관한 법률' 제정에 따라 GHQ에 의해 폐지된 기원절의 부활 염원은 1966년 12월 그것이 '건국기념일'로 이름을 바꾸어 법제화가 실현되었고, 이어 정부령에 의해 종래의 기원절과 마찬가지로 2월 11일로 정해졌다. 셋째, 전후 단절된 검새동좌(劍璽動座)는 1974년 11월 7일 전황의 이세신궁 참배 때 시종이 전후 처음으로 검새를 모시고 시종함으로써 복고가 이루어졌다. 넷째, 일세일원(一世一元) 원호는 1979년 '원호법'이 성립되어 실현되었다. 이에 따라 1989년 1월 7일 쇼와천황 사망 후 새로운 천황의 즉위와 함께 헤이세이(平成)라는 새로운 원호가 정해졌다. 다섯째, 신도와 관련된 정교문제로 헌법 제20조와 관련하여 1977년 즈(津)지진제 소송에서 승리했으며, 나아가 15년간이나 계속되다가 1988년 순직 자위관의 호국신사 합사 위헌소송 최고재판에서도 승소했다.

적 기반이라고 믿었던 신사를 토대로 하여 설립된 신사신보사(神社新報社)의 〈신사신보〉지를 중심으로 시국 추이에 따른 다채로운 저널리스트 활동을 전개함으로써 전술한 수많은 국체론적 운동의 최전선에서 이론적 지도자로 떠올랐다.

그 과정에서 아시즈는 특히 30대 이후부터 일본의 국체법인 황실법과 헌법을 본격적으로 연구하기 시작했다. 그는 패전 후 〈일본국헌법〉 무효론을 주창한 이노우에 다카마로(井上孚麿, 1891-1978)[5] 및 그 신헌법을 '흠정헌법'으로 규정한 오이시 요시오(大石義雄, 1903-1991)[6] 등과 같은 당시 법학의 대가들과 친교를 나누면서, 점차 메이지유신 이래 근대일본의 국가구조를 굳혀온 '천황', '신도', '제국헌법'에 관한 재야 최고의 국체론적 변호인으로 자리매김 되기에 이른다.

본고의 목적은 이와 같은 전후의 대표적인 보수우익적 신도 이론가 아시즈 우즈히코의 〈일본국헌법〉과 전후민주주의에 대한 비판 및

---

5) 도쿄제국대학 법과 졸업 후 타이페이 제국대학 교수, 호세이대학 교수, 아세아대학 교수 역임. 패전 직후 "점령헌법은 본래 불법적인 문서이므로 올바른 해석 따위도 있을 수 없다. 나는 현행 헌법의 불법성을 말할 뿐, 결코 현행법의 해석은 하지 않는다."는 〈일본국헌법〉 무효론을 주창한 대표적인 법학자로 널리 알려져 있다.

6) 교토제국대학 법학부 졸업. 교토대학 명예교수. 개헌론을 적극적으로 주창하여 흔히 '보수반동의 오이시'라 불렸다. 단, 그는 〈일본국헌법〉의 성립 자체에 대해서는 유효하다고 보았다. 〈제국헌법〉에서 〈일본국헌법〉으로의 변경은 천황의 발의에 입각하여 행해진 것으로 〈제국헌법〉이 정한 절차에 따라 제국의회에서 심의 가결되어 천황의 재가를 거쳐 칙어를 통해 공포된 것이므로 유효하게 개정되었다는 것이다. 따라서 양자는 법적 연속성을 가지며, 개정된 현행 헌법 또한 천황이 정한 '흠정헌법'이라고 해석했다. 이는 전후의 많은 헌법학자들의 해석, 즉 신헌법은 주권재민에 입각한 '민정헌법'이라는 입장과는 대척되는 것이었다.

그 대안으로 제시된 신도적 정치론을 중심으로 신도와 전후민주주의의 연관성을 고찰하는 데에 있다. 이때 본고는 아시즈의 주장이 가장 첨예하게 전개된 1950년대 중반에서 1970년대 초반까지의 시기에 나온 그의 저서 중에서 특히『천황·신도·헌법』(1954),『근대정치와 양심문제』(1955),『근대민주주의의 종말』(1972)에 주목하면서, 일본 신도에 대한 연구가 일천한 국내 학계의 상황을 염두에 두고 가급적 아시즈 주장의 전체상을 있는 그대로 조감하는 데에 치중하고자 한다. 이를 위해 먼저 아시즈가 신도에 대해 어떤 이해를 가지고 있었는지에 대해 살펴볼 필요가 있다.

2. 아시즈에게 신도란 무엇인가

신도는 '일본의 민족종교'이다. 이것이 신도에 대한 가장 단순한 정의이다. 이보다 좀 더 구체적으로 신도를 '가미(神)에 대한 관념 체계' 혹은 '가미마쓰리(神祭り)의 종교'라고 규정할 수도 있겠다. 하지만 실제로 '신도란 무엇인가'라는 문제는 그렇게 간단치 않다. 신도 정의의 어려움과 관련된 가장 중요한 요인은 신도가 천여 년 넘게 불교와 뒤섞이면서 '순수한 신도'를 말하기가 현실적으로 불가능해졌다는 점, 그리고 신도에는 역사적으로 항상 국가주의적 특성과 지방적·민속적 특성이 동시에 내포되어 있다는 점에서 찾아야 할 것이다.[7] 아시즈의 신도 이해는 이 중 후자의 요인과 관계가 깊다. 후술하듯이 그의 국체론

적 신도 이해가 국가주의적 특성을 대변한다면, 애니미즘이나 신들림을 중시하는 측면은 민속신도적 특성을 보여준다.

아시즈에게는 도야마 미쓰루 외에 또 한 명의 스승이 있었다. 그의 국체론적 신도관에 큰 영향을 끼친 신도사상가 이마이즈미 사다스케(今泉定助, 1863-1944)[8]라는 인물이다. 다음 인용문에서 잘 엿볼 수 있듯이, 아시즈는 국학자 모토오리 노리나가(本居宣長, 1730-1801) 이래의 복고적 신도론에다 실천적 신도론을 가미한 '황도'(皇道)를 국민적 지침으로 보급하는 활동에 진력한 이마이즈미의 '세계 황화(皇化)' 사상에 깊은 감명을 받았다고 한다.

이마이즈미 선생님이 가장 중시하여 역설한 천황의 통치정신과 제사에 관해 한마디 하고 싶다. 일본인의 신도적 문화가 이국의 고도의 문명에 접촉하여 큰 영향과 자극을 받으면서도 제정일치 즉 제사와 정치

---

7) 박규태, 『신도와 일본인: 가미와 호토케의 길』, 이학사, 2017, pp.6~8.
8) 국체 연구의 권위자로 신궁봉재회 회장과 일본대학 황도학원(日本大學皇道學院)원장을 역임했다. 도쿄대학 고전강습과에 입학하여 국문학을 연구하는 한편, 국학원대학의 전신인 황전강구소(皇典講究所) 강사를 맡게 되면서 실천적이고 신앙적인 신도론을 내세웠다. 아시즈의 부친 고지로를 통해 정부요인들과 인맥을 가지게 되었고, 다이쇼에서 쇼와시대에 걸친 사회불안 속에서 '세계 황화'(世界皇化)를 제창한 그는 어떻게 하면 황도정신에 입각하여 일본국가의 재건을 이룰 것인가에 관한 가르침을 정치가, 군인, 재계 인물들에게 설파했다. 그래서 그는 흔히 '우국의 신도사상가'라고 불려진다. 대부분의 역대 수상들이 그의 가르침을 받을 만큼 영향력이 컸다. 하지만 전시 중에 그는 정부의 해외신사정책 및 군부의 정책 등을 엄격하게 비판하였고, 이에 따라 그의 저서들이 발간 금지의 처분을 받기도 했다. 그럼에도 그는 계속해서 정부와 군부에 대해 "진정한 국체론적 도의에 입각해야만 한다."는 점을 역설했다.

가 미분화된 상태로, 제사가 통치의 정신적 기반으로서의 지위를 확보해 온 점이 가장 중요하다. 이것이야말로 인간정신을 대립투쟁의 무질서에 빠지지 않고 질서 있는 통합을 확보하기 위한 귀중한 영지(英知)이다. 이런 기반 위에 황도문화가 구축되어 왔다. 이마이즈미 선생님은 이런 영지의 황도문화 즉 일본의 신도문화에 숨겨져 있는 귀중한 의미가 세계적으로 확인되어 이윽고 세계문화에 큰 반성을 일으키고 강력한 영향을 끼칠 것을 대망했다. 이것이 '세계 황화'이다. 황도문화로써 세계를 변화시킨다는 이런 장대한 뜻은 외래문화에 대해 강한 콤플렉스를 느끼는 현대 일본인에게 광인의 망상으로밖에는 여겨지지 않을지도 모른다. 하지만 그것은 결코 쇼와 전기의 한 신도인이 가졌던 한때의 망상이 아니다. 적어도 인도불교, 중국유학, 서구 기독교 및 과학문명과 상대하면서도 일본 고유의 신도를 지키면서 결코 흔들리지 않았던 신도인의 마음 저변에는 황도와 통하는 도가 있었음직하다. 그것이 없었다면 일본 신도가 오늘날까지 지속되었을 리가 없다. 그런 일본인의 마음 저변과 상통하는 뜻을 가장 대담하게 표명한 것이 이마이즈미 선생의 '세계 황화'라는 네 글자이다.[9]

여기서 '황화'란 천황과 신사의 제사에 입각한 신도화를 뜻하는 말이다. 그러니까 '세계 황화'란 일본의 신도문화로써 세계를 교화하자는 황도적 비전을 가리키는 표어라 할 수 있다. 후술하듯이 전전의 국가신도에 대해 비판적 입장을 취했던 아시즈가 국가신도의 슬로건 중 하나였던 '세계 황화'를 예찬한 것은 분명 아이러니이다. 이런 모순은 근본적으로 국체에 대한 아시즈의 집착에서 비롯된 것으로 보인다. 어쨌든 이마이즈미의 '세계 황화'라는 국체론적 이념에 경도된 아시즈는 그 실

---

9) 『선집1』, p.240.

현을 위한 구체적인 실천방침으로 일본 민족정신이 깃든 신사의 제사(마쓰리)를 지키자고 제안했다. 이처럼 이세신궁을 본원으로 하는 전국 신궁과 신사의 제사의 중요성을 강조한 아시즈는 그 제사의 핵심이 황조(皇祖) 아마테라스(天照大神)와 황종(皇宗) 즉 역대 천황들에 대한 천황 제사에 있다고 보았다. 아시즈는 이런 "제사의 정신과 그 계승을 강조하면서 군민일체라는 일본민족의 이상을 추구"[10]했던 것이다.

아시즈의 신도관에서 맨 앞자리에 올 항목이 바로 이와 같은 신도적 제사에 대한 강조라 할 수 있다. 사실 신도는 흔히 '마쓰리의 종교'로 규정되곤 한다. 이 점에서 아시즈의 신도관은 일반적인 신도 이해와 일치한다. "현대 일본인이 신앙하는 신도는 메이지천황에 의해 완성된 신도이다. 당시 메이지천황은 궁중제사, 이세신궁제사, 신사제사 등을 모두 새롭게 갱신했다."[11]든가 "신도는 애니미즘 신앙으로 되돌아가야만 한다."[12]는 아시즈의 관점 또한 신도 일반론에서 크게 벗어나지 않는다. 실제로 메이지유신을 기점으로 하여 그 이전의 신도와 그 이후의 신도로 구분이 가능할 뿐만 아니라, 지금도 많은 연구자들은 신도의 근간이 애니미즘에 있다고 주장하기 때문이다.

하지만 아시즈는 근현대의 많은 신도가와 연구자들이 금지옥엽처럼 여겨온 노리나가의 타자배제적인 고도론(古道論)에 대해서는 비판적이다. 그는 노리나가를 고대의 신도인과는 전혀 이질적인 합리적

---

10) 『선집2』, p.754, p.756.
11) 『선집1』, p.430.
12) 『선집1』, p.235.

지성인으로 보았다. 고신도의 본질은 샤먼적 신들림에 있는데, 노리나가를 비롯한 국학자들은 신들림을 무시하거나 간과했기 때문이라는 것이다.[13] 그러면서도 일본중심주의적인 국체론의 측면에서 아시즈와 국학자들은 많은 접점을 보여준다. 아시즈는 신도와 종교(기독교나 불교)의 본질적인 차이를 피안(천국) 중심이냐 차안 중심이냐를 기준으로 이해한다. 그에 따르면 신도 교학의 핵심은 궁극적으로 일본이라는 차안을 절대시하는 데에 있다. 즉 유명계의 신과 조상령들이 현세를 사는 일본인들에게 자비를 베풀고 지켜준다는 것을 믿으면서 그 신의 뜻을 들을 줄 아는 귀를 가지고 신의 음성에 충실히 따르는 것, 그것이 바로 신도라는 것이다.[14]

그렇다면 국체론자 아시즈가 국가신도에 대해 어떤 입장을 가지고 있었을지가 궁금해진다. 오늘날 국가신도 연구의 고전이 되어있는 무라카미 시게요시의 『국가신도』[15]가 발행된 것이 1970년인데, 아시즈는 이보다 4년 앞선 1966년에 법제도의 관점에서 본 국가신도론인 「제국헌법 시대의 신사와 종교」[16]라는 논문을 발표했다. 이 점에서 아시즈는 국가신도 연구의 선구자 중 한 명에 속한다고 말할 수 있겠다. 이후 그의 국가신도 연구는 1987년에 간행한 『국가신도란 무엇이었나』[17]로 집약되었다. 그는 이 책에서 스승 이마이즈미와 마찬가지로

---

13) 『선집1』, p.234.
14) 『선집1』, p.237.
15) 村上重良, 『國家神道』, 岩波書店, 1970.
16) 葦津珍彦, 「帝國憲法時代の神社と宗教」, 『明治維新 神道百年史2』, 神道文化會, 1966.
17) 葦津珍彦, 『國家神道とは何だったのか』, 神社新報社, 1987.

국가신도에 대해 매우 비판적인 입장을 취했다. 전전에도 그랬고 전후에도 그랬다.

가령 아시즈는 "국가신도는 일본의 문명개화와 제휴하여 과학적 국가주의에 자신을 한정시켰다. 그것은 비종교화 정책의 색채가 현저했다."는 말로 국가신도의 특징을 요약한다. 하지만 아시즈가 보기에 국가신도에는 종교적 성격도 있었고 비종교적 성격도 있었다. 이런 복수의 측면에 대해 아시즈는 다음과 같이 세 가지 관점에서 설명하고 있다: ①신사와 일부 국민(다수)과의 관계는 도덕적 숭경의 관계였고 종교적 신앙의 관계가 아니었다. ②신사와 일부 국민(소수)과의 관계는 종교적 신앙 관계였다. 그러나 ③신사와 국가의 관계는 종교적이 아닌 도덕적인 것이었다. 국가신도가 내세운 '신사비종교론'은 신사(신도)와 국가의 관계가 비종교적 관계였음을 의미하는 것(③)으로, 이는 신사와 신도 신앙자의 관계에서 종교적 관계가 존재했다는 측면(②)을 부정하는 것이 아니라는 말이다.[18] 단적으로 말해 국가신도는 국민도덕을 표현하는 것일 수는 있지만, 신사와 국민의 관계를 비종교적인 것으로만 몰고 감으로써 국민도덕을 주체적으로 지도하지는 못했다는 것이 아시즈에 의한 국가신도 비판의 요체라 할 수 있다.

이에 비해 야스쿠니신사 문제에 대한 아시즈의 견해는 매우 상투적이고 피상적이기까지 하다. 그는 야스쿠니신사 및 호국신사의 존재 자체가 군국주의와 침략주의의 잔존을 의미하는 게 아니냐는 우려가

---

18) 『선집1』, p.414.

존재한다는 점은 인정하지만, 이는 야스쿠니신사와 호국신사의 본질을 설명하고 천명해야 하는 신사인의 노력이 불충분한 데에서 생겨난 오해에 기초한 것이라고 일축한다. 그에 따르면 야스쿠니신사와 호국신사에는 메이지유신, 청일전쟁, 러일전쟁 이래 전사한 영령들이 모셔져 있으며 군국주의와는 아무런 관계가 없다. 야스쿠니신사의 이상은 어디까지나 평화국가 건설에 있으며, 거기서 전몰자의 영령을 제사지내는 의의는 특히 평화에의 감사와 평화에의 기원에 있음을 의미한다는 것이다.[19] 야스쿠니신사는 궁중삼전(宮中三殿) 및 이세신궁과 더불어 "국가신도 시스템의 메카로 기능한 트로이카 신사"[20] 중 하나로, 제국주의적 대외전쟁을 위한 정신적 지주로서 기능했다. 아시즈도 이 사실을 모르지는 않았을 것이다. 그럼에도 그가 야스쿠니신사를 극력 옹호한 것은 아마도 다음 인용문이 시사하듯이 신사에 대한 그의 특별한 애정 때문일지도 모른다.

> 적은 '일본 고유'의 것을 말살시키고자 일본을 점령했다. 그들은 우리나라 고유의 신사와 신도의 말살을 노리고 있다. 이것을 없앤다면 일본인의 정신이 하와이 원주민처럼 될 것으로 여기고 있다. 나는 모든 일본국민을 지배하는 몽상에서 벗어나 1만 명이든 혹은 3만 명이든 신도 숭경자들에게 호소하여 '신사'를 지킬 것이다. 만일 그것이 나의 한계를 드러내는 망상에 불과한 것이라면, 정세에 따라서는 일본열도 안에 일본에 고유한 신사의 도리이(鳥居)만이라도 남기고 싶다…이윽

---

19) 『선집1』, pp.778~779.
20) 박규태, 『일본 신사(神社)의 역사와 신앙』, 역락, 2017, p.153.

고 후세 일본인들이 일본 독자의 정신을 찾고자 할 때 도리이가 하나의 거점이 될 수 있을 것이다.[21]

위에서 신도와 신사는 어떻게든 점령군으로부터 지켜내야만 할 '일본 고유의 것' 혹은 '일본 독자의 정신' 즉 국체의 대표적 표상으로 간주되고 있다. 이와 유사한 어조로 아시즈는 "신도란 일본인에게 고유한 정신적 핵이다. 신도는 신사를 낳았는데, 신사는 신도를 민족 심리 안에 온존시켜왔다."[22]고 말하기도 한다. 이렇게 보건대, 아시즈 신도관의 특징은 애니미즘적 신앙과 샤머니즘적 신들림에 토대를 두면서 천황 중심의 제사와 신사를 중시하는 국체론적 일본중심주의로 요약될 만하다. 이런 특징은 아시즈의 다음 언급에서처럼 논리 이전의 운명론적인 비합리성에 근거하고 있다.

나는 사회주의에 마음이 끌려 한때 '신도적 사회주의'라 할 만한 구상을 한 적도 있지만 성과는 없었다. 결국 신도가인 아버지의 아들로 태어난 나는 사회주의자보다 신도인의 길을 택하지 않을 수 없었던 심리 구조를 가지고 태어났던 것이다. 나는 신도가 이론적, 논리적으로 올바르기 때문에 방위하는 것이 아니다. 신도는 우리 자신이기 때문에 논리적으로 방위해야만 한다. 이론과 논리가 먼저 있고 그래서 동감하는 것이 아니다. 이론과 논리를 넘어서서 지키지 않으면 안 될 우리 본심의 욕구가 있다. 신앙이란 논리적 증명이 없어도 믿는 것을 의미한다.(필자에 의한 요약)[23]

---

21) 『선집2』, pp.738~739.
22) 『선집1』, p.257.
23) 『선집1』, pp.256~257.

3. 〈일본국헌법〉 비판 : 『천황·신도·헌법』(1954)을 중심으로

　　아시즈에 따르면 "각 나라에는 제(祭)와 례(禮)와 법(法)이 존재한다. 일본의 경우는 제와 례로써 민족을 통합하는 자가 천황이며, 신도는 천황에 부응하여 국가와 민족의 제와 례를 시행한다. 이런 제와 례를 권력으로 보장한 것이 법이다. 이처럼 제·례·법은 일관되어 있다. 일본에서 이는 천황·신도·헌법으로 대표된다."[24] 여기서 '제'란 제사 혹은 종교를 가리키고 '례'는 각종 사회적 예법과 도덕을 뜻하는 말인데, 아시즈는 천황의 뜻에 따라 이 양자를 수행하는 담지자가 다름 아닌 신도이며 그 수행을 보장해주는 권력 시스템이 헌법이라고 이해한다. 그러니까 일본에서 천황, 신도, 헌법은 별개의 것이 아니라 상호 긴밀하게 연관되어 있는 하나의 유기적인 복합체라는 말이다.

　　이런 인식은 아시즈가 주도하여 신사신보사 내에 만든 〈정교연구실〉의 토론 결과를 모아 집필한 『천황·신도·헌법』[25]의 타이틀에서도 여실히 드러난다. 이 소책자가 나온 시기는 강화조약이 체결되어 GHQ 점령이 종료되고 일본이 독립을 회복한 직후인 1954년이었다. 당시는 〈일본국헌법〉 예찬론이 주류였는데, 이는 그런 가운데 공공연하게 개헌을 논한 최초의 사례라 할 수 있다. 이하에서는 주로 이 『천황·신도·헌법』을 중심으로 신헌법에 대한 아시즈의 비판이 어떤 논리에

---

24) 『선집1』, p.529.
25) 葦津珍彦, 『天皇·神道·憲法』, 神社新報社政教研究室, 1954.

기반하고 있는지, 그리고 그 논리의 허점은 무엇인지에 관해 생각해 보고자 한다.

3.1. 천황의 지위 조항에 대한 비판

전후민주주의가 〈일본국헌법〉의 성립과 함께 시작되었음은 두말할 나위 없다. 따라서 〈일본국헌법〉에 대한 비판은 필연적으로 전후민주주의에 대한 비판으로 이어질 수밖에 없다. 가령 아시즈는 〈일본국헌법〉 전문에 제시된 원리가 미국식 민주주의를 직역한 것에 불과하다고 비판한다. 미국식 민주주의를 비판하는 아시즈의 근거에 대해서는 다음 장에서 다루기로 하고 여기서는 먼저 천황의 지위 문제, 전쟁포기와 군비문제, 기본적 인권문제, 신도 관련 문제 등을 언급한 조문을 중심으로 〈일본국헌법〉에 대한 아시즈의 비판 내용에 집중하기로 하자. 이 중 아시즈가 가장 주목하는 것은 다음 인용문에서 잘 나타나듯이 천황의 지위 문제이다.

> 초당파적, 초계급적, 전국민의 통합자로서의 천황을 상실한 일본국이 과연 국가적 통일과 국민적 통합을 보지할 수 있겠는가? 대통령제는 일본에서 결코 성공할 수 없다. 천황 없는 일본에는 단지 당파적, 계급적 대립만이 남고 전체 국민의 통합을 위한 거점이 사라져 분열과 투쟁만이 계속될 것이기 때문이다. 단적으로 말해 〈일본국헌법〉의 용서할 수 없는 오류의 근본은 이와 같은 천황의 문제에 있다. 때문에 나의 헌법 비판은 이런 천황문제에 집중되어 있다.[26]

---

26) 『선집1』, pp.627~628.

〈일본국헌법〉 제1조는 "천황은 일본국의 상징이며 일본국민통합의 상징으로, 이 지위는 주권자인 일본국민의 총의에 입각한다."고 하여 천황을 '일본국과 국민통합의 상징'으로 제한함으로써 메이지시대의 〈제국헌법〉(1889)이 명시한 천황 통치권을 폐기했다. 하지만 아시즈는 무엇보다 이런 변경이 일본국민의 자유로운 의사에 의한 것이 아니라 점령군의 강제에 의한 것이었다는 점을 강조한다. 나아가 천황의 지위는 황조황종의 신의(神意) 및 영원한 일본사의 사실에 입각한 것이므로, 이에 반하는 〈일본국헌법〉 제1조는 부당하다는 것이다.

이런 논조는 『고사기』와 『일본서기』의 신도신화에 근거하고 있다. 아시즈에 따르면 천황의 통치권은 황조신 아마테라스의 신칙(神勅)에 의한 것인데, 그것은 본질적으로 독재적·전제적이 될 수 없다. 왜냐하면 아마테라스의 신칙에 입각한 천황 통치는 본질적으로 신민의 보좌와 천하의 공론을 특히 중시하는 것이기 때문이다. 예컨대 신도신화는 아마테라스는 팔백만 신들의 회의와 보좌에 의해 고천원을 통치하는 신이며, 니니기의 천손강림 때 천황에게 통치를 명함과 동시에 신하에 대해서도 보좌를 명한 신으로 묘사하고 있다.

일본의 역사는 이런 천황 통치의 신화적 원리를 계승해 왔다. 가령 쇼토쿠태자의 〈17조 헌법〉은 "대사는 혼자서 결정하지 말고 반드시 중의를 모아 논할 것"을 명기하고 있으며, 다이카(大化)개신 시대에는 '종을 걸어' 백성의 소리를 구하는 조칙을 발했고, 메이지유신 때는 〈5개조 서문〉(1868)에서 "널리 회의를 흥하게 하고 모든 것을 공론으로 결정한다."(1조)는 원칙을 천지신명에게 맹세했다. 섭관, 관백, 장군 등은 천황의 대권을 대행하는 것을 본분으로 삼았다. 이것은 어디까지나 군신 관계를 본질로 한 것이었다. 그래서 막부의 세속 권력이 천황 통치의 대행이라는 본질에 위배될 때 도막존황 운동이 일어난 것이다. 천황 통치는 대대로 백성의 소리를 듣고 공론을 중시하며 상하 협력에 의해 간접 통치의 방식으로 일을 추진해 왔으며, 그것이야말로 황조황종의 신의에 부합한다.

"천황은 국가의 원수이자 통치권을 총람하고 다른 헌법 조항에 의거하여 그것을 행한다."(제4조)든가 "사법권은 천황의 이름으로 법률에 의해 재판소가 그것을 행한다."(제57조)는 조항에서 잘 엿볼 수 있듯이, 〈제국헌법〉은 천황의 간접통치 방식을 명문화하고 있다. 이는 천황이 직접 통치권을 행하는 것이 아니라 주로 국무대신의 보필에 의해 그것을 행하며, 특히 사법권은 재판소에 일임하여 행사한다는 것을 말해준다. 입법권도 의회의 협찬에 의해 행해지는 등, 천황의 통치권 행사 방법은 각각 헌법 조문에 의해 정해져 있다. 이런 대원칙을 방기한 것은 현행 〈일본국헌법〉의 최대 결함이다. 천황의 통치권을 명시한 〈제국헌법〉 사상의 근저에는 일본민족 고유의 신앙과 역사가 존재하는데, 〈일본국헌법〉은 이를 부정하고 있으므로 그 정당성을 인정할 수 없다는 것이다.[27]

아시즈에 따르면 〈일본국헌법〉의 첫 번째 특색은 이처럼 천황의 황위에 대해 본질적인 수정을 가했다는 점에 있다. 다시 말해 〈일본국

---

27) 『선집1』, p.640, p.684.

헌법〉의 가장 현저한 특색은 〈제국헌법〉이 천황을 '국가통치권의 총람자'로 규정한 원칙을 파기하고 천황을 국가의 통치로부터 절연시킨 데에 있다. 현행 헌법에 의하면 천황은 국정에 관한 어떤 권능도 가지지 않으며(제4조), 다만 의례적인 국사행위(제6조에 의한 임명 및 제7조에 규정된 소정의 인증 등)를 내각의 조언과 동의에 의해서만 행하도록 되어 있다.

신헌법의 제정자들은 일본 천황이 일본사를 통해 반드시 국가의 통치자는 아니었다고 보았다. 가령 소가씨와 모노노베씨의 대립의 역사, 후지와라씨 귀족과 겐페이(源平) 무장들이 대립한 시대, 가마쿠라 막부에서 전국시대를 거쳐 노부나가, 히데요시, 이에야스의 무사정권이 확립된 시대, 메이지이후 정당 대립의 역사 등을 통해 천황이 정치권력을 직접 발동시킨 것은 지극히 이례적인 사례에 지나지 않는다. 특히 도쿠가와 시대에 국가를 통치하는 대권은 거의 막부를 통해서만 행사되었으며, 천황은 이름뿐이고 내실은 없었다. 이에 대해 아시즈는 천황이 결코 내실없는 존재가 아니었다고 반박한다. 막부는 항상 천황의 정치를 대행할 뿐이라는 대의에 제약받지 않을 수 없었다. 당시 일본국민들도 이렇게 이해하고 있었다. 그렇기 때문에 막부정치가 파선되자 이를 대의에 반하는 것이라 하여 강력하게 규탄했고 그 결과 존황론에 입각하여 대정봉환이 이루어졌다는 것이다.

아시즈는 이와 같은 역사관에 입각하여 모든 시대에 걸쳐 천황이 항상 국민통합의 상징이었다는 점은 신헌법의 입법자들도 인정하지 않을 수 없는 엄연한 역사적 사실이라는 점을 강조한다. 그러면서 "천황이 일본국 본래의 통치자로서 숭앙받았다는 사실과, 천황이 일본국의 상징이라는 사실은 불가분의 관계에 있다."[28]고 주장한다. 따라서 국가 통치권과 단절시킨 채 천황을 정신적 권위자로서의 상징으로만 간주하는 설들은 천황의 정신적 권위 그 자체에 대한 몰이해에서 비롯된 가공의 설에 지나지 않는다는 것이다.

〈일본국헌법〉은 이런 불가분의 관계를 무시했을 뿐만 아니라, "천황의 지위는 황조신과의 관계에서 본질적으로 신도와 불가분하게 결합되어 있다."[29]는 사실을 간과한 채 신도의 최고 제사장이라는 천황의 지위까지 부정했다는 것이 아시즈의 생각이다. 천황 제사는 섭관시대든 막부시대든 국가통치자로서의 제사 곧 국가통치권의 총람자로서의 제사였다.

요컨대 천황의 지위를 둘러싸고 아시즈가 〈일본국헌법〉을 비판하는 논거는 크게 천황 통치권이 일본 역사에 고유한 민족적 특질이라는 점, 역사적으로 천황의 통치권과 일본국의 상징으로서의 천황이라는 지위는 불가분의 관계였다는 점, 그리고 천황의 지위는 본질적으로 신도와 결합되어 있다는 점의 세 가지로 요약될 수 있다. 하지만 이 모든 논거는 역사적 사실에 앞서 근본적으로 신도신화에 뿌리를 둔 것이라는 결정적인 한계를 노정한다.

어쨌든 아시즈는 이어서 "황위는 세습이며 국회가 의결한 〈황실전범〉(皇室典範)이 정하는 바에 따라 계승한다."는 〈일본국헌법〉 제2조

---

28) 『선집1』, p.627.
29) 『선집3』, p.121.

에 대해서도 이의를 제기한다. 〈제국헌법〉의 경우 황위는 '만세일계의 지위'였는데, 이것이 제1조의 주권재민 사상에 상응하는 단순한 '세습의 지위'로 격하되었다는 것이다. 아시즈에 따르면 만세일계란 단순한 세습을 의미하는 것이 아니다. 그것은 유구한 고대에 시작되어 영원한 미래에까지 무한한 생명을 가진 것이다. 〈일본국헌법〉에서의 세습이라는 어구는 〈제국헌법〉의 "황위는 황실전범이 정하는 바에 따라 황남자손이 계승한다."는 항목을 표현한 것이지만 그 내용은 근본적으로 다르다. 가령 메이지시대의 법제에서 〈황실전범〉은 〈제국헌법〉과 나란히 대등한 권위를 가진 법전이었는데, 〈일본국헌법〉 제2조에 나오는 〈황실전범〉은 이름만 같을 뿐이고 국회의 과반수로 언제라도 결의하여 개폐시킬 수 있는 일반 법률과 다르지 않다는 것이다.[30]

3.2. 평화조항 및 인권조항에 대한 비판

　천황의 지위에 관한 비판이 신도신화와 〈제국헌법〉에 대한 향수에 입각한 것인데 비해, 전쟁포기 및 군비 금지와 관련된 평화조항이라든가 기본적 인권 조항과 관련된 비판은 1950년 중반의 일본을 둘러싼 시대적 상황을 일정부분 반영하고 있다. 예컨대 아시즈에 의하면 〈일본국헌법〉의 평화조항은 자주적이고 적극적인 평화이상에 입각한 것이 아니다. 그것은 적국에 의한 무장금지 명령에 승복한 것 이상의 어떤 의미도 갖지 않는다. 아시즈는 패전 후 그것을 강제한 미국이 다시

---

30) 『선집1』, p.641. 메이지시대의 〈황실전범〉은 서자도 인정했지만, 새로운 〈황실전범〉에서는 서자를 인정하지 않는 적남 우선주의라는 점도 다르다.

금 헌법을 개정하여 미국에 유리한 재군비 규정을 지시하는 것은 무법한 일이라고 일침을 놓는다.

신헌법의 인권조항은 제헌 당시부터 가장 급진적인 것으로 주장되었다. 이는 19세기류의 개인 인권을 보장하는 데에 머무르지 않고 사회적, 경제적 인권의 보장을 추가한 것으로 예찬받았다. 하지만 아시즈는 국가가 사회적, 경제적 생활에서 점하는 지위가 당시 점점 가중되고 있다는 점에 주목한다. 과거에는 국민 개개인의 사생활이 주로 개인의 책임에 의존했다. 그러나 사회경제생활의 진전에 따라 국민 개개인의 사생활도 국제정세 및 국가의 재정정책 등에 의해 직접적인 영향을 받고 거기에 지배되는 경향이 두드러지고 있다. 이리하여 국민 개인의 사적 경제생활에 대한 국가 책임이 더욱 무거워지고 있다. 그런데 신헌법은 이런 국가의 책임보다는 '국민의 권리'를 강조하고 있다. 아시즈가 보기에 이는 올바른 해결의 길이 아니다. 국민 각자가 사회적, 경제적 권리를 고유하게 지니고 있다는 사상은 결코 올바른 사상이 아니다. 그런 사상의 폐해는 오늘날 모든 국가에서 많든 적든 바람직하지 않은 현상을 낳고 있다.

이런 상황 인식하에서 아시즈는 하늘이 인간에게 권리를 부여했다는 천부인권론을 부정한다. 인간의 권리는 다만 인간의 노력을 전제로 할 때만 부여되는 것이다. 단, 현대국가가 처한 조건하에서는 그런 인간의 노력은 반드시 각 개인의 책임으로만 수행하기는 어렵다. 여기서 국가의 책임이 부각되는 것이다. 즉 사회적, 경제적 인권개념은 이를 국가책임의 개념으로 바꾸어야만 한다. 그것은 국민 개개인의 인권으로 볼 문제가 아니다. 현행 헌법의 권리조항은 그 사상적 근거에서 본질적인 결함을 내포하고 있다는 것이다.

3.3. 신도 관련 조항에 대한 비판

그러나 신도와 관련된 헌법 조문에 대한 비판에서는 다시금 신도 신화와 〈제국헌법〉에의 지향성을 시사하고 있다.[31] 가령 아시즈는 신교자유의 원칙을 대체로 채용하면서도 황실의 전통적 제사를 국가의 공사(公事)로 존중하고, 신사에 대해 국가의 종사(宗祀)로서 국가가 특별한 감독과 보호를 하도록 규정한 〈제국헌법〉을 모델로 삼아 〈일본국헌법〉에서의 정교분리와 신교자유 원칙을 비판하고 있다. 즉 아시즈는 현행 헌법의 정교분리와 신교자유 원칙이 GHQ가 반포한 〈신도지령〉[32]의 취지를 그대로 헌법에 이입한 것이라고 본다. 〈신도지령〉은 정교분리와 신교자유라는 이름하에 일본 신도를 억압하고 황실과 국가를 신도로부터 분리시키려는 정책적 의도를 내포하고 있다. 이런 〈신도지령〉의 취지가 다음 〈일본국헌법〉 조문에 잘 나타나 있다는 것이다.

> 신교의 자유는 모두에게 보장된다. 어떤 종교단체도 국가로부터 특권을 받거나 정치적 권력을 행사해서는 안 된다. 누구든지 종교상의 행위, 축전(祝典), 의식 및 행사에 참가하는 것을 강제 받지 않는다. 국가

---

31) 『선집1』, pp.649~657.
32) 정식 명칭은 '국가신도 혹은 신사신도에 대한 정부의 보증, 지원, 보전, 감독 및 홍보의 폐지에 관한 건'이다.

및 그 기관은 종교교육을 비롯한 모든 종교적 활동을 해서는 안 된다. (제20조)

공금 및 기타 공적 재산을 종교상의 조직 혹은 단체의 사용, 편익 혹은 유지를 위해 또는 공적 지배에 속하지 않은 자선과 교육 혹은 박애사업에 대해 지출하거나 그 이용에 제공해서는 안 된다.(제89조)

아시즈는 위 조문들을 황실과 신도의 관계를 단절시키는 독소조항으로 보았다. 예컨대 제20조에 의하면 천황이 공적 자격으로 행하는 의식은 비종교적인 것에 한정되어야만 한다. 그리하여 즉위의례와 대상제(大嘗祭)를 비롯한 황실의 전통적 의식은 모두 재검토되었고 일체의 공적 의식으로부터 신도가 추방되었다. 이에 따라 〈황실전범〉으로부터도 신기(神器)라든가 대상제 등의 중요한 사항이 삭제되었다. 또한 천황이 개인 자격으로 신도를 신앙하고 신도적 제사를 행하는 것은 자유이지만, 그것은 어디까지나 사적인 것이므로 공금을 지출해서는 안 된다고 하여 오늘날 일본정부와 궁내청은 이런 통설을 따르고 있다. 하지만 이는 일본사를 일관하는 불문법인 국체법을 부정하는 것과 다르지 않다. 이처럼 오랜 세월동안 황실의 유서 깊은 전통으로 공인되어 온 의식을 '종교적 활동'이라 하여 부인하는 헌법 해석은 일본인의 상식에 반하는 것이다. 아시즈는 미국, 영국, 프랑스 등 정교분리 헌법의 나라에서도 이런 비상식적인 반종교정책은 하지 않는다고 목소리를 높인다.

하지만 〈일본국헌법〉이 황실과 신도의 관계를 전적으로 단절시

컸다는 해석도 결코 옳지 않다. 현행 〈황실경제법〉 제7조에 의하면 "황위와 함께 전승되는 유서 깊은 사물은 황위와 함께 새로운 천황이 이를 받는다."고 정해져 있다. 여기서 말하는 '유서 깊은 사물'이란 신기와 궁중삼전 등을 의미한다. 즉 현행법도 천황이 황조황령으로부터 전래되어 온 신기를 지키고 궁중삼전의 제사를 유지하며 그것을 다음 천황에게 물려주어야 한다는 것을 규정하고 있는 셈이다.

이 중 신기와 관련하여 메이지시대의 〈황실전범〉은 제10조에서 "천황이 붕어할 때는 새로운 천황이 천조(踐祚)하여 조종의 신기를 이어받는다."고 명기했다. 이는 신기와 황위의 불가분한 관계를 말해준다. 신기는 황조의 신의가 깃든 것으로 신앙된다. 이런 신기가 있는 곳에 황위가 있고, 황위가 있는 곳에 신기가 있다. 이것이 일본 황통사를 일관하는 신앙이다. 이 점은 『고사기』와 『일본서기』에 명시되어 있으며, 이런 의의를 역설한 선구적 사례는 기타바타케 지카후사(北畠親房, 1293-1354)의 『신황정통기』(神皇正統記)이다. 그리하여 무조건 항복을 결단하기 직전에 쇼와천황은 "이세와 아쓰타의 신기를 신슈(信州, 현재의 나가노현) 산속에 옮겨 모셔라. 짐 스스로 신기를 지키고 운명을 함께 할 것이다."라고 했으며, 패전 후 천황은 신기를 모시고 이세신궁을 참배하여 황조신에게 종전을 보고했다. 새로운 〈황실전범〉은 제4조에서 "천황이 붕어했을 때는 다음 천황이 곧바로 즉위한다."고 적고 있지만, 거기에는 신기 계승이라는 중대사가 빠져 있다. 아시즈는 이 점이 개선되어야 한다고 주장한다.

〈제국헌법〉은 황실의 신도신앙을 공공연하게 표명하면서 황실제사가 국가의 공사임을 규정했다. 이에 따라 이세신궁을 정점으로 하는 전국 신사는 모두 공적 법인으로서 국가의 관리 하에 있었다. 그러나 전후에는 〈일본국헌법〉의 철저한 정교분리 원칙에 의거한 〈종교법인령〉(1945) 및 이를 대체하는 〈종교법인법〉(1951)[33] 제정에 따라 이세신궁을 비롯한 전국 신사가 민간의 사적인 종교법인으로 전락하고 말았다. 하지만 아시즈는 이세신궁과 황실의 연면한 관계를 고려하건대, 이세신궁이 민간의 사적 법인으로서 황실과 무관한 존재로 존속되어서는 안 된다고 주장한다. 그는 이런 주장을 자명한 이치라고 믿었다. 황실제사를 국가의 공사로 복원시킴과 동시에 이세신궁 또한 공적 법인으로서의 지위를 되찾아야만 한다는 것이다. 천황의 신기 중 하나인 거울을 모시고 있는 이세신궁이 공적 법인이어야 함은 그에게 자명한 이치로 여겨졌기 때문이다. 아시즈는 이세신궁뿐만 아니라 아쓰타신궁, 가시하라(樫原)신궁, 메이지(明治)신궁, 야스쿠니신사 등 황실과 특별한 관계에 있는 신궁과 신사들도 공적 법인으로 복원되어야만 하고, 그 밖의 전국 신사는 민간의 사적 법인으로 존속하는 것이 바람직하다고 보았다.[34]

앞에서 언급된 '대상제'란 신화적인 초대 진무(神武)천황 이래 천황이 새로 즉위한 후 처음 행해져 온 신상제(新嘗祭, 추수감사제)를 가리키는 말로, 궁중제사 중에서도 가장 중시된 천황 친제를 가리킨다.

---

33) 〈종교법인령〉 및 〈종교법인법〉에 관해서는 박규태, "일본의 종교와 종교정책", 『종교연구』 46, 한국종교학회, 2007, pp.160~166 참조.
34) 『선집1』, pp.677~679.

중세 고쓰치미카도(後土御門)천황(재위 1464-1500) 이래 약 222년간, 그리고 나카미카도(中御門)천황(재위 1709-1735) 이래 51년간 단절되었다가 〈제국헌법〉 시대에 국가의식으로 재흥되었고 오늘날에는 황실 내천황의 사적 제사로서 거행되고 있다. 메이지시대의 〈황실전범〉에는 제11조에서 "즉위의례 및 대상제는 교토에서 행한다."고 명시되어 있었지만, 새로운 〈황실전범〉에는 대상제 관련 규정이 없다. 아시즈는 이점을 지적하면서 향후 〈황실전범〉에 대상제 규정이 들어가야 한다고 주장한다.[35]

한편 일본 원호(元號)는 제36대 고토쿠(孝德)천황 4년(648)을 다이카(大化)원년으로 삼은 것에서 시작되었다. 이후 원호 결정은 황실의 권한에 속해 있었는데, 메이지원년(1868) 9월8일에 "이후부터 일대일호(一代一號)로 정한다."는 포고가 내려졌고, 이에 따라 메이지시대의 〈황실전범〉 제12조는 "천조 후 원호를 정하여 일세(一世) 중 다시 고치지 않도록 메이지원년 제정에 따른다."고 규정했다. 이것이 새로운 〈황실전범〉에는 빠졌다. 이에 대해 아시즈는 천황의 존재와 일본국 공사(公事)에서 국민의 사사(私事)에 이르는 일체의 역사를 결부시키는 메이지원년의 원호제도 부활을 주창했다.[36]

---

35) 『선집1』, pp.658~659.
36) 『선집1』, pp.663~664.

3.4. 헌법 개정에 대한 입장

1950년대 중엽 무렵 일본의 많은 헌법학자들은 〈일본국헌법〉의 '개정 한계'를 주장했다. 그들은 〈일본국헌법〉의 핵심 원칙으로 주권재민주의, 항구평화주의, 기본적 인권주의의 세 가지를 들면서 이런 핵심 원칙의 개폐는 허용될 수 없다고 보았다. 즉 이 세 원칙의 범위 안에서만 개정이 가능하다는 말이다. 당시 이와 같은 헌법개정 한계설을 대표하는 스즈키 야스조(鈴木安藏)는 천황의 헌법상 지위 변경에 관해 다음과 같이 세 가지 측면으로 구분하여 해석을 내린 바 있다.

① 천황세습제도는 헌법으로 정한 것으로 헌법 개정을 하지 않는 한 변경할 수 없다. 그러나 헌법 개정의 절차를 거친다면 세습제도 자체도 합법적으로 변경할 수 있다.

② 상징으로서의 천황은 헌법을 개정하지 않는 한 폐지할 수 없다. 하지만 헌법을 개정한다면 폐지할 수 있다.

③ 상징으로서의 천황을 통치자로서의 천황으로 개정하는 것과, 천황을 일정한 국정상의 권능자로 그 지위를 변경하는 일은 헌법의 기본원리 및 전체구조에서 볼 때 헌법 개정을 통해서도 허용될 수 없다. 즉 이는 헌법 개정의 대상이 될 수 없다.

이는 당시 〈일본국헌법〉에 대한 지식인들의 일반적인 지지 분위기를 상징적으로 보여준다. 그런데 이런 헌법개정 한계설은 현행 헌법이 권위 있는 헌법으로 공인되는 한에서만 논리적으로 정당할 수 있다.

따라서 현행 헌법 자체가 그 합법적 권위를 주장할 수 없다고 보는 아시
스에게 헌법개정 한계설은 근본적으로 수용할 수 없는 것이다. 나아가
아시즈는 설령 헌법개정 한계설의 입장에서 보더라도 〈제국헌법〉을
개정하여 〈일본국헌법〉을 성립시킨 것 자체가 이미 〈제국헌법〉의 개
정한계를 무시한 것이 되기 때문에 〈일본국헌법〉 자체가 불법적인 것
이 되고 만다고 비판한다.[37] 이런 형식논리를 억지로 끌어와 헌법개정
의 정당성을 주장한 아시즈는 "나는 일본의 보수적 안정을 위해 이렇게
말하는 것이 아니다. 오히려 진보적 개혁이 비참한 혁명적 희생 없이
원활한 길을 나아갈 수 있게 하기 위해 헌법개정안과 헌법제정권이 천
황 대권에 속하도록 하는 것이 중요하다고 본다."[38]고 역설하면서 다
음과 같이 〈제국헌법〉의 복권을 주장했다.

> 〈제국헌법〉이 규정한 천황의 '통치권의 총람자'로서의 지위는 일본 국
> 체의 변함없는 불문법 즉 국체법이다. 이것을 부정하고 국가의 통치권
> 과 천황을 절연시킨 현행 헌법은 국체의 파괴를 노리는 법이므로 반드
> 시 가까운 장래에 개정되어 본래의 국체법을 회복하지 않으면 안 된
> 다. 〈제국헌법〉이야말로 일본국의 국체에 적합한 헌법이다.[39]

이리하여 아시즈는 특히 〈제국헌법〉 제1조("대일본제국은 만세
일계의 천황이 이를 통치한다.") 및 제4조("천황은 국가의 원수로서 통

---

37) 『선집1』, pp.697~699.
38) 『선집1』, p.693.
39) 『선집1』, pp.529~530.

치권을 총람하고, 이 헌법 조항에 따라 이를 행한다.")와 메이지시대의 〈황실전범〉을 복원하고 이를 골격으로 삼아 천황의 지위를 비롯하여 신기 계승, 대상제, 이세신궁 제도 등 신도와 관련된 〈일본국헌법〉의 제반 조문들을 개정해야 한다고 제창했던 것이다.

아시즈는 당시 헌법개정을 둘러싼 일본사회의 상황을 자신에게 유리한 쪽으로만 파악하고 있었다. 이와 관련하여 먼저 주목할 것은 이 시기에 이미 미국이 헌법 개정을 요구했다는 점이다. 아시즈의 이해에 따르면 신헌법은 미국만의 의지에 의해 독단적으로 만들어진 것이 아니며, 당시 소련의 의지도 참작하면서 입법된 것이었다. 하지만 그 후 미소가 첨예하게 적대하게 되면서 한국전쟁 이후에는 전혀 타협하기 어렵게 되어 정세가 일변했다. 이리하여 일본을 위성국으로 하는 미국의 대일정책이 다시금 일본국헌법 개정을 요구하기에 이른 것이다. 헌법 개정의 움직임이 다름 아닌 헌법의 실질적 입안자였던 미국에 의해 시작되었다는 역사적 사실은 결코 경시되어서는 안 된다.

이런 상황에서 사회주의 세력은 헌법 호지운동을 벌이고 있다. 하지만 그것은 결코 본질적인 의미에서 사회당이 이 헌법에 동의하고 그것을 충실히 수호할 의지를 가졌다는 것을 의미하지는 않는다. 공산당은 물론이고 일본사회당도 그 당 강령에서 공공연하게 헌법의 전면적 개정을 제창하고 있기 때문이다. 이렇게 볼 때 〈일본국헌법〉의 본질적인 지지 옹호세력이 일본국민 사이에 거의 찾아볼 수 없다는 것이 아시즈의 판단이었다.[40] 물론 이는 판단오류였다. 그리하여 『근대민주주의의 종말』[41]을 펴낸 1970년대 초반의 시점에서 아시즈는 지지부진한

헌법개정 문제에 대해 전후 태생의 민족파 영파워를 육성할 필요성을
강조하는 한편, "매스컴에 의해 묵살된 2천년 일본 전통문명의 생명이
그 심리 안에 살아있는 '침묵하는 민족대중'과 '개헌의 정예 전위부대'
가 결부되면 이런 헌법 개정이 가능할 것"[42]이라는 옹색한 전략을 내세
우기에 이른다. 다음에는 『근대민주주의의 종말』을 중심으로 전후민
주주의에 대한 아시즈의 비판에 대해 살펴보기로 하자.

4. 전후민주주의 비판 : 『근대민주주의의 종말』(1972)을 중심으로

　　일본의 경우는 〈일본국헌법〉에 대한 지지와 민주주의에 대한 지
지가 반드시 일치하지는 않는 것으로 보인다. 다소 기이한 느낌을 주는
이런 현상은 어쩌면 천황제의 존재 때문일지도 모른다. 아시즈는 1970년
대 초반의 일본사회에서 대의민주주의에 대한 큰 불신과 반감을 읽어
냈다. 신좌익 청년들이 대의민주주의를 믿지 않고 직접민주주의를 주
장하며 격하게 반항하는가 하면, 보수당 중에도 선거 경험을 통해 대의
민주정치가 과연 대중의 의사를 표명하는 좋은 방법인지를 회의하는
정치가들이 적지 않으며 우익 쪽에서도 민주주의에 대한 불신론자가

---

40) 『선집1』, pp.621~623.
41) 葦津珍彦, 『近代民主主義の終末』, 日本敎文社, 1972.
42) 『선집1』, p.538.

V. 신도(神道)와 전후민주주의　207

많다고 본 것이다.

무엇보다 아시즈는 민주주의의 꽃인 국민투표에 대해 지극히 회의적이다. 국민은 한 표를 던질 뿐이고 그 한 표가 4천만, 5천만이라는 맘모스표 속에 매몰된다. 정치는 그 한 표와는 전혀 상관없이 진행된다. 당시 일본의 유권자는 7천만 이상이다. 그러니까 7천만분의 일의 권리가 부여되어 있다. 그건 정말 작고 무력한 것이다. 국가의 의사가 주권자로서의 국민 각자의 의사를 단지 합계하고 적산해서 다수결로 형성된다는 것은 국민 인구가 많으면 많을수록 국가와 국민의 연줄은 희미해진다. 또한 국민의 한 표 한 표를 모으는 기능을 가진 정당이 다당화 되면 될수록 효과를 발휘하지 못하는 사표(死票)율이 증가한다. 다수결이라 해도 정부와 의회에서의 국가의사 결정에 동감을 표명하는 표는 유권자의 절반에도 미치지 못하는 경우가 적지 않다. 나머지 과반수의 표는 다만 갈가리 흩어진 채 불만을 암시하는 데에 머무를 수밖에 없다.[43)

투표를 통한 민주적 다수결의 정치를 제일원리로 삼는 것은 이제 일본에서 막다른 골목에 이른 것이 아닐까? 국민 개개인은 단지 거대한 사회기구의 힘에 쓸려 다니며 민주적 형식의 무의미한 의례를 행하는 것에 불과하다. 단적으로 말해 "일본인과 전후민주주의와의 정신적 연대감이 희박하다."[44)는 것이다. 일본이 전쟁에 패하고 점령당한 시대에 지금의 근대민주주의 헌법이 생겼다. 당시 새로운 자유와 해방을 약

---

43) 『선집3』, pp.303~304.
44) 『선집3』, p.310.

속하는 것으로서 구가되고 예찬받았던 그 신헌법은 국회를 최고의 권력으로 삼는 대의민주주의 사상에 입각한 것인데, 그 원리가 다음 〈일본국헌법〉 전문에 나타나 있다. 그 문장은 미국인이 쓴 것을 일본 정부가 번역한 것이었다.

4.1. 〈일본국헌법〉 전문의 기본 원리에 대한 비판

일본국민은 정당한 선거에 의해 구성된 국회의 대표자를 통해 행동하며, 우리와 우리의 자손을 위해, 제국민과의 협화에 의한 성과와 우리나라 전국토에 걸쳐 자유가 가져다 줄 혜택을 확보하고, 정부의 행위에 의해 다시금 전쟁의 참화가 일어나지 않도록 할 것을 결의하여, 여기에 <u>주권이 국민에게 있음</u>을 선언하면서 이 헌법을 확정한다. 대저 국정은 국민의 엄숙한 신탁에 의한 것으로, 그 권위는 국민에게 유래하며 그 권력은 <u>국민의 대표자가 행사</u>하고 그 복리는 국민이 향수한다. 이것은 <u>인류보편의 원리</u>이며, 이 헌법은 이런 원리에 입각한 것이다…(강조는 필자)

위 전문(전반부)은 주권재민적인 사회계약적 국가관과 대의민주제를 인류보편의 원리로 단정하고 있다. 하지만 아시즈가 보기에 인류보편의 원리라고 말해진 그것은 1970년대 초반의 국제정치 지형에서 보편적인 성공을 거두지 못했다. 첫째, 현상적 측면에서 보자면, 세계의 절반을 점하는 소련과 중공을 비롯한 공산국가에서 자유로운 언론과 의회의 정당정치는 사회주의 건설을 방해하는 것으로 부정되었고, 공산주의에 대항하는 아시아의 신흥독립국들은 반공정책과 관련하여 미국의 후원을 얻고 있지만 근대민주주의 정체로서의 의회정치에 대해서는 그다지 열심이지 않다. 한국과 베트남 및 중화민국도 미국의 강제적인 권고로 인해 형태상으로는 의회정치를 하지만 그것은 실질적인 의미에서의 의회민주정치가 아니다. 단지 일본에서만 아시아에서는 유일하게 대의민주제의 코스를 밟고 있는 나라로 기대되고 있다. 그 일본에서조차 의회 불신의 사상이 고양되고 있는 것이다. 이런 현실을 보건대 민주주의가 인류보편의 원리라고 말하는 것은 어불성설이라는 것이다.[45]

둘째, 이론적 측면에서 〈일본국헌법〉의 주권재민이라는 민주주의 원리는 서양 자연법학에 원류를 가진 것이며, 세계의 여러 헌법 가운데 이미 낡은 것으로서 소수의 나라에서만 그 잔영을 찾아 볼 수 있다. 따라서 민주주의 원리는 인류보편의 원리라고 말할 수 없다. 그것은 군주와 국민간의 대결을 연상시키고 유발시키므로 국민주권이라는 말을 삭제하고 일본 본래의 군민일치 정신에 입각한 '통치권의 총람자로서의 천황'의 지위를 복원해야만 한다는 것이 아시즈의 주장이다.[46]

셋째, 종교적 배경의 측면에서 볼 때 근대의회민주정치라는 것은 사회관계가 단순했던 19세기에서 20세기 전반기에 나온 기독교적 백인국가의 정치원리에 불과하다. 그러니까 대의민주주의란 특정한 문화조건과 사회진화의 특정 시기에 대응해서만 작용할 수 있는 정치원

---

45) 『선집3』, p.311.
46) 『선집1』, p.537.

리이므로 그것을 인류보편의 원리라고 말할 수는 없다.[47) 이와 관련하여 아시즈는 일찍이 서구민주주의와 사회주의의 발생사를 기독교 교회와의 관계를 축으로 서술한『근대정치와 양심문제』[48)에서 서구 근대민주주의의 토대에는 기독교적 인생관이 깔려있는데, 일본에는 그런 기독교적 정신 토양이 없으므로 민주주의가 적합하지 않다는 점을 역설한 바 있다.[49)

4.2. 미국 민주주의에 대한 비판

문자 그대로 민주주의의 종말을 선언한『근대 민주주의의 종말』에서 아시즈는 전술했듯이 투표에 의해 국민 의사가 가장 명료하게 제시된다는 일본의 전후민주주의에 대한 환상이 단순한 무지에 불과함을 증명하고 싶어 한다. 이를 위해 아시즈는 먼저 서구에서 발달한 의회제도가 국민 전원의 투표에 의한 이상적인 정치형태라는 공식적인 설명과 현실의 실감과의 괴리를 서술하고 있다. 서구에서 발달한 대의민주주의 제도는 "정치란 백성을 위한 것"이라는 동양적 의식과는 별개의 원죄 의식을 근저에 깔고 있는 기독교 특히 캘빈주의적 사회 의식을 배경으로 하는 원리에 불과하다고 주장한다. 그 전형적인 사례가 미국 민주주의라는 것이다. 아시즈는 영국이나 프랑스의 민주주의보다 미국 민주주의야말로 가장 전형적이고 상식적인 순수한 형태이며, 현실

---

47)『선집3』, p.312.
48) 葦津珍彦,『近代政治と良心問題』, 神社新報社, 1955.
49)『선집3』, p.5.

정치에서도 성공한 대표적 사례라고 생각했다. 미국의 역사는 근대민주주의의 사회계약설이 단지 추상적인 이론으로서가 아니라 실제 정치에서도 실현되었음을 보여준다. 즉 미국은 중세 이래의 국가적 속박에서 벗어난 근대민주주의자들에 의해 구축된 민주국가의 전형이라 할 수 있다는 것이다.[50] 이런 의미에서 아시즈는 미국 〈독립선언문〉에 주목한다.

> 인간사 제반의 추이에서 일국민이 종래 종속적 관계에 있었던 정치적 속박을 끊고 자연법과 신의 법이 부여한 독립과 평등의 지위를 점할 필요가 있으므로, 인류 일반의 여론에 대해 신중한 경의를 표하면서 그 국민이 분리된 이유를 공적으로 성명하는 바이다. 우리는 다음 진리를 자명한 것으로 믿는다. 즉 모든 인간은 평등하게 창조되었다. 그들은 조물주로부터 양도 불가능한 권리를 부여받았으며, 그 권리 중에는 생명, 자유, 행복의 추구가 포함되어 있다. 이런 권리를 확보하기 위해 인간 사회에 정부가 설치되었다. 그러나 정부는 그 정당한 권력의 근거를 피통치자의 동의로부터 얻었다는 것을 믿는다. 만일 어떤 형태의 정부라도 이런 목적에 어긋난 경우, 인민은 그 정부를 변경 또는 폐기하여 인민의 안전과 행복에 적합하다고 인정되는 제원칙을 기초로 정당한 권력이 행사될 수 있는 신정부를 설립할 권리를 가진다.(강조는 필자)

토머스 제퍼슨의 개인적 독창물이라기보다는 미국 건국자들 사이에 공통된 민주적 상식이 표명된 위 〈독립선언문〉(일부)은 '신에 의해 창조된 인간'의 평등한 권리를 전제적인 원칙으로 내세우면서 그런

---

50) 『선집3』, p.316.

평등권을 가진 인간에 의해 조직된 정부에 관한 하나의 명백한 이념을 제시하고 있다. 이는 미국 독립혁명의 건국자들 사이에서는 상식이었지만, 일본처럼 근대민주주의자가 될 수 없는 제삼자가 본다면 하나의 지극히 특수한 사상이었다는 것이 아시즈의 견해이다. 그것은 일반적으로 자연법 사상의 관점에서 설명되지만, 실은 당시 미국인들의 심중에 있던 신의 법 혹은 신학적 기본법의 영향 하에 형성된 것이었다. 다시 말해 〈독립선언문〉은 기독교 특히 캘빈주의적 청교도신학을 전제로 성립된 도그마의 표명과 다르지 않다. 즉 기독교적 신이 "평등한 권리를 부여했다."고 하는 도그마가 모든 민주주의 사상의 전제라는 말이다. 그러니까 기독교적 신의 존재 혹은 신의 섭리를 믿지 않는 자에게 민주주의 사상은 아무런 근거도 아무런 논리적 의미도 가질 수 없다는 것이다. 이 점에 대해 아시즈는 다음과 같이 말한다.

> 요컨대 〈독립선언문〉에 표명된 근대민주주의 사상은 기독교 신학사상의 온상을 전제로 한 사상이다. 이런 조건을 빼놓는다면 그것은 아무런 근거도 갖지 않는 독단에 불과한 것이다…근대민주주의자는 신에게 부여받은 인간의 평등권을 믿음과 동시에, 인간이 원죄의 후예이며 따라서 범죄를 피할 수 없다는 기독교적 인간관을 가지고 있었다. 그렇기 때문에 원죄적 인간 사회에서는 범죄를 제압하는 권력 즉 국가와 정부가 필요악으로서 존재하지 않으면 안 된다고 설명된다. 하지만 그런 원죄적 인간관을 상실한 유럽인이나 애당초부터 원죄관이 없는 동양인에게 그것은 전적으로 미신이자 독단론으로밖에는 여겨지지 않게 된다.[51]

---

51) 『선집3』, pp.319~320.

여기서 아시즈는 〈독립선언문〉의 정신적 토대에 기독교적 원죄 의식이 깔려있으며, 따라서 그런 원죄적 인간관과 무관한 동양인에게 미국식 민주주의 사상은 "전적으로 미신이자 독단론"에 지나지 않는다는 극단적인 논리를 피력하고 있다. 물론 민주주의와 기독교의 연관성에 주목한 것은 의미 있는 통찰일 수 있다. 하지만 원죄적 인간관을 민주주의 비판의 핵심적인 기준으로 설정한 것은 분명 원죄를 인정하지 않는 신도적 세계관에 입각한 편견이 아닌가 싶다. 아시즈가 제시한 위의 비판 논리에는 이밖에도 많은 허점이 발견된다. 가령 아시즈에 의하면 "미국의 강한 영향 하에 있는 한국, 남베트남, 일본 등에서는 미국식 민주주의가 성공하기 어렵다. 거기에는 민주주의를 성공시킬 만한 기본적 조건인 기독교가 부재하기 때문"[52]이라는 것이다. 그러나 이는 명백히 잘못된 사실 인식이다. 주지하다시피 한국은 기독교가 뿌리내린 나라이며, 베트남과 일본의 경우는 기독교의 부재보다 오히려 공산주의나 천황제 같은 이데올로기의 요소가 민주주의의 향방과 관련하여 더 중요한 기준이 될 수 있다.

이에 비해 아시즈가 개인(individual)을 민주주의 성립의 중요한 요소로 본 것은 틀리지 않았다. 하지만 개인에 대한 그의 이해는 기본적으로 국체론적 관점에 입각해 있다. 예컨대 그는 미국 건국자들이 "유일신의 피조물로서의 인간을 조상으로부터의 세습적 권리도 의무도 거부하는 일개인이라고 믿고 국가가 그런 적나라한 개인들의 자유의

---

52) 『선집3』, p.316.

지에 의해 성립된다고 여겼다."[53]고 하여 개인에 대한 지극히 부정적인 견해를 노출시키고 있다. 나아가 "근대민주주의는 미국, 영국, 프랑스 사회를 고도의 공업국으로 발전시키는 데에 큰 힘이 되었다. 그 공업 발전 과정에서 이 나라들이 식민지지배와 인종차별과 노예제도에 의해 거대한 부를 축적하도록 민주주의가 허용했기 때문이다."[54]라고 하여, 아시즈가 근대민주주의와 제국주의의 공모관계를 언급하는 대목은 일면 예리한 지적으로 보인다. 하지만 그는 일본의 근대화 과정에서 식민지지배와 인종차별과 대외전쟁에 의해 거대한 부를 착취하는 것을 허용한 근대 천황제의 사례에서처럼 이런 공모 구조가 일본에도 해당된다는 점에 대해서는 침묵한다.

그럼에도 아시즈는 미국 민주주의에 대해 그것이 인류 평등의 원칙과는 거리가 먼 것이며, 더군다나 사회 환경이 변화한 당대의 시점에서는 논리적으로 성립되기 어렵기 때문에 그것을 인간 보편의 원리로 여기는 것은 지극히 시대착오적인 것이라고 보았다. 따라서 처음부터 다시 민주주의 제도에 대해 생각해 볼 필요가 있다는 것이다. 그리하여 아시즈는 "서구에서 발전한 근대민주주의는 결코 인류보편의 원리가 아니라, 특정한 역사적 문화 조건과 사회 조건하에서 작용할 수 있는 것에 불과하다. 따라서 그것을 인류 보편의 원리로 강제 이입한 현재 일본의 포츠담 헌법체제는 성공할 수 없다는 것이 나의 결론이다."[55]

---

53) 『선집3』, p.344.
54) 『선집3』, p.342.
55) 『선집3』, pp.312~313.

라고 단언한다.

5. 대안으로서의 신도적 정치론 : 『근대정치와 양심문제』 (1955)를 중심으로

〈일본국헌법〉과 전후민주주의를 부정하는 아시즈는 그 대안으로 신도적 정치론을 모색한다. 이는 제사와 정치가 주종관계가 아닌 내외 일치의 특징을 지닌 신도적 제정일치의 이상을 언급하면서, 양심을 상실한 전후 일본의 정치가 향후 신도적 양심과 인생관을 기초로 운영되지 않으면 안 된다고 역설하는 『근대정치와 양심문제』에서 일찍부터 제시된 바 있다. 이 책 제목에 나오는 '양심'이란 칸트가 말하는 정언명령으로서의 개인적 양심을 뜻하기보다는 신도적 인생관 혹은 천황과 관련된 민족적 집단양심을 가리킨다.

이런 신도적 양심 혹은 인생관 관련하여 아시즈는 고도의 인생관 추구를 정치의 이상이라고 말한다. 정치는 인생관, 종교사상, 도덕사상 등의 양심문제와 끊기 어려운 연관성을 가진다는 것이다. 하지만 양자를 혼동해서는 안 된다. 그러니까 정치와 양심의 관계를 올바르게 유지하기 위해서는 첫째, 정치가는 항상 깊이 있는 인생관을 추구하고 양심문제에 관한 반성을 게을리 해서는 안 되며, 둘째, 정치가는 어디까지나 종교가와 철학자에게 예속됨이 없이 독자적인 책임을 확보해야만 하고 종교가는 그 영역을 넘어 정치에 개입해서는 안 된다는 말이다.[56]

이 두 가지 조건은 유럽에 비해 일본에서 훨씬 적절하게 지켜져 왔으며, 따라서 일본에서는 유럽에서 전개된 종교전쟁 같은 참극은 일어나지 않았다. 그렇기 때문에 일본인은 끊임없이 종교전쟁이 일어난 서구에서 발생된 민주주의와 신교자유에 관한 근대사상을 이해하기가 곤란하다는 것이다. 이에 반해 신도에서는 고래 제정일치가 말해져왔다. 일본에는 중세유럽과 같은 의미에서의 종교가의 정치지배의 역사도 없고 그런 사상도 없다. 교권이 속권을 지배한 역사는 없다. 일본 황실과 무가는 항상 경신(敬神)의 전통을 지켜왔다. 경신이야말로 군주의 첫 번째 덕으로 여겨졌고 정치가는 종교에 신실해야 한다고 여겨졌다. 정치가가 신명을 배반하면 인민의 정치적 신망을 얻을 수 없었다. 신도 제사는 항상 오곡풍요를 기원하고 군민 생활의 평화를 기원했다. 일본 정치는 이런 제정일치의 이상을 계승해왔다는 것이다.

아시즈에 따르면, 이처럼 신도적 양심과 제정일치의 원칙에 입각한 신도적 정치의 이상은 '경제생활의 안정'과 '조국의 평화'라는 두 가지로 요약될 수 있다. 신의 뜻에 의한 평화와 안정이 그것이다. 즉 일본에서는 제정일치의 정치가 천황 및 천황을 보좌하는 정치가의 임무로 간주되었는데, 그것은 종교인의 권한에 속한 것이 아니었다. 정치가는 종교를 존중하고 그 정치적 이상의 최고 원천을 종교에서 찾았지만, 종교인에 의한 직접적인 통치는 결코 없었다.[57]신도에는 특별한 도덕원

---

56) 하지만 그가 창설에 크게 기여한 〈신도정치연맹〉의 경우 처음부터 종교가 정치에 깊이 관여해 왔다.
57) 『선집3』, pp.76~78.

칙은 없고 〈교육칙어〉 덕목처럼 매우 일반적이고 평범하면서도 강렬하다. 하지만 그것은 서구의 기독교적 도덕사상과는 달리 편협하지 않으며 오히려 관용적이고 자유롭다. 이와 같은 "신도적 인생관이야말로 일본 정치를 구할 수 있는 유일한 양심적 원천"[58]이라고 믿는 아시즈는 "일본 정치가 그 근저에 신도적 인생관과 도덕사상을 부활시킬 것을 소망한다."[59]고 말한다. 그렇다고 해서 이것이 종교의 정치지배를 의미하는 것은 아니다. 신도적 인생관에 입각한 정치는 결코 고루하고 독재적인 신정정치가 아니다. 신도는 보수적이건 혁신적이건 정치사상에 대해 인생관적 근거를 제공해주기 때문이라는 것이다. 이런 의미에서 신도야말로 인민의 사회적, 경제적 해방의 정치를 위해 가장 강렬한 양심적 인생관을 초래함으로써 근대의 지성이 추구해야만 할 정치와 양심의 온전한 자유를 보증할 수 있다고 믿은 아시즈는 다음과 같이 탈민주주의의 대안적 원점을 제시한다.

많은 후진국에서 민주혁명이라 하여 혁명이 일어났지만 실질적으로 그것은 독재체제로 이행했다. 원죄적 인간관을 기초로 한 민주주의는 하나의 역사적 사명을 끝내고 새로운 것의 등장을 기다리고 있다. 신시대의 일본국에서 민주주의는 결코 영원한 목표도 아니고 이상도 아니다. 오히려 새로운 것을 낳기 위한 출발점에 불과하다. 그렇다면 민주주의 다음에 무엇이 올 것인가? 거기서 인민대중, 전문가, 지도자의 관계는 어떠해야 할까? 이는 20세기 후반의 중대한 역사적 과제이다.

---

58) 『선집3』, p.133.
59) 『선집3』, p.106.

신도적 인간관이야말로 그 열쇠가 될 것이다.[60]

이는 전후민주주의 이후의 방향성을 신도적 양심(인생관 또는 인간관)에서 찾으려 하는 아시즈의 발상을 잘 보여준다. 신도의 외부에 있는 제3자의 입장에서 보자면 납득하기 어렵겠지만, 신도가 생활 속에 내면화되어 있는 일본인들에게 이런 주장은 큰 위화감 없이 어느 정도 먹혀들어갈 수 있는 여지가 있을 지도 모른다. 아시즈는 이와 같은 지향성을 현실 속에 구체적으로 존재하는 천황의 권위를 빌어 다음과 같이 자리매김하고자 한다.

> 천황은 민족의 정치와 신앙이 일치하는 신성한 장소이다. 이 장소는 정치에 대해 정치의 분한(分限)을 알려주고 종교(마쓰리)에 대해 종교의 분한을 알려준다. 그것은 제정일치를 통해 정치와 종교를 혼합시키지 않는 장소이자, 일본 민족에게 지고한 장소이다. 그것이 없다면 신도는 존립할 수 없다. 다시 말해 천황 없이는 신도적 인생관은 성립하지 않는다. 이런 장소의 권위를 인정하는 것은 결코 자유를 구속하는 것이 아니다. 오히려 천황의 권위를 인정함으로써만 자유가 보증될 수 있다. 그 권위를 인정하지 않을 때 자유도 존립할 수 없다.[61]

여기서 '정치의 분한과 종교의 분한을 알려주는 천황의 장소'는 루스 베네딕트가 『국화와 칼』에서 일본문화의 제1원리로 지적한 '각자 알맞은 자리 취하기'[62]라는 표어라든가 '역(役)의 원리'[63]나 '장(場)의 윤

---

60) 『선집3』, p.224.
61) 『선집3』, p.126.

리'[64] 또는 니시다 기타로(西田幾多郎)의 '장소의 논리'[65] 등과 같은 문화코드를 연상케 한다. 어쨌든 아시즈는 일본의 정치와 종교의 교차점에 존재하는 천황의 지위에 주목하면서 그 천황이야말로 민족 양심의 최고의 표현이며 정신적 권위의 최고 지위를 가진다고 여겼다. 이때 정치에서의 천황은 민족의 정신적 양심의 지위를, 그리고 종교(마쓰리)에서의 천황은 현세국가의 지위를 표현한다.

이런 천황제는 일본 고래의 법이며, 종래 정부는 천황을 민족적 양심으로 숭앙해 왔다. 거기서 현실 정치의 정책은 어디까지나 정부의 책임이다. 가령 〈제국헌법〉에서 정부의 정치가 천황의 정신적 권위에 의해 행해진다고 말할 수 있다면, 정부와 대립되는 제국의회의 정부 불신임권 또한 마찬가지로 천황의 정신적 권위에 의해 행해진다. 의회는 천황에 의해 국정을 협찬하도록 명받는다. 정부도 야당도 모두 민족의 정신적 양심으로서 천황을 숭앙한다. 오늘날에도 "천황의 본질은 어디까지나 아무 것도 하지 않으면서(垂拱) 천하를 통치하는 것"[66]에 있다. 이

---

62) 루스 베네딕트, 『국화와 칼』, 박규태 역주, 문예출판사, 2008, ff.75.
63) 천황, 장군, 무사, 농민, 상공인에게는 각각 다른 역할이 주어진 것이며, 각자의 분한을 알고 자신의 장소에서 최선을 다하는 것이 무엇보다 중요하다는 문화적 관념. 비토 마사히데는 이런 역의 시스템이 에도시대에 정착되었다고 본다. 尾藤正英, 『江戸時代とは何か』, 岩波書店, 1992 참조.
64) 장(場) 즉 특정 집단에의 소속과 그 장 안에서의 평형상태를 중시하는 문화적 관념. 천황에 의해 대표되는 일본국은 이런 장의 최고 정점에 위치한다.
65) 니시다는 절대모순적 자기동일성의 세계를 '장소'라는 개념과 연관시킨다. 그는 이런 장소를 곧바로 '무'라든가 '절대무'와 결부시켜 상대적 차원을 모두 배제시킴으로써 천황제 이데올로기의 절대화를 이론적으로 뒷받침하는 데에 일조했다. 박규태, 『일본정신의 풍경』, 한길사, 2009, pp.143~147.
66) 『선집3』, p.128.

와 같은 천황의 본질적 임무는 자연인으로서의 능력에 의해 행해지는 것이 아니다. 오로지 황조황종의 유업을 이어받아 할 수 있는 것이다.

1920년대 말 청년 아시즈는 사회주의적 지하 코뮤니스트에 동감하면서도 몇 가지 의문점을 가지고 있었다. 그 중 하나가 바로 천황 문제였다. 이로부터 40여 년이 지난 뒤 아시즈는 미시마 유키오(三島由紀夫)가 1969년 5월 13일 도쿄대학 교실에서 전공투 학생들과 토론한 글[67]을 읽고 미시마의 문화방위론 혹은 문화개념으로서의 천황관이 자신의 그것과 유사하다는 점을 확인한다. 천황이 일본민족의 공통신앙과 문화의 정신적 원천이기 때문에 초당파적, 초계급적인 국민통합의 상징일 수 있었다고 생각한 아시즈에 따르자면, 바로 이런 일본국민의 심리적 사실을 무시한다면 일본사는 이해할 수 없다. 즉 천황의 지위는 초당파적, 초계급적이기 때문에 비로소 몰락하지 않는 지배 권력의 상징이자 항상 새로운 생명으로서 최고의 지위를 담지해 왔다고 여긴 아시즈는 이렇게 말한다.[68]

마르크스적 투쟁사관에서는 천황은 모든 시대를 통해 항상 실질적인 지배 권력자의 상징에 불과했다고 주장한다. 하지만 이는 일본사에서 피상적인 현상일 뿐이다. 그런 사관으로는 정치권력과 계급지배가 계속 바뀌었음에도 불구하고 오지 천황의 황통만이 끊어지지 않고 이어지면서 국가의 상징으로 남을 수 있었던 이유를 충분히 설명할 수 없

---

67) 미시마 유키오, 『미시마 유키오 대 동경대 전공투 1969-2000』, 김항 옮김, 새물결, 2006 참조.
68) 『선집1』, pp.625~627.

다. 씨족정치도 공경정부도 막부도 번벌 정권도 차례차례 사라졌다. 하지만 그들이 배경적 권위로 삼았던 천황만은 그 권위를 잃지 않았다. 이는 천황이 결코 일개 문벌이나 당파나 계급의 상징이 아니라 전 국민 통합의 상징이었다는 사실을 의미한다. 일본에서는 천황의 승인을 받은 자만이 전국을 지배하는 공권력자로 인정받았다. 역사적으로 일본국을 상징해 온 천황은 항상 통치자로서 숭앙받았던 것이다.

앞서 아시즈를 국체론자라고 지칭한 바 있는데, 그때 국체론의 핵심에 위치하는 것이 이런 천황관이다. 아시즈에 따르면 각 나라에는 각각 국체가 있는데 다른 나라는 "나라가 있고 군주가 있다."는 것이 국체인 반면, 일본은 "천황이 있고 다음에 나라가 있다."는 것이 건국 이래 변치 않는 국체이다. 일본은 건국 시초부터 천황이 군주로서 존재했고 고대에서 오늘날에 이르기까지 국민 통합자로서의 천황이 주재하는 황조신 제사를 제일 중요시했다는 것이다. 이와 같은 국체론이 중세 이후 기타바타케 지카후사를 비롯하여 특색 있게 발전되어 왔는데, 그 모든 국체론에 공통된 것이 바로 "천황이 먼저 있고 그 다음에 나라가 있다."는 신조였다. 요컨대 "천황은 신도 신(가미)을 제사지내는 제사왕이자 모든 백성을 통치하는 통치권의 총람자였다. 이런 정신이야말로 일본 국체의 기초이자 고래로부터의 불문법이다."[69] 아시즈는 이 불문법을 '국체법'이라고 지칭한다. 이와 같은 국체가 근대일본 내셔널리즘의 토대라고 보는 아시즈는 다음과 같이 말한다.

---

69) 『선집1』, p.528.

메이지유신은 일본을 근대적 통일국가로 만들었다. 그런 근대적 통일
국가를 낳은 정신을 근대 내셔널리즘이라고 부른다면 그런 정신의 기
반이 된 것은 일본민족의 천황의식 즉 국체의식이었다.[70]

이런 국체 및 내셔널리즘 인식의 연장선장에서 아시즈는 이른바
'왕도 인터내셔널리즘'을 제창함으로써 신도 정치론을 보완하고자 했
다. 여기서 왕도 인터내셔널리즘이란 천황제에 입각한 대아시아주의
의 기반이 된 정신을 가리킨다. 메이지시대에 이르기까지 일본 지식인
들의 정치철학은 주로 맹자류의 왕도정치에 입각한 것이었는데, 그것
을 지금식으로 말하자면 인터내셔널리즘이라는 것이다. 이는 고대 중
국사회를 하나의 국제사회로 보는 이해에서 비롯된 용어로 보인다. 이
왕도 인터내셔널리즘과 전술한 천황=국체의식에다 서구 근대학문 및
기술이 합쳐져 근대일본을 만들었다는 것이 아시즈의 인식이다. 그에
의하면 사이고 다카모리(西郷隆盛)야말로 위 세 가지를 전형적으로 보
여준 최초의 인물이다.[71]

6. 과제와 전망

이상에서 살펴본 아시즈의 전후민주주의 비판은 무엇보다 철저
한 〈일본국헌법〉 무효론과 〈제국헌법〉의 예찬으로 대변될 수 있다. 그

---

70) 『선집2』, p.35.
71) 『선집2』, pp.284~288.

는 〈일본국헌법〉이 미국식 민주주의의 직역이자 일본의 항복적, 대외 추종적 평화주의 원리에 불과하다고 보면서 그런 주장의 정당성을 피력하기 위해 미국 민주주의 자체에 대해서도 통렬한 비판을 가했다. 그러면서 민주주의의 대안으로 국체론적인 신도 정치론에 입각하여 〈제국헌법〉의 복권을 주창했던 것이다. 그 대안은 다음 세 가지 측면을 통해 정당화되고 있다: ①신도적 양심(인생관 혹은 인간관)에 의한 도덕적 정당성의 확보 ②천황의 정신적·문화적·정치적 권위의 절대화를 통한 역사적 정당성의 확보 ③왕도 인터내셔널리즘에 의한 시대적 정당성의 확보. 이로써 아시즈는 우리에게 민주주의가 만능이 아니라는 사실을 끊임없이 환기시켜준다.

하지만 이와 같은 그의 전후민주주의 비판 및 그 대안이 과연 성립 가능한 것인지에 대해서는 많은 의문이 남는다. 이를테면 그가 말하는 신도적 양심은 일본이라는 테두리 바깥에서는 거의 이해받기 어려우며, 천황 권위의 절대화 또한 실은 역사적으로 실증된 것이 아니다. 이뿐만 아니라 왕도 인터내셔널리즘에서의 '왕도'란 역성혁명론이 쏙 빠진 '거세당한 왕도'에 불과하다. 그도 그럴 수밖에 없는 것이 국체론과 역성혁명은 병립될 수 없기 때문이다. 나아가 민주주의에 대한 아시즈의 비판은 그 밑에 미국에 대한 깊은 르상티망의 감정을 깔고 있다는 점도 간과할 수 없다. 가령 『원주민의 말』[72]에서 아시즈는 일본을 점령한 미국인은 일본 특유의 사고와 감정에 대해 그것을 미개하고 열등한 원

---

72) 葦津珍彦, 『土民のことば』, 神社新報社, 1961.

주민의 것으로 단정하여 멸시했으므로, 일본의 원주민이자 신도인으로서 미군정에 대해 통한의 념을 품지 않을 수 없었다고 격한 감정을 토로한다. 이는 그가 "논리보다 감정이 더 일차적인 사회현실을 구성하는"[73] 일본이라는 섬에서 크게 벗어나지 못하고 있음을 시사한다.

　무엇보다 큰 의문은 아시즈가 종언을 선언하며 비판한 일본의 전후민주주의는 곧 그에게 기독교와 동일한 것으로 간주되었다는 점과 관계가 있다. 아시즈는 고바야시 요시노리와 같은 대중 선동적인 우익적 인물과는 다소 색깔이 다르지만, 그가 필사적으로 민주주의와 기독교를 하나로 묶어 비판하려 했던 데에서 우리는 "마르크스주의와 기독교가 일본에 뿌리를 내리지 못한 것은 그것이 정신적 잡거성을 부인하는 원리적인 것이기 때문"[74]이라는 마루야마 마사오의 통찰력이 틀리지 않았음을 다시금 확인하게 된다. 아시즈에게 마르크스주의, 민주주의, 기독교는 모두 천황과 반대편에 있다는 점에서 기묘하게도 같은 진영에 속해 있다. 어쩌면 이런 이해 자체도 신도가 그렇듯이 정신적 잡거성에서 파생된 발상일지도 모르겠다.

　어쨌든 이런 아시즈를 통해 우리는 현대일본 보수우익의 근저에 흐르는 신도적 혹은 국체론적 정서의 일단을 상상해 볼 수 있지 않을까 싶다. 이것이 본고의 의의 중 하나일 것이다. 하지만 본고는 아시즈의 전후민주주의 특히 미국 민주주의에 대한 비판이 과연 얼마만큼 정합성을 가지는지에 대해 충분히 살펴보지 못했다. 따라서 향후 최소한 토

---

73) 百川敬仁, 『日本のエロティシズム』, ちくま新書, 2000, p.12.
74) 마루야마 마사오, 『일본의 사상』, 김석근 옮김, 한길사, 1998, p.67.

크빌의『미국의 민주주의』를 검토함과 아울러 그 책을 정독했던 후쿠자와 유키치가 미국 민주주의를 어떻게 이해했는지 등을 참조점으로 삼을 필요가 있다. 이와 함께 아시즈가 대안으로 제시한 신도적 정치사상에 내포된 문제점이 무엇인지를 면밀히 규명하는 작업 또한 차후 과제로 남겨두기로 하고, 여기서는 다만 그가 말한 '왕도 인터내셔널리즘'에서 전술한 '거세당한 왕도'와 대아시아주의라는 허상을 벗겨낸 '인터내셔널리즘'과 관련하여 떠오른 나의 단상을 적는 것으로 맺음말을 갈음했으면 한다.

일본의 대표적인 보수일간지 〈요미우리 신문〉은 지난 2017년 3월 12일자 사설에서 박대통령 탄핵인용을 다루면서 그것이 국민에 영합한 정치적 결정이었다고 평했다. 물론 〈아사히 신문〉처럼 평화적인 촛불혁명과 헌재의 결정에서 역동적인 민주주의를 읽어내는 관심도 있었다. 하지만 부동(不動)의 권위와 고정된 질서에 대해 강박적이라 할 만큼 집요한 편향성을 보여 온 일본 신도계와 지식인들에게 민주주의는 결코 최선의 대안일 수 없는 듯싶다. 그런 만큼 한국에서 빠른 템포로 진행 중인 민주주의 실험에 대한 일본인들의 불안 섞인 시선은 남다른 바가 있어 보인다. 흔들리는 일본열도에서 천황제든 신도적 가미(神)신앙이든 흔들리지 않는 부동의 무언가를 추구하는 심정은 충분히 이해할 수 있다. 하지만 그것이 '섬나라 속의 섬'으로만 고착되어서는 안 될 것이다.

고바야시 요시노리는 국체라는 말 대신 그것과 내용이 동일한 국민적 연대의식을 말하면서, 일본에는 그런 연대의식이 고대로부터 오늘날까지 줄곧 존재해왔다고 주장한다. 그러면서 그 이유 중 하나로 공동체 중심에 신사가 있었음을 지적한다. 그러니까 신사를 중심으로 정기적으로 공동체 일원들이 모여 일본국과 자신의 연결고리를 실감할 수 있었고, 그것이 일본의 내셔널리즘과 일본적 민주주의의 원류가 되었다고 역설한다.[75] 그런데 흔히 가장 일본적인 전통문화 중 하나로 말해져온 신사의 한 기원이 의외로 한국과 떼려야 뗄 수 없는 관계에 있다는 사실은 우리에게 내셔널리즘과 인터내셔널리즘의 문제를 상기시켜준다. 지금도 일본열도 곳곳에 수없이 많이 존재하는 한국 관련 신사들의 존재가 잘 말해주듯이, 신사는 원래 인터내셔널리즘적인 기원을 함축하고 있었지만 적어도 8, 9세기 이후부터는 역사적으로 일본 내셔널리즘의 중핵을 이루는 문화요소로 기능해 왔기 때문이다. 고대일본 신사와 한국의 밀접한 관계가 오늘날 우리에게 던져주는 현실적인 의미는 고대 일본문명이 한국의 압도적인 영향 하에 형성되었다는 주장보다는 오히려 고대 한일관계의 성격이 기본적으로 인터내셔널한 것이었다고 읽어낼 필요가 있다.

오늘날 한일 양국은 한자문화와 유교 및 대승불교 전통뿐만 아니라 민주주의라는 이념적 체제를 공통분모로 하고 있음에도 불구하고 종종 심각한 소통부재의 진통을 겪고 있다. 출발시기도 발원지(미국)도 동일한 양국의 민주주의는 일본 측의 급속한 우경화 경향에 더하여 한국에서의 촛불혁명과 초유의 대통령 탄핵을 계기로 더욱 간극이 벌

---

75) 小林よしのり, 『民主主義という病い』, 幻冬舍, 2016, pp.250~251.

어질 것이 예상된다. 이 점과 관련하여 글로벌리즘을 가장한 내셔널리즘이 아닌 본래의 인터내셔널리즘에 대한 확장된 인식이 필요하지 않겠는가 하는 소박한 생각이 든다. 내셔널리즘이 고립된 하나의 섬이라면 인터내셔널리즘은 섬과 섬으로 이루어진 군도(群島)가 아닐까? 그리고 민주주의란 물을 통해 상호 소통하는 무수한 섬들의 바다 같은 것이 되어야 하지 않을까?

신좌익의 전후민주주의 비판과 조반 운동*
마오이즘의 수용을 중심으로

조관자

1. 신좌익과 전공투, 폭력과 유희

　한국에서는 신좌익이 '일본의 양심'을 대표하며 일본의 '우경화'와 맞서는 세력처럼 알려져 있다. 그러나 신좌익은 일본의 전후민주주의를 비판함으로써 오히려 보수화·우경화로 일컬어지는 오늘의 사상적 혼돈과 변화를 재촉한 세력이기도 하다. 1960년 안보투쟁 후에 신좌익은 의회제와 시민 민주주의를 비판하는 혁명론을 펼쳤다. 이들의 영향을 받고 1960년대 중반에 신우익이 출현하여, 미일동맹을 근간으로 하는 전후민주주의를 비판했다. 신좌익이 일본의 국민적 의지를 대표하

---

* 이 글은 『일본사상』 34호(2018. 6.)에 실린 논문을 부분 수정했다. 필자의 저서 『일본 내셔널리즘의 사상사 : '전시―전후 체제'를 넘어 동아시아 사상 과제 찾기』(서울대출판문화원, 2018, 제7장)에도 이 글을 대폭 수정하고 가 필한 내용이 수록되었다.

기에 충분한 내용을 담고 있는 것은 아니지만, 한국사회에는 일본 신좌익의 주장이 널리 수용되었다. 그러나 그들의 역사와 사상에 대한 이해는 여전히 부족하다.

이러한 형편에서 이 글은 전후민주주의와 리버럴리즘을 모두 비판한 신좌익에 대해 고찰하되, 특히 마오이즘의 수용 양상에 주목하고자 한다. 다만 일본에서도 신좌익 연구가 이제 막 시작되고 필자도 새로운 연구 영역에 도전한 만큼, 이 글은 연구 서설의 수준에 머물고 있다. 필자로서는 신좌익을 '일본의 양심'으로 추앙하는 한국사회와 그들이 '쇠퇴'하게 된 일본사회 사이에서 인식의 간극을 좁히는 데 기여할 수 있기를 희망하며, 그들이 전후민주주의를 비판하던 논리와 행동 양식을 소개하고자 한다.

1957년 무렵부터 일본공산당(이하 공산당)의 스탈린주의를 비판하고, '싸우지 않는 기성 좌익'에 반발하여 대두한 세력이 신좌익이다. 그들은 독자의 전위조직을 만들어 폭력혁명을 추구하면서, 미일안전보장조약의 개정과 베트남전에 반대하는 대중운동을 주도했다. 신좌익은 60년 안보투쟁 이후 여러 분파로 분열되었고, 1966년부터 확산된 학원분쟁과 70년 안보투쟁 이후에도 분열과 이합집산을 반복했다. 그 조직명과 이념적 차이가 조잡하고 분파의 구성도 복잡하다. 여기에서는 주요한 조직 계통만 짚어보기로 한다.[1]

---

1) 조직계통은 藏田計成, 『新左翼運動全史』, 流動出版, 1978 ; 新左翼理論全史編集委員会, 『新左翼理論全史』, 流動出版, 1979; 高見圭司, 『反戦青年委員会』, 三一書房, 1968 등 참조.

일본공산당(공산당)에서 이탈하여 학생운동에 관여한 신좌익 조직은 크게 두 계열로 나뉜다. 하나는 1957년에 결성된 혁명적공산주의자동맹(혁공동 革共同)이다. 반제국주의론과 트로츠키즘의 세계혁명론을 수용한 '혁공동'은 60년 안보투쟁 이후 혁명적마르크스주의(혁마르, 革マル)파, 중핵(中核=전국위원회)파, 제4인터내셔널일본지부로 갈라졌다. 다른 하나는 1958년 공산당에서 제명된 전학련의 지도부가 조직한 공산주의자동맹(공산동 共産同)이다. '공산동' 계열의 분파로는 전기(戰旗)파, 정황(情況)파, 마르크스·레닌주의(ML)파, 적군(赤軍)파, 전국위원회, 가나가와현 좌파 등이 있다. 그밖에 공산당에서 이탈하여 아나키즘으로 기운 동아시아반일무장전선, 아나키스트혁명연합(흑색분트), 구조개혁파 등의 신좌익이 있다.

일본사회당(사회당)의 청년들은 1960년 일본사회주의청년동맹(사청동 社靑同)을 결성했다.[2] 사회당의 기존 연구 조직으로 노농파 마르크스주의의 이론을 계승해온 사회주의협회(협회파)는 안보투쟁과 미쓰이 미이케(三井三池) 탄광의 경영합리화 반대를 위한 노동쟁의(1953, 1959-1960)를 이끌면서 '사청동'에서도 영향력을 발휘했다. 그러나 사청동 내에서 무장투쟁을 주장한 세력이 해방파(1965-1971)를 형성하고, 혁명적노동자협회(1969~)를 만들어서 이탈한다. 1965년에는 사청동과 총평(노동조합총평의회)의 청년조직이 '반전청년위원회'를 만들어 베트남전쟁 반대와 한일기본조약 비준 저지를 위해 활동한다. 사

---

2) 사청동에 관해서는 日本社会主義青年同盟, 『青年の声』 1号(1960. 3. 1.)−689号(1975. 12. 29.), 社青同中央本部, 1975.

회주의협회 안에서도 구조개혁파 등의 파벌이 생기고, 1967년 다수파가 반전청년위원회에서 탈퇴한다. 이후 반전청년위원회는 신좌익의 공동투쟁조직으로 기능한다.

스탈린주의 극복을 위해 마르크스·레닌주의를 추종하고 혁명투쟁을 중시한 신좌익 각 조직은 동맹을 뜻하는 독일어 Bund(분트)라는 연합체를 꾸려 전학련의 대중투쟁과 안보투쟁을 주도했다. 60년 안보투쟁을 이끈 제1차 분트(1958-1960)와 70년 안보투쟁을 이끈 제2차 분트(1966-1970)로 나뉘는 그들 사이에서 세대 차이가 나타나고, 주도권을 다투는 내부 투쟁이 벌어지기도 했다.

전학련은 1948년 9월 공산당의 지도하에 조직된, 당시 국공사립 145개 대학의 30만 명이 자동으로 가입되는 '전일본 학생자치회 총연합'이다. 공산당과 사회당의 영향력 하에서도 각 지역마다 독자적 학생운동을 추구하는 세력이 존재했다. 그들은 1950년 한국전쟁 당시 전국적 학생통일전선조직으로 '반전학생동맹'(반전학동)을 결성한다. 반전학동은 1955년부터 노동자, 사회당 좌파와 함께 미군 비행장 확장반대를 위한 스나가와(砂川) 주민투쟁을 지원했다. 유혈사태를 벌이며 비행장 이동 및 기지 반환까지 이끌어낸 스나가와 투쟁을 토대로 급진적인 신좌익 세력이 성장했다.[3] 1958년 반전학동이 사회주의학생동맹(사학동)으로 이름을 바꾸고 전학련의 한 분파를 형성한다. 사학동은 한일회담 반대투쟁을 전개하면서 ML파와 독립파로 분열되고, 1968년에는 마

---

3) 伴野準一, 『全学連と全共闘』, 平凡社, 2010, pp.15~22.

오주의를 수용한 ML동맹(학생해방전선)이 파생된다.

공산당의 투쟁노선이 후퇴하는 국면에서 스나가와 투쟁의 경험은 60년 안보투쟁을 촉발했고, 1966년부터 산리즈카(三里塚, 나리타)와 1967년 하네다 공항건설 반대운동으로 이어진다. 여기에서 신좌익의 각 파벌이 전학련의 주도권 장악과 공동투쟁을 위해 이합집산을 반복한다. 그 과정에서 1966년 12월 사학동, 사청동계 해방파, 혁공동계 중핵파가 연합하여 '3파전학련'을 구성하고 "싸우는 전학련"을 표방했다. 1966년부터 반전 반미 투쟁을 실질적으로 주도한 '3파전학련'은 1969년 도쿄대분쟁 당시에 대학봉쇄에 반대한 공산당계 민청과 폭력적인 대결도 벌였다. 한일회담 및 베트남전쟁 반대를 위해 결성된 '반전청년위원회'와 '3파전학련'은 1970년 안보투쟁을 향해 새로운 국면을 개척한 것으로 평가된다.[4]

2000년대부터 일본에서 신좌익 연구와 전공투 담론이 활발하게 펼쳐지고 있다. 그들은 신좌익 분파(당파)의 전위조직과 대중적 행동대인 전공투(전국학생공동투쟁회의, 1968-1969)를 구별한다. 양자의 차이는 분명하지만, 신좌익 분파에서 벌어진 자멸적인 폭력 이미지로부터 전공투의 '유희성'과 '순수성'을 구제하려는 의도가 엿보인다. 전체학생의 공동투쟁을 주도한 전공투는 무당파(Non - Sect)의 '연대=횡단'으로, 투쟁의 명분에 동조하는 누구나가 이슈에 따라 모이고 흩어지는 '무정형'의 운동 방식이기 때문이다.

---

4) 高沢晧司・高木正幸・蔵田計成, 『新左翼二十年史:叛乱の軌跡』, 新泉社, 1981, p.67.

그러나 전공투는 '순수하게' 대중의 횡적 연대로 움직인 행동대만
은 아니다. 내부에 신좌익 8개 분파가 진입하여 공동으로 대중투쟁을
'지도'했던 만큼, 그것은 전위들이 운용하는 '기능조직'이기도 했다. 각
분파의 전위들은 혁명적 당파성과 주도권을 서로 다투며 대중투쟁을
전투적으로 이끌었다. 분파들이 혁명적 지도력을 서로 경쟁했기 때문
에 결과적으로 내부 폭력까지 불러일으켰다. 폭력과 학생운동의 과열
은 동시대의 보편적 현상이기도 했다. 폭력혁명론은 베트남전쟁과 문
화대혁명, 그리고 미국과 유럽의 학생운동이 한창이던 시대 분위기에
서 세계적 동시성으로 나타난 현상이다. 한반도에서도 무장 대립의 긴
장감이 고조될 때였다.[5]

대중은 전공투의 이념적 명분에 공감하고 집단행동의 즐거움을
공유하면서 참가했다. 정치에 무관심했던 대학생과 대학원생도 사학
비리에서 촉발된 학원투쟁에 참가했고, '고교전공투'와 '낭인공투'도 생
겨났다. 유희성은 헬멧과 마스크를 착용하고, 바리케이드를 치며 각목
(ゲバ棒, 게바봉)을 든 새로운 집단 패션과 운동 스타일에서도 나타난
다. 그들의 유희는 도심가의 광장을 점유하고서 어깨동무하고 노래하
거나, 선전선동의 구호를 외치며 행진하는 영상 기록에서도 목격할 수
있다. 사립대학과 헌책방들이 모여 있는 간다(神田) 거리를 1968년 5월
혁명이 시작된 파리의 카르티에 라탱 거리처럼 만들고자 했던 활동에
서도 문화적 연대의식과 유희성은 발견된다.[6] 호모루덴스가 추구하는

---

5) 1968년 김신조 사건과 프에블로호 납치 사건, 통혁당 사건, 1971년 실미도
사건. 그러나 1972년 미중수교의 데탕트 하에서 남북공동회담이 성사된다.

유희(놀이) 본능은 1968년 학생운동에서 '파리 코뮌'을 흉내 내는 '전투 놀이'로 나타났다.

　1968년부터 1969년까지의 전공투 운동에서 "집합적 주체가 발양하는 것을 자신의 신체 내부에서 발견하는 체험"을 했다고 고백한 신좌익 평론가도 있다.[7] 그러나 고도성장기 일본에서 해방구의 '유희'는 '폭력적 사태'로 전변해갔다. 1968년 10월 20일 베헤렌(ベトナムに平和を! 市民連合)과 국제문화회의 시국강연회가 평화롭게 개최된 다음날 저녁, '국제반전의 날'을 기념하며 각목으로 무장한 신좌익 분파 2천여 명이 신주쿠에 모여들었다. 기동대와 충돌한 그들은 역 구내로 들어가 방화와 투석으로 소란을 피워 22일 오전 10시까지 전차가 불통되는 사태가 벌어졌다.[8] 당시 공동투쟁을 벌였던 해방파와 혁마르파, 혁마르파와 중핵파는 1970년부터 서로를 '반혁명'으로 비난하며, 상대파의 조직원을 대낮에 납치하거나 폭행을 가하며 살상하는 '내부 폭력'을 벌이기 시작한다. '내부 폭력'의 피해자는 사망자만 100명을 넘는다고 한다.[9]

　학원투쟁의 상징처럼 회자되는 도쿄대 분쟁은 의학부 학생들의

---

6) 東京教育大学新聞会, 『教育大学新聞』, 1968年 6月 25日.

7) 津村喬, 「横議横行論」(1980. 2.~1981. 6.), 『横議横行論』, 航思社, 2016, p.7.

8) 「新左翼戦闘史・1968年新宿制圧／新左翼、新宿東口広場・駅構内を制圧・騒乱罪」, https://www.youtube.com/watch?v=HKtFXATQCWk(검색일: 2018. 3. 31.) 유트브에서 '신좌익 전투사'와 관련한 다양한 영상을 검색, 다운로드할 수 있다. 「新左翼戦闘史・1968年、解放派と革マル派の共同行動」, 「新左翼戦闘史・1969年神田解放区闘争／東大安田講堂戦支援」 등.

9) 警察庁, 『昭和51年 警察白書』, 1976, 第7章 【図7-1 極左暴力集団勢力推移(昭和 42~50年)】, http://www.npa.go.jp/hakusyo/s51/s510700.html(검색일: 2018. 3. 31.).

수련의 처우개선 요구에서 촉발되어 1년 동안 지속되었고, 그 결과 1969년도 신입생의 입학시험이 폐지되었다. 전공투는 자신들의 연대와 점거 농성으로 제국대학의 상징을 파괴하고자 했다. 책걸상이 바리케이드로 쌓인 채, 야스다강당에서는 화염병과 돌멩이, 최루가스와 물폭탄의 치열한 공방전이 벌어졌다. 도쿄대 사태는 공권력의 투입으로 진압되었다. 이를 계기로 신좌익의 무장투쟁론이 급진전하고, 반전 · 반안보의 정치투쟁이 격화했다. 학원민주화 투쟁은 정치투쟁으로 이어졌고, 폭력투쟁은 양날의 칼이 되었다. 그들은 사학재단의 '장삿속'과 제국대학의 '권위'에 타격을 가했지만, 학생회의 자치 역량에 대한 대중의 신뢰를 훼손시켜 1970년대에 전학련의 쇠퇴를 가져왔다.

1969년 4월 28일, 신좌익의 5개 정파가 1972년에 예정된 오키나와 반환의 기만성을 폭로하며 미군기지철폐를 이슈로 선정하고 전국적 규모로 투쟁했다.[10] 도쿄에서만 2만 명이 모인 '4.28 오키나와 반전 Day 투쟁'에서 '수도 총 반란'을 노리며 주요 관공서가 밀집한 가스미가세키(霞ヶ関)에 운집한 세력도 있다. 이 때 '공산동'에서 창설한 돌격대가 '적군의 맹아형태'였다고 한다. "4.28을 돌파구로 삼아 70년 안보투쟁을 위한 전열을 강화"하는 것이 그들의 슬로건이었다.

야스다강당의 공방전에서 '혁마르파'는 적들 앞에서 도망쳤다는 혐의를 받는다. 반면, '혁마르파'는 무장봉기주의의 망상을 비판하기

---

10) 革命的共産主義者同盟、共産主義者同盟、社会主義労働者同盟、第四インターナショナル日本支部、日本マルクス・レーニン主義者同盟、「4.28を突破口とし70年への戦列を強化せよ」、『新左翼理論全史』, pp.412~417.

시작했다. 4.28 오키나와 반전 투쟁 이후, 이들은 타 당파를 해체시키기 위한 '당파투쟁'을 선언한다. 레닌의 전위당 이론에서도 당파투쟁은 계급 내부의 모순을 지양하고 계급정당으로서의 혁명성을 확립하는 방법으로 긍정되었다. 이로써 '혁공동' 내부에서 혁마르파와 중핵파의 대립이 격화하고, 1970년 8월부터 서로를 살상하는 '우치게바'로 불리는 내부 폭력이 무수히 반복되었다.[11]

2. '패배사'의 이로니

1971년 1월부터 매달, 크고 작은 무장 유격전이 펼쳐졌다. 금융기관 및 파출소 습격, 총포탈취, 폭탄투하가 주요한 방법이다. 자금과 무기 조달을 위해 은행과 총포점을 습격한 조직원들이 수배자의 몸이 되자, 조직 활동에도 어려움이 생겼다. 유격투쟁을 준비하기 위해 공산당에서 제명된 '혁명좌파'와 요도호사건(1970)을 일으킨 '공산주의자동맹(공산동) 적군파'가 합류한다. 1971년 7월, 새롭게 '연합적군'을 형성한 그들은 군마현의 산악지대에서 합동군사훈련에 돌입한다. 그러나 수배자의 몸으로 무장혁명을 환상하면서 그들이 벌인 것은 살벌한 내부 폭력이었다.

연합적군은 '섬멸전'을 벌일 '공산주의 혁명전사'로 자신들을 단련

---

11) 藏田計成, 『新左翼運動全史』, pp.290~296.

한다는 명목으로 자기비판과 총괄, 숙청을 거듭했다. 마오이즘을 신봉한 '혁명좌파'의 여전사가 '적군파' 여전사의 반지 끼고 화장하고 머리 빗는 모습이나, 대원들의 남녀관계를 비판하면서부터 총괄이 시작되었다.[12] 중국 인민해방군의 규율을 흉내 내고자 했던 그들은 도시적 감수성이나 소부르주아 급진주의를 비판하고, 전투적 충성심을 서로 검열했다. 자기모순을 밝히는 총괄에 소홀하거나, 죽음과 폭행에 공포감을 갖는 것조차 기회주의, 패배주의로 심판받았다.

'반혁명'에 사형을 선고한 '적군파'의 지도자는 마오이즘에 정통하지 못했지만, '패배사(敗北死)'라는 논리로 집단폭력을 총괄했다. 혁명 정신이 패배한 결과가 육체적 죽음이라는 논리다. '패배사'를 당하지 않기 위해 집단폭행에 앞장선 '전사'가 다음 번 자기비판에서 숙청의 대상이 되었다. 이리하여 1971년 12월부터 2개월 간 대원 총 29명 중 12명이 집단폭행과 동사, 질식사로 희생되었다. 1972년 2월, 열흘 동안 인질극을 벌이던 아사마산장사건이 수습되면서 산악베이스사건의 전모가 드러나자 일본사회는 더 큰 충격에 빠졌다. 시대의 불의에 항거했던 젊은이들이 동지 살해의 불의에는 항거하지 못했다. 영화 「실록 연합적군: 아사마 산장의 도정」의 마지막 장면에서는 "모두가 (잘못을 알면서도 지도부에) 저항할 용기가 없었다"는 절규가 나온다.[13]

---

12) 총괄의 사전적 의미는 개별 사안을 모아서 묶어내는 것. 좌익 조직에서는 집단적으로 자기비판을 거치고 인민재판을 가하는 '반성'과 '심판'의 형식으로 삼았다.

13) 若松孝二 감독, 「実録・連合赤軍 あさま山荘への道程」(2008년 공개). 실록 연합적군: 아사마 산장의 도정」도 2008년에 공개되었다. 1987년 '연합적군의 전체상을 남기는 모임'이 설립되어 관련자들의 증언을 모았다. 총괄에 대한

그들의 '총괄'은 무한한 자기부정을 통해서 자신들의 혁명성을 증거하려고 한 점에서 일본낭만파의 야스다 요즈로가 제시한 이로니(반어, Ironie)의 서사를 잇고 있다.[14] 일본낭만파의 이로니는 패배를 긍정하는 반어법에서 시작한다. 야스다의 생각에 '일본문학'의 전통은 무사정권에게 밀려난 고토바인(後鳥羽院)의 '패배의 문학'에 뿌리를 두고 있기 때문이다. 처음에 총괄과 자기부정은 '혁명전사'로 새로 태어나기 위한 '문화대혁명'의 방법이었다. 그러나 '현존재'에 대한 자기부정과 '패배사'라는 명분은 누구도 '승리'할 수 없게 만드는 '패배'의 장치다. '지금 여기'에 연결될 수 없는 '혁명 전사'로의 변신은 억지이고, 그 불가능성에 대한 책임에 폭력을 가하는 숙청의 방법 자체가 비열하다. 실존에 대한 논리적 자기부정과 '혁명적 저항'의 실천적 결벽성이 배가되었던 그 폭력은 더욱 그로테스크한 '이로니'의 한 양상이 아닐 수 없다. 육체의 고통을 외면하고 실존을 부정하는 신좌익의 '혁명정신'은 우익 테러나 자결에서 자신들의 행위를 '숭고한 정신'으로 확신하는 것과 별반 다르지 않다.

산악베이스사건의 생존자가 증언한 '패배사'라는 뜬금없는 어휘는 1960년 안보투쟁 이후 일본의 시대정신에서 '저항과 패배'의 이중 관

기록은 坂口弘, 『あさま山荘1972(下)』, 彩流社, 1993. 내부 폭력에 대한 연구로 퍼트리샤 스테인호프, 임정은 역, 『적군파―내부 폭력의 사회심리학』, 교양인, 2013.

14) 保田與重郎, 「後退する意識過剰――「日本浪漫派」について」, 『コギト』第32号 (1935年 1月号), 『保田與重郎全集』第2巻, pp.431~432. 야스다의 이로니와 그 서사 효과에 대해서는 조관자, 『일본 내셔널리즘의 사상사』(서울대출판문화원, 2018)의 제6장 내셔널리즘의 역사의식과 미의식을 참조.

계가 역사철학의 중요한 단상처럼 떠오른 현상과 무관하지 않다.『중앙
공론』1964년 10월호 특집「전후 일본을 만든 대표 논문」의 하나로 다케
우치 요시미의「일본의 근대와 중국의 근대」라는 글이 선정된다. 그 심
사평에서 "전후 일본이 낳은, 말 그대로의 본래적 의미에서 역사철학의
하나"라고 높이 평가된 이 글은 1951년에 처음 발표되었다. 그 내용은
패전 이후 일본에서 망각된 '패배'라는 감각과 '저항' 의지를 동시에 소
환하는 것이다.

> 동양에서 저항은 지속하고 있었다. 저항을 통해 동양은 자기를 근대화
> 했다. 저항의 역사는 근대화의 역사이고 저항을 거치지 않는 근대화의
> 길은 없었다. 유럽은 동양의 저항을 통해, 동양을 세계사에 포괄하는
> 과정에서, 자기의 승리를 인정했다. 그것은 문화, 또는 민족, 또는 생
> 산력의 우위로 관념되었다. 동양은 같은 과정에서, 자기의 패배를 인
> 정했다. 패배는 저항의 결과였다. 저항에 의하지 않는 패배는 없다. 따
> 라서 저항의 지속은 패배감의 지속이다.

> 패배라는 일회적 사실과 자기가 패배 상태에 있다는 자각은 직접 연결
> 되지 않는다. 오히려 패배는 패배라는 사실을 잊어버리도록 자기를 이
> 끌어서, 이차적으로 스스로에게 결정적으로 패배하는 것이 많은데, 이
> 경우 당연히 패배감의 자각은 일어나지 않는다. 패배감의 자각은 이처
> 럼 이차적인 스스로에 대한 패배를 거부하는, 이차적인 저항을 통해
> 일어나는 것이다. 거기에서는 저항이 이중으로 되어 있다. 패배에 대
> 한 저항과, 동시에, 패배를 인정하지 않는 것, 또는 패배를 잊으려는
> 것에 대한 저항이다. 15)

---

15) 竹内好,「中国の近代と日本の近代」,『日本とアジア』, 筑摩書房, 1993, pp.17~18.

패배는 일본낭만파를 이해하는 핵심어였고, 패배감은 패전 직후 정신사의 한 단면을 포착한 핵심어였다. 다케우치에게 일본의 '대동아 전쟁'은 동양의 저항을 의미했고, 저항의 결과가 패배였다. 물론 다케우치는 '아시아 침략성'의 문제를 간과하지 않았고, '침략과 저항의 양가성'을 일본 근대의 아포리아로 삼았다. 그에게 문제는 패배한 과거의 사실이 아니라, 패배감을 갖지 않기 때문에 더 이상 미국에 종속된 전후 일본의 '패배'에 저항하지 않는 역사적 현재에 있다. 패배감은 이차적인 저항에서 비로소 살아난다. 그 저항의 이중성이란 패배를 인정하게 하고, 패배를 망각한 주체를 일깨워서 패배 상태를 딛고 다시 저항으로 나가게 한다.

여기에서도 역사적 승리를 부정하면서도 무한한 저항 정신으로 패배를 극복하려는, 무한 부정을 가능케 하는 일본낭만파적 이로니 어법이 쓰인다. 무한 패배와 무한 저항의 역사적 시간을 지속시킴으로써, 다케우치 나름의 '영구혁명'론을 정립한 셈이다. 그러면서도 그는 전후의 근대문학론자와 마르크스주의 문학론자들이 일본낭만파를 패배시킨 적이 없음을 확신했다. 「고사기」를 품고서 전장에 뛰어들어 비장한 최후를 맞이하겠다던 하시카와처럼, 야스다의 고교동창으로 「고기토」 (cogito)의 동인이었던 다케우치에게도 '국민문학'의 전통은 그 심장에 박혀 있는 불패의 근원 신화였을 지도 모른다.[16]

이 글은 1948년에 초고 집필하여, 1951년 『현대중국론』에 「근대란 무엇인가—일본과 중국의 경우」라는 제목으로 발표하고, 1959년 『현대교양전집』에도 「일본문화의 반성」이란 제목으로 다시 수록되었다(pp.471~473).
16) 橋川文三, 『日本浪曼派批判序説』, 未來社, 1960, pp.42~43. cogito는 '생각하

다케우치는 기시정권의 독재를 문제 삼았고, 1960년 신안보조약의 강제 체결에 항의하여 도쿄도립대학의 교수직을 사퇴했다. 그는 반미투쟁의 필요성을 인정했지만, 먼저 국내 정치에서 '민주'와 '독재'의 대결을 종식시킬 것을 주장했다.[17] 그의 입장에서 일본이 아시아에서 '저항 주체'로서의 존재 의미를 회복하려면, '전범'이었던 기시 정권의 퇴진이 더욱 중요했을 것이다.

신좌익의 무장투쟁파와 전후의 '아시아주의자'인 다케우치가 공감한 흔적은 없다. 그러나 패배주의를 거부하며 무한한 자기부정과 폭력에 빠진 신좌익의 '혁명적 강박감'은 스스로에 대한 패배를 거부하며 무한 저항을 촉발시키려는 다케우치의 '저항적 패배감'과 무관해 보이지 않는다. 서로의 역사적 경험이나 문제의식을 충분히 공감할 수 없는 세대가 같은 말을 반복하며 '이로니'의 어법으로 자신들의 저항의지를 환기시키려고 한다. 마치 일본어 '패배'의 주술에 걸린 듯이 가토 노리히로의『패전이후』와 시라이 사토시의『영속패전론』에서도 '주체'를 불러일으키려는 '패배'의 이로니 어법이 반복된다.

산악베이스사건과 아사마산장사건은 유럽 선진국의 경제를 능가하여 일억총중류 의식을 함양하기 시작한 일본에서 신좌익이 '혁명 전사 따라잡기'에 패배한 결과였다. 그렇다면 테러, 무장투쟁, 저항이란 방법으로 거둘 수 있는 승리는 무엇일까? '국제 근거지론'과 세계동시

다, 의식하다'라는 라틴어.
17) 竹内好,「民主か独裁か――当面の状況判断」,『図書新聞』, 1960. 6. 4.(전집 9권 수록).

혁명을 추구한 적군파의 일부는 1971년 팔레스타인인민해방전선(PFLP) 과 연대하면서 아랍의 테러조직 '일본적군'으로의 변신에 성공했다.[18] 그들은 자신들의 행위는 테러가 아니라 '무장투쟁'이라고 역설한다.[19] 1972년 5월 20일에 그 중 4명이 이스라엘의 로드공항에서 24명을 무차별 살상하는 테러 사건을 일으켰다. 일본에서 '반일 망국론'과 아이누 독립론을 펼치며 폭탄폭파사건을 일으킨 '동아시아반일무장전선'의 일부도 일본적군에 합류했다. 약 25명이 활동한 일본적군은 1980년대 까지 국제 테러 사건을 일으켰고, 적군파 수감자를 포로 교환으로 구제 하는 작전에 성공하기도 했다. 아사마산장에서 체포된 반도 구니오(坂東國男)도 일본정부의 '초법률적 조치'로 석방되어 일본적군에 가담한 일인이다.

일본적군의 최고 간부인 시게노부 후사코(重信房子)는 1997년부터 일본에 잠복하여 중국을 왕래하며 활동하다가 2001년에 체포되었다. 체포된 상태에서 시게노부가 2001년 일본적군의 해산을 선포하자, 반도는 해산 무효선언을 발표하기도 했다. 그 잔존자와 지지자는 모두 고령이 된 채 PFLP와의 연대를 유지하고 있다. 일본적군은 일국 혁명 론을 넘어서 세계사적 저항의 결의를 보여준 셈이다. 하지만, 테러(무장투쟁) 자체가 목적이 아니라면 그들도 역사의 패배자일 뿐이지 않

---

18) 重信房子, 『日本赤軍私史 パレスチナと共に』, 河出書房新社, 2009.
19) 「テルアビブ空港乱射, 岡本容疑者「一度は日本に帰りたい」」, 毎日新聞, 2017年 5月 30日. 오카모토 고조는 1972년 테러 참가자로 구속되었다가, 포로 석방 을 위한 일본적군의 테러로 다시 구출되었다. 그의 위조여권에 사용된 이름 은 1923년 당시 황태자를 저격했던 난바 다이스케였다.

겠는가.

일본의 경시청 관계자는 반도가 체포될 때까지 아사마산장사건은 끝나지 않은 것이라고 한다. 그러나 지구 곳곳에서 터지는 무차별 테러가 끝나지 않는 한, 누군가가 그들의 테러에 공감하며 가담할 것이다. 자국의 방위와 자국민의 안전에 만전을 기한다 해도, 새로운 세계 질서로의 변화를 이끌어낼 수 없다면 그 누구도 안전할 수 없는 세계다.

3. 전후민주주의 비판과 모순의 증식

전후 최대의 반정부·반미 대중운동인 1960년 안보투쟁을 사상적으로 총괄하는 과정에서 전후민주주의 비판론이 대두한다. 전후에서 민주주의를 수행했던 세 그룹, 즉 전후민주주의를 대표하는 진보적 지식인, 전전부터 활동한 리버럴리스트와 관료, 의회제에 진입한 공산당 모두가 급진적인 신좌익 세대의 비판을 받게 된다. 1970년에는 오히려 '우익 탐미주의 작가'로 간주되었던 미시마가 전후체제에 대한 '폭력적 전복'을 옹호하는 감성으로 전공투 학생들과 공명하는 모습까지 보였다.

넓은 의미에서 전후민주주의는 공산당의 활동을 보장하는 의회제 민주주의, 평화헌법과 상징 천황제에 기초한 일본의 정치적 정체성을 가리킨다. 좁은 의미에서 전후민주주의는 마루야마 마사오로 대표되는 '이와나미 문화인=진보적 지식인', 즉 근대의 자유와 공공의 합리적 진보를 추구한 지식인과 미디어 및 교육계의 리버럴리즘 사상 등을 가리키는 비평 용어다. 마루야마는 미국에 의해 이식된 민주주의 제도를 수긍하면서, 자유를 내면적으로 확립할 국민적 과제로 제시했으며, 스스로가 '전후민주주의'의 실천 주체로 활약했다.[20] 이들 중도·진보의 지식인과 공산당은 전후질서의 혁명을 환상했던 신좌익 세력으로부터 기득권자, 권위주의 세력으로 질타를 당한다.

전후민주주의를 비판하는 담론은 고도성장기에 접어든 문화공간의 급진적인 진보(좌익) 진영에서 시작되어 급진적 보수(우익) 진영에도 영향을 미쳤다.[21] 신좌익계 출판사의 경우, 혁공동(혁마르파) 계열의 고부시서방(こぶし書房1959~)과 반아카데미즘과 탈권위주의를 표방한 현대사조사(現代思潮社1957~)가 주목된다.[22] 이들은 일국적 단위에서 관철되는 공산당의 지도노선과 그것을 강제하는 스탈린주의를 비판하며, 공산당 주위에 포진한 출판사 및 '양심적 지식인'에게 선전포고를 한다. "나쁜 책을 내라! 꽃에는 향기를, 책에는 독기를!"이란 선정적인 슬로건을 내걸었던 현대사조사는 새디즘 관련 번역본과 트로츠키 전집을 출판하며 당대의 문화권력에 저항했다.

1960년 7월 안보투쟁이 수습되자 그해 10월, 현대사조사는 『민주

---

20) 마루야마의 리버럴리즘 사상에 대해서는 苅部直, 『丸山眞男――リベラリストの肖像』, 岩波新書, 2006.
21) 1960년대 신좌익 학생운동의 활발한 여론에 대항하여 뒤늦게 문예춘추(文藝春秋)의 자매지 제군(諸君!, 1969~2009)과 산케이신문사의 자매지 정론(正論, 1973~현재)이 발행되었다.
22) 『「現代思潮社」という閃光』(現代思潮新社, 2014)의 저자(陶山幾朗)에 따르면, 신좌익은 전후민주주의와 공산당의 후광을 업은 출판사와 거래하지 않았다고 한다. http://www.gendaishicho.co.jp/news/n8928.html(검색일: 2018. 1. 30.).

주의의 신화-안보투쟁의 사상적 총괄』을 신속하게 편집, 출판한다.[23]
필자는 모두 6명이다. 공산당의 외곽에서 1950년대 써클운동의 정신과
방법을 유지하려고 했던 시인이자 교육운동가인 다니가와 간(谷川雁),
천황제 및 스탈린주의의 국가적 '공동환상'을 논박하고 계몽주의를 야
유한 평론가 요시모토 다카아키(吉本隆明), 혁명적마르크스주의파(혁
마르파)의 사상가이자 최고지도자인 구로다 간이치(黒田寛一) 등, 급진
적이거나 아나키적인 성향의 이론가들이 모였다. 다소 난해한 그 책은
2010년, 전후민주주의에 대한 논란이 격화된 시점에서 복간되었다. 그
책의 글들이 안보투쟁보다는 전후민주주의에 대한 '사상적 총괄'을 시
도한 때문일 것이다.

　1960년 5월 19일 국회에서 신안보조약이 강제 체결된 후, 6월 15일
전학련 주류는 국회의사당 점거를 시도한다. 그러나 경찰과의 대치 속
에서 도쿄대 여학생 간바 미치코(樺美智子)가 인파에 깔려 압사했다. 이
사건을 계기로 전학련의 지도를 자처했던 공산당과 안보투쟁을 적극
환호했던 지식인, 언론, 시민들이 전학련 지지를 철회하고, "폭력을 배
제하고 의회주의를 지키자"는 노선으로 돌아섰다.[24] 요시모토의 「의
제의 종언」은 의회제 민주주의에 안주한 공산당과 언론, 기성세대 지
식인을 모두 '거짓 민주주의'로 야유하고, '싸우지 않는' 전후민주주

---

23) 吉本隆明·埴谷雄高·谷川雁·森本和夫·梅本克己, 『民主主義の神話-安保闘争
　　の思想的総括』, 現代思潮社, 1960.
24) 아사히, 마이니치, 요미우리, 산케이, 도쿄 신문, 도쿄 타임즈의 7개 언론이
　　폭력배제와 의회주의 수호를 위한 공동선언을 발표했다. 「共同宣言「暴力を
　　排し議会主義を守れ」」, 『朝日新聞』, 1960. 6. 17.

에 '사멸'을 선고한 글이다.

> 안보투쟁은 전후사에 전기(転機)를 그렸다. 전후 15년간, 전중(戰中)의 퇴폐와 전향을 은폐하고, 마치 전중에도 싸우고, 전후에도 계속 싸워온 것처럼 아귀를 맞춰온 전전파(戰前派)가 지도하는 가짜 전위들이, 십 수 만의 노동자·학생·시민의 눈앞에서 마침내 스스로 싸울 수 없는 것, 스스로 싸움의 방향을 찾지 못하는 무능력을 완벽하고 명백하게 드러냈다.

> 나는 이들 시민, 민주주의의 사상가들이 처음으로 정당 콤플렉스에서 자립하여 스스로 대중행동에 나선 것을 평가하지 않을 수 없다. 그들의 민주주의(현실적으로는 부르주아 민주)에로의 침투 운동은 그대로 민주주의(부르주아 민주)의 사멸운동에 다름 아니다.[25]

전학련 지도부(제1차 분트)도 전후민주주의를 부르주아의 지배 장치로 보았고, 안보개정을 인정하고 오키나와 반환운동을 벌이는 공산당과 사회당이 일본의 진정한 독립과 평화적 진보를 가로막는다고 비난했다. 전학련을 지지한 요시모토는 공산당의 '반미 애국'이 마오쩌둥의 반제민족운동 노선을 흡수한, 광기어린 배외주의라고 말한다.[26]

---

25) 吉本隆明, 「擬制の終焉」, 『民主主義の神話－安保闘争の思想的総括』, 現代思潮社, 1960, p.43, 70. 의제(擬制)는 법률상의 용어로 서로 다른 것을 동일한 것으로 인정하고, 동일한 효과로 취급하는 일을 의미한다. 이를테면 형법상 전기(電氣)를 재물로 보는 것과 같은 일인데, 요시모토가 의도한 '의제'는 의회제 민주주의에서 의회의 결정을 국민의 의사로 동일시하는 것을 '위선, 가짜'로 비판하는 함의를 갖는다.

26) 吉本隆明, 「擬制の終焉」, p.51. 공산당의 평화옹호투쟁에 대한 신좌익의 비판논리는 大嶽秀夫, 『新左翼の遺産　ニューレフトからポストモダンへ』, 東京大

그렇다고 요시모토가 '진짜 민주주의'를 제시하고 전학련을 이끈 정신적 지도자는 아니었다. '가짜 전위'와 '시민 민주주의'에 대한 비판은 계몽적 이념과 지적 권위에 대한 거부일 뿐이다. '진짜'를 찾지 못한 요시모토는 '공동환상'을 벗겨내고 대중의 욕망을 솔직하게 대변하며 일상의 모순을 적나라하게 드러낸다. 그는 1980년대에 자본주의 소비문화를 적극 긍정하고, 3.11 이후에 원전 재가동을 옹호한다. 모든 이념적 의제를 벗겨내고 현재적 욕망에 솔직한 모습이다.

　60년대 후반에 마오이즘을 흡수하고 한일회담 반대투쟁에도 참여했던 사청동계 '해방파'는 요시모토와 동일한 논리로 60년 안보투쟁에서 활약한 '사청동'과 '공산동'을 비판한다. 그 「결성 선언문」에서는 60년 안보투쟁의 평화와 민주주의 운동뿐 아니라, 제1차 분트의 사멸까지 선언한다.[27] "스스로를 노동자계급의 전위로 망상"한 '공산동'이 "외부 주입"한 "분트는 일본독점자본의 제국주의적 자립 과정에서 산출된 새로운 중간층"과 "몰락해가는 낡은 중간층의 불안의 표명이며, 그들의 급격한 합성이다." 새로운 중간층으로는 사회당의 '국민주의', 낡은 중간층으로는 공산당의 '민족주의'가 지적된다. 자기비판의 방법은 해방파의 선언문에서도 중시되었다. "프롤레타리아 혁명은 반복하여 자기비판한다." "안보투쟁의 패배로 소시민층으로부터 노동자계급의 정치적 독립이 본격적으로 시작되었다." 이러한 자기비판론은 과거

学出版会, 2007, pp.42~43.
27) 社青同学生解放派, 「社青同学生解放派結成宣」(『解放』 創刊号, 1965. 4. 10.), 『新左翼理論全史』, pp.296~297.

역사 및 다른 당파의 한계를 '부정=비판'함으로써 자타의 모순을 '지양'할 수 있다는 믿음에서 나온다.

그렇다면 과연 신좌익은 전후민주주의와 기성세대를 비판하고 새로운 질서를 제시한 것일까? 신좌익의 분파는 남들이 만들어놓은 낡은 논리로 기성세대와 타 정파를 비판하면서 스스로에게 '혁명의 진보'라는 새로움을 부여한다. 해방파의 경우, '반미 애국주의'로 사회당의 국민주의와 공산당의 민족주의를 비판한다. 그 내셔널리즘의 결정적 차이는 마오이즘의 추종 여부에 있다. 신좌익의 '폭력'도 1950년대 초반에 마오이즘을 추종하여 무장투쟁을 채택한 공산당의 경험을 잇고 있건만, 20년도 채 지나지 않아 한국전쟁 당시 폭력노선을 펼쳤던 공산당의 역사는 망각되었다.

신좌익 정파가 스스로의 혁명성을 찾아가는 방법은 '자기비판'이라는, 주어진 현실과 내 앞의 타자에 대한 '무한 부정'을 통한 '자기 분열'에 있다. 마치 체세포의 분열=증식과도 같은 방법이다. 그들은 앞선 세대와 타 정파(당파)의 모순을 극복하지 못했다. 더욱 커져버린 혁명성에 대한 집착과 내부 폭력은 서로 닮은꼴을 증식시키는 암세포의 활동처럼 보인다. 흥미로운 사실은 낡은 언어의 '분열=증식'으로 일어난 새로운 변화다. 신좌익이 남긴 새로운 유산은 마르크스 레닌주의를 표방했던 오래된 당파성의 구도가 사산되고, 새로운 좌우합작이 형성되고 있었던 사실에서 찾을 수 있다.

신좌익의 전후민주주의 비판은 우익사상의 부활은 물론, 신우익의 태동을 도왔다. 안보투쟁을 실질적으로 지원한 우익도 존재했다. 전전 공산당 중앙위원 출신의 사업가 다나카 기요하루(田中淸玄)가 공산동(제1차 분트)의 전학련 서기장 시마 시게오(島成郎)에게 수백만 엔을 지원했다. 세이겐으로도 불리는 다나카의 목적은 학생운동을 이용하여 공산당과 기시 정권을 모두 분쇄하는 데 있었다.[28] 도쿄대학의 공산당 세포조직인 신인회 출신으로 '무장공산당'(1929.07-1930.07) 시대에 직접 무장투쟁을 조직했던 그는 1934년 옥중에서 전향한 후 우익으로 불렸다. 이 사실이 알려지자, 1963년 한 라디오 방송에서 시마는 1960년 당시 전세 버스로 학생들을 국회의사당에 동원하는 등, 활동자금으로 충당했음을 당당하게 고백했다.

1960년대 후반 베트남전 반대운동과 반미투쟁은 반미적 성향의 우익에게도 감화를 주었다. 모든 지배 권력의 타도를 위해 무력투쟁을 시도한 신좌익 세대는 그들이 자각적으로 의식했든 아니든, 기타 잇키와 같은 혁명적인 아시아주의자와 심정적으로 연결되어 있다. 1930년대 우익 청년들도 당대 일본의 지배관료를 타도하기 위해 군사정변을 일으켰고, 서구제국주의와 결전할 주체로서 일본 국가를 개조하여 '아시아의 맹주'로 거듭나야 한다는 혁명론에 사로잡혀 있었다.

전후민주주의를 비판하는 좌·우익 모두가 제도적 민주화를 '민주주의의 본의'가 아니라고 말한다. 1943년 대일본언론보국회 이사를 역임하여 공직 추방당했던 와카 시인이자 경제학자인 오구마 노부유

---

28) 田中淸玄(インタビュアー大須賀瑞夫), 『田中淸玄自伝』, 文藝春秋, 1993, pp.163~165. 마찬가지로 옥중 전향한 실업가이자, '일중우호협회'를 지원하여 자민당 내 '좌파'로 지목되는 정치가 우쓰노미야 도쿠마(宇都宮德馬)와 교류하면서, 아시아 외교의 흑막에서 활동한 것으로 알려졌다.

키가 1970년에 펴낸『일본의 허망-전후민주주의 비판』의 논리를 보자.[29] 제도적 민주화는 "농지개혁, 재벌해체, 부인참정권, 노동입법, 가족법의 개정 등, 어느 것도 혁명적인 신속함으로 실현한 것은 사실이었다. 그것들은 어디까지나 점령정책으로서의 '제도의 민주화'에 불과했다. 그렇게 말해야 한다." 여기까지의 주장은 마루야마의 견해와 일치한다.

마루야마도 민주주의의 초석을 '제도적 완성'이 아니라, 사회적 의무를 실행하는 평범한 사람들의 매일 매일의 일과에서 발견한다. "정치를 목적으로 삼지 않는 인간의 정치활동에 의해서만 데모크라시는 언제나 생생한 생명을 부여 받는다."[30] 평범한 일상에 내면화하는 정치적 과정으로서의 민주주의는 '파괴와 건설'을 목적으로 삼는 신좌익 혁명론과도 어긋난다. 반면 오구마는 제도적 민주화를 긍정적으로 평가하면서도, 점령군의 '식민정책'으로 이루어졌다는 이유로 전후민주주의를 부정한다. 일본을 식민지로 선언하는 그 논리는 공산당의 '민족독립'과 신좌익의 제국주의 비판론 위에서 성립된다.

저 8월 15일은 일본의 독립 상실의 날이자, 바로 대일본제국의 제삿날이다. 그것을 신생 일본의 탄생일인 것처럼 착각한 것이 이른바 '전후민주주의' '점령민주주의'의 허망한 시작이다.

---

29) 大熊信行, 『日本の虚妄-戰後民主主義批判』, 增補版: 論創社, 2009, p.5.
30) 丸山眞男, 『現代政治の思想と行動』, 未来社, 1964, pp.458~459. 『日本の思想』(岩波新書, 1961, p.156)에서 마루야마는 "민주주의란 인민이 본래 제도의 자기목적화-물신화-를 부단히 경계하고 제도 실현의 움직임을 부단히 감시하고 비판하는 자세에 의해 처음으로 살아있는 것이 될 수 있다"고 한다.

전후민주주의를 '점령민주주의'로 비하하고 허망함을 탓하는 논리는 좌익의 반제 민족주의, 반미 애국주의와 공명한다. 공산당과 신좌익의 무장투쟁론이 빠졌을 뿐, 좌우의 민족주의가 모두 전후민주주의를 비판한다. 한편, 점령하 민주화에 폭력혁명으로 대응하려고 했던 1950년대 공산당의 반미 민족주의는 재일조선인운동 및 아시아 인민연대를 통해 그 정당성을 더욱 강화하는 것이었다. 신좌익도 1970년대 일본혁명과 세계혁명이 허망하게 실패하자 재일조선인의 민족운동을 지원하는 길에서 새로운 탈출구를 찾았다.

시민과 정치권은 과격한 각목 투쟁에 반대했지만, 일본의 베트남전쟁 가담과 핵의 반입에 반대하는 반미 반전 운동에서는 기동대의 최루가스에 당하는 신좌익을 동정했다. 1968년 1월 18일 사세보에서 '서일본 5만인 항의 집회'가 미국의 원자력항공모함 '엔터프라이즈 기항 저지 투쟁'을 벌였을 때에는 우익단체도 참가했다.[31] 한 노인이 "일본인은 패전으로 불알도 없는 국민이 되었다고 생각했는데, 미군기지에 돌입하는 학생들의 모습을 보니 일본인은 아직 죽지 않은 것을 알았다"고 쓴 편지를 보수파 정치학자(猪木正道)에게 보냈다.[32] 사세보는 현양사와 흑룡회를 탄생시킨 후쿠오카에 근접한 지역이기도 하다. 아버지 세대의 '반미 성전'을 기억해낸 시민들이 "왜 미국 문제로 일본인이 서

---

31) 時事問題研究所編, 『全学連: その意識と行動』, 時事問題研究所, 1968, pp.40~41. 사건 종료 후에 경찰의 과잉 진압이 사회적으로 문제시되었다. 長崎県警察史編集委員会編, 『長崎県警察史 第3巻』, 1996, p.122.
32) 三島由起夫, 猪木正道, 「〈対談〉安保問題をどう考えたらよいか」(1969), 『若きサムライのために』文藝春秋(文庫), 1996, p.166.

로 싸워야 하는가?"라고 물었고, 모금함이 된 3파전학련의 헬멧은 시민들의 성금으로 가득 찼다.[33) 각지에서 조직적으로 몰려든 신좌익의 투쟁에 사회당, 공산당, 공명당까지 가세한 결과, 19일에 입항하여 승무원들의 휴양을 마친 엔터프라이즈는 23일에 사세보를 출항하여 베트남으로 향했다.

그러나 엔터프라이즈는 항로를 바꾸어 다시 동해—일본해로 출동하여 1개월 정도 머무른다. 북한군 31명이 청와대를 습격한 1.21 김신조 사건의 이틀 후인 23일, 동해를 정찰하던 미해군 정보수집함 프에블로호가 북한에 납치되는 사건이 벌어졌기 때문이다. 1964년부터 중국의 핵개발과 베트남전쟁의 발발로 미국 원자력 잠수함의 일본 기항이 잦아진 상태였다. 1968년 5월 사세보에 정박해 있던 원자력 잠수함(Swordfish)이 방사성 냉각수를 바다에 버렸다는 이유로 반핵 운동 단체가 항의하자, 사토 에이사쿠 수상은 안전성의 보증 없이는 미국 원자력 함대의 일본 입항을 허락하지 않겠다고 발표했다.[34) 사토의 '자주방위'론은 '핵확산금지조약'을 수용하면서 '미국의 핵 억지력에 의존'하는 정책이었다. 한편 국교 수립 이전의 냉전기였지만, 일본 정부가 북한 및 중국과 직접 충돌하는 일은 없었다.

---

33) 유트브 「www.youtube.com/results?search_query=16-佐世保エンタープライズ寄港阻止闘争-1968」(검색일: 2018. 2. 13.).
34) NHKニュースハイライト, 「佐世保でエンタープライズ入港反対闘争」, 1968年 12月 30日. 사토 수상의 핵정책에 대해서는 黒崎輝, 『核兵器と日米関係』, 有志者, 2006, pp.205~207, 제5장.

4. 신좌익의 마오이즘과 전공투의 조반 운동

신좌익의 평론가이자 기공가인 쓰무라 다카시(津村喬)는 1948년 생으로 1960년대에 아시아와의 접촉이 활발했던 인물이다. 고등학교 때부터 마오이즘에 경도되었던 쓰무라는 와세다대학 재학 중인 1970년 2월에 『우리 안의 차별』을 출판한다. 이 책은 일본사회의 구조적 차별 문제만이 아니라, '재일'들의 입국관리제도 철폐운동에 무관심한 신좌 익 내부의 차별 문제를 고발했다. 이로써 그는 '재일아시아인'을 민족·계급·세계 혁명의 주체가 아닌, 일본 내 사회적 차별의 객체로 부각시 킨 것이다. 이러한 문제 제기는 마이너리티 영역의 사회운동을 새롭게 개척한 것으로 평가되고 있다.[35]

신좌익 일반의 '자기비판'과 달리 쓰무라는 자신의 유전자 정보에 대한 자긍심과 책임감을 동시에 갖는다. 그 특이성은 그의 가족 환경과 2차례의 중국 체류에서 비롯한다. 1964년과 1967년, 일본노동조합총평 의회(총평)의 사무국장을 역임한 부친 다카노 미노루(高野実)가 지병 인 결핵의 기공 치유를 위해 중국에 초빙된다. 부친과 동행한 쓰무라는 난징에서 일본의 아시아 침략에 대해 민족적 책임 의식을 느끼고, 상하 이에서 '인민공사' 운동을 목격하며 홍위병들과 더불어 활달한 연대의 식을 키웠다.

---

35) 津村喬, 『われらの内なる差別』, 三一書房, 1970. 재일아시아인과 관련한 자세 한 내용은 조경희, 「'아시아적 신체'의 각성과 전형(転形): 1970년대 일본 신좌익운동과 쓰무라 다카시(津村喬)」, 인하대학교 한국학연구소, 『한국학 연구』 44, 2017. 2., pp.75~107.

총평은 GHQ의 민주화 정책으로 탄생한 전국적 노동운동 조직이지만, 다카노의 지도하에서 한국전쟁 참전 등에 반대하는 '평화 원칙'을 행동강령으로 정하고 반미운동을 전개한다. 쓰무라는 부친이 전후에 400만 명의 노동조합연합체의 지도자가 되어, 맥아더의 지시로 노조를 만들어 놓고선 미국을 배반하여 공공연하게 조선전쟁에서 중국·조선에 대한 지지를 외쳤다고 자랑스러워 한다. 점령 당국이 "꼬꼬닭이라고 여기며 키운 것이 거위였다"는 무용담에는 전후 민주화 정책을 역이용하여 반미민족운동을 펼치고자 했던 부친에 대한 쓰무라의 존경심이 배어나온다.[36]

다카노는 전전에 활약한 노농파 경제학자 이노마타 쓰나오(猪俣津南雄)의 제자였으며, 정치적으로 사회당좌파를 지지했다. 그는 총평을 대미종속 하에 있는 일본의 민족문제를 타개할 주체로 설정하고, 반전평화를 내건 우치나다(内灘)기지 반대투쟁 등에 주력했다.[37] 그러나 '미국= 전쟁세력'과 "중소=평화세력'으로 간주한 다카노의 노선은 사회당좌파의 스즈키 무사부로(鈴木茂三郎)와 대립한다. 스즈키는 미국과 중국·소련의 폭력적 대결로부터 독자적인 '제3세력'의 평화노선을 견지하고자 했다. 한국전쟁의 휴전협정으로 일본의 반미투쟁이 이미 소강상태로 접어든 상황에서 다카노는 1955년 총평 선거에서 밀려난다.

쓰무라는 친중·반미노선을 펼친 부친과 중국을 방문하여 문화대

---

36) 津村喬, 『戦略とスタイル』, 航思社(増補改訂新版), 2015. p.9.
37) 일본노동조합총평의회(1950~1989)의 초대 사무국장이었던 다카노 미노루는 '高野総評'이란 말을 들을 정도로 지도력을 발휘했다. 高野実, 『日本の労働運動』, 岩波書店, 1958.

혁명 당시에 상해와 북경의 공장과 학교를 견학하고, 홍위병의 '자유롭고 활달한' 조반(造反)운동에 매료되었다. 조반은 중국의 농민봉기를 조반무도(造反無道 모반은 인간의 도에 반한다)로 폄하하던 봉건적 가치관을 뒤집어, 1939년 마오가 만든 용어 조반유리(造反有理 모반에 도리가 있다, 모든 반역은 공정하다)에서 나온 말이다. 문화대혁명에서 홍위병과 노동자들은 류사오치(劉少奇)의 지배로부터 권력 탈환을 정당화하는 의미로 '조반유리'를 내걸었다. 그 '조반' 용어는 전공투와 신좌익 운동에서도 크게 유행한다.

1967년 공산당의 주류가 문화대혁명에 비판적 태도를 취하고 친중파를 제명했지만, 1965년부터 신좌익 당파 안에서 마오이즘을 지도이념으로 공식화하는 세력이 부상했다. 전국에서 공산동 계열의 ML파와 적군파, 사학동 계열의 ML파, 사회주의학생연맹 계열의 학생해방전선(SFL), 일본공산당 '혁명좌파'(가나가와현 상임위원회)등이 활동했다. ML파와 해방파의 조직적 토대는 한일회담 반대투쟁 당시에 이미 형성되었다.[38] 이들은 마오의 유격전과 근거지론을 신봉하고, 문화대혁명의 조반 운동을 실천하고자 했다. 동시대 일본에서는 마오의 어록과 선집, 문화대혁명에 관한 정보가 비교적 활발하게 출판되었다. 가나가와현 '혁명좌파'의 경우, 1969년 무장투쟁에 돌입할 즈음에 동시대 중국에서도 유행한 「노3편」을 학습했다고 한다.[39]

---

38) 渚雪彦, 「帝国主義列強の抗争の現局面－日韓闘争と革命闘争の勝利のために」, 『マルクス・レーニン主義』, 1964. 2. 15.; 社青同学生解放派, 「社青同学生解放派結成宣言」(『解放』創刊号, 1965. 4. 10.), 『新左翼理論全史』, pp.285~303.
39) 坂口弘, 『あさま山荘1972(下)』, p.153. 老三篇은 마오의 저작 3편으로 바이

자신을 "문화대혁명의 아들"로 자처했던 쓰무라가 『우리 안의 차별』에 쓴 마지막 문장은 "너희들은 국가의 대사에 관심을 기울여 프롤레타리아 문화대혁명을 최후까지 밀고나가야 한다"는 마오의 어록이다. 1960년 미일안보조약의 개정안이 통과한 이래, 중국은 일본 군국주의 부활과 미일동맹을 비판하고, 한일수교와 일본 자본의 동남아시아 진출을 '새로운 대동아공영권'의 형성으로 견제했다. 반면 일본 공산당은 평화헌법 하에서 군국주의 부활은 있을 수 없다며, 공세적인 도시혁명을 요구하는 문화대혁명의 일본 수입을 거부했다.[40] 평화 기조의 반미민족통일전선을 주장한 공산당은 선린학생회관 폭력사건에서처럼 마오쩌둥을 신봉하는 화교청년들과 물리적으로 충돌하면서, 중국과의 대립을 마다지 않았다. 친중파의 신좌익은 스탈린주의에 젖은 공산당이 조반 운동의 물결을 두려워하여 문화대혁명을 배격한다고 비판했다.

공산당에서 제명된 친중파가 결집한 일본공산당 '혁명좌파' 가나가와현 상임위원회는 "모택동사상으로 무장한 혁명당 건설"을 강령적 목적으로 삼아, 1971년 "반미애국—무장유격전쟁 전략전술"을 세운다. 애초에 가나가와 공업지대의 노동자들이 참가했던 이 조직은 무장투쟁으로 사상자가 나면서 대중적 기반이 약화되었다. 남은 성원들은 주변 지역의 '안보 공투'에서 온 학생들이었다. 당시, 중소분쟁이 격화하

츄언을 기념하다/우공 산을 옮기다/ 인민에게 봉사하다. 헨리 노먼 베순(Henry Norman Bethune)은 중국에서 활동한 캐나다 출신 의사로 중국어 바이츄언(白求恩)(흰 머리의 은혜로운 사람)으로 칭송되고 있다.

40) 津村喬, 『歷史の奪還』, せりか書房, 1972, pp.21~22.

는 와중에 베트남전쟁이 캄보디아에 파급되어 마오이즘 신봉자인 폴 포트의 무장조직 크메르 루주가 '해방구'를 건설한 단계였다. 동남아시아의 정세에 고무된 일본의 마오주의자들은 "이제, 인민이 제국주의를 두려워하는 시대는 지나가고, 제국주의가 인민을 두려워하는 시대에 돌입하고 있다. 이것은 세계의 혁명적 인민이 마오쩌둥의 유격전쟁을 공동의 재산으로 삼고 있기 때문이"라며 유격전을 찬미한다.[41]

고도성장기에 접어든 일본에서 민족 · 계급 · 세계 혁명을 논하던 신좌익 세대는 1960년대 동남아시아의 냉전 정세와, 프랑스 및 미국의 신좌익 운동과의 연계 속에서 혁명 충동을 키워나갔다. 쓰무라는 "베트남전쟁의 인도지나화"를 "중국혁명의 확고한 심화, 그 가장 깊은 곳에서 지역무장 코뮌화를 기초로 한 중국외교의 새로운 전개"로 평가한다. 중국이 "아랍에서 필리핀까지, 조선에서 인도차이나 · 말레이까지, 유라시아의 반제전선의 혁명적 재편을 강력히 원조할 수 있다"고 보았던 것이다.[42] 반면에 "후진적인 일본"은 "선진적인 아시아"에 대해 반동의 역사를 쓰고 있다는 주장이다. 쓰무라는 그러한 역사의 '탈환'을 기대했다. 그는 안보투쟁 이후 공산당의 반미 내셔널리즘이 독점자본에 유리한 여건을 조성했다고 비판하면서, 시베리아 자원 개발에 나선 일본을 "아시아 반혁명의 전초기지"로 규정한 북한과 중국의 성명을 옹호한다.[43]

---

41) 日本共産党(革命左派)神奈川県常任委員会, 「遊撃戦争の戦略問題」(『解放の旗』15号, 1971. 2. 1.), 『新左翼理論全史』, p.513.
42) 津村喬, 「中朝共同声明と「日本軍国主義」」(1970. 7.), 『歴史の奪還』, pp.17~18.
43) 津村喬, 「他者としてのアジア」, p.42.

1960년대 후반 신좌익 당파는 정도의 차이가 있을 뿐 폭력적 투쟁 방법을 긍정했다. 스탈린과 마오쩌둥에 대한 추종을 거부하고 '영속혁명'의 관점에서 선진국형의 사회주의혁명을 주장한 히로마쓰 와타루(橫松涉)도 무장대중의 반란형 혁명노선을 모색한다.[44] 공산동의 적군파는 「전쟁선언」(1969.09.03)에서, "너희들이 껍데기로 변질시킨 소련－바르샤바군까지 동원했다 해도, 우리들은 전세계 프롤레타리아 인민의 힘으로 세계당－세계적군－세계혁명전선 아래 결집"할 것이라고 결의한다. 기성 좌익과 우익 모두를 향하여 "반전에서 혁명전쟁으로"의 비약적 전환을 선언한 셈이다.[45] 반면 1969년 1월에 취임한 닉슨 대통령은 베트남에서 미군의 "명예로운 철수"를 추진하겠다고 발표한다. 이로써 냉전체제 내 데탕트 분위기가 시작되었지만, 오히려 사회주의 진영에서는 3월부터 중소의 국경분쟁이 격화한다. 이러한 국제정세 속에서 신좌익의 무장투쟁 노선이 격화했던 것이다.

도쿄대학 분쟁에서는 문화대혁명을 모방하는 '제국주의 대학 해체'론과 조반(造反)운동이 활발하게 제기되었다. 이는 그 주도세력인 '동대전학해방전선'(ML)의 '권력 창출'을 위한 전략 전술과 관련한다.

제국주의 교육질서의 교육형태를 파괴하기 위한 제1슬로건으로 우리는 전학조수(조교) 공투회의가 제기한 "전학의 각 학부, 연구소교수회의 구성원은 전원학생에게 사죄하고, 자기의 무책임, 무능력을 학생의

---

44) 橫松涉, 『現代革命論への模索－新左翼革命論の模索のために』, 盛田書店, 1970, pp.275~296.
45) 共産同赤軍派, 「戰爭宣言」, 『新左翼理論全史』, p.437.

심판에 맡겨라"를 단호 지지한다. 이 투쟁에 관한 도덕성에 준거하여 정풍(整風)할 뿐 아니라, 전통적 교육형태의 파탄을 총괄하여 근저에 꿇어앉혀야만 한다. 우리는 교수회로부터 처분'권'을 박탈하여 교육과정의 결정'권'을 찬탈한다. 지금은 총체로서 '교수회 해체'로 돌진하는 것을 지향하고 있는 것을 일부러 숨길 필요는 전혀 없다"[46]

문화대혁명을 모방한 그들은 대학 봉쇄를 시도했다. 교수의 특권의식, 즉 권위주의·전통주의·학문지상주의를 적대시하고, 연구 자료나 대학의 비품을 난방 연료로 태우거나 바닥에 팽개쳤다. 모반의 '도리'는 '제국주의 지배관리' 및 '부르주아 사교육과 학문연구'를 배격하고, '우리들의 지배관리'와 '프롤레타리아 사교육과 학문연구'를 창출하는 것에 있었다. 그들은 '해방대학'이란 간판을 내걸고 '자치적인 지배관리'를 위해 무장했다. 대학의 권위와 국가의 교육이념을 타격한 대신에 '모택동사상 만세'라는 깃발을 들었다. '제국대학 해체'와 '조반유리'를 내걸고 봉쇄한 대학의 정문에는 마오의 사진과 ML(동대전학해방전선)의 깃발을 내걸었다.

---

46) 東大全学解放戦線,「帝国主義大学解体と学園闘争の戦略的課題＝二重権力の創出: 学園闘争の階級的使命＝二重権力の創出」,『新左翼理論全史』, p.400.

〈그림 1〉 폐쇄된 도쿄대 정문

공권력의 투입으로 그들의 바리케이드는 해체되었고, 대학의 탈
환은 실패로 끝났다. 도쿄대 전공투는 교수 연구실의 자료를 파손시켜,
"파시스트도 하지 않은"(마루야마 마사오) "문화의 파괴"(마이니치신
문)라는 충격을 남겼다.

쓰무라는 1970년부터 2년 동안 발표한 글들을『역사의 탈환: 현대
내셔널리즘 비판의 논리』(1972)라는 책자로 출판한다. 이 책은 일본에
서 군국주의와 식민주의가 부활한다고 비판하는 중국과 북한의 성명
문을 소개하고, '재일아시아인'들에 대한 일본 내 차별을 고발하면서
일본제국주의의 민족적 책임을 환기시켰다.[47] 당시에 '탈환'이라는 용
어는 문화대혁명에서의 '권력 탈환'과 신좌익의 '오키나와 탈환' 투쟁에
서 유행했다. 그러나 역사적으로 실재한 '권력 탈환'은 '인민에 대한 독

---

47) 재일아시아인과 관련한 자세한 내용은 조경희, 앞의 글,『한국학연구』 44,
    2017. 2., pp.75~107.

재'나 개발독재로 이어졌고, 반세기 후에 중국은 자본주의 시장의 활로를 개척했다. 그렇다면 중국의 개혁개방 이후에 글쓰기를 재개하고 평론집을 복간해온 쓰무라가 청년 시절의 역사인식을 어떻게 재정립하고 있을지, 오늘날 그에게 '역사의 탈환'이란 어떻게 가능한 것으로 변했는지 자못 궁금해진다.

2009년 쓰무라는 조반유리를 패러디한 「반역에는 역시 도리가 있다」는 평론에서 1967년 무렵의 중국 체험을 회고한다. 그에 따르면, 당시 중국에서는 '파사립공'(破私立公)이란 말이 유행하면서 '인민공사'가 만들어지고 있었다. 일본인의 입장에서 '멸사봉공(滅私奉公)'이 떠올랐지만, 문화대혁명의 현장에 안내되었을 때에 음지에서 벌어진 폭력적 상황은 보지 못했다. 당시 공적 가치의 슬로건은 고도성장기의 소시민적 욕망을 벗어나고 싶은 신좌익 젊은이들을 사로잡았다고 한다. 그러나 쓰무라는 문화대혁명 이후 중국의 공(公)이 "개(個)의 확립"으로 나아가 결국 "백만 명의 부자와 일억 명의 빈곤층"으로 분열되었다며 그 공공성 확립의 실패를 인정한다. 마지막으로 그는 오늘의 중국사회에서 "당시 홍위병들은 단지 추억에 젖어 잠들어있는가?"라고 묻는다.[48]

문화대혁명을 회고하며 쓰무라는 여전히 조반 운동의 '도리'를 찾아 홍위병의 재현을 기다린다. 다케우치가 59년 안보투쟁 당시에 미국식 근대화를 멈추게 할, 즉 근대를 초극할 사상적 주체로서 일본낭만파의 민족주의를 환기시키고, 중국혁명에서 '방법으로서의 아시아'를 읽

---

48) 津村喬, 「反逆にはやっぱり道理がある」, 『悍』 第1号, 2008. 10., pp.18~37.

어내려고 한 태도와 다르지 않다. 쓰무라는 문화대혁명과 전공투 시대에서 '역사의 탈환'이 무엇을 의미했으며, 왜 실패했는지를 묻지 않았다. 홍위병이 재현되거나, 재현되지 않으려면, 현실에서 무엇을 어떻게 해야 하는지에 대한 문제의식은 없다. 이러한 태도는 '잃어버린 20년'의 저성장 시대를 맞은 일본에서 신좌익을 비롯한 기성세대가 보여준 일반적 태도이기도 하다. 기성세대는 경쟁을 원치 않는 초식남, 사토리(득도) 세대 젊은이들을 탓하면서, 그들에게 성공에의 투지나 저항의 의지를 요구하고 자극하고자 했다.

전공투 경험에서 10년이 지나 일본에 푸코의 이론이 소개되던 1979년에도 쓰무라의 태도는 비슷했다. 전공투의 재현을 기다리며, 그 실패에 대한 이유는 묻지 않았다. 1979년, 쓰무라는 '전공투 이후'의 '정신적 단절'을 자각하면서 전공투 세대의 체험을 돌아본다.

그 회고에 따르면, 전공투의 경험은 규율권력에 의해 관리되는 근대로부터 "이화(異化)하는 신체의 경험"이자, "일상성을 거절하는 운동"이었다. 당시 일본에서는 1955년체제가 공동화되어 보수와 혁신의 대립은 사실상 의미가 없고, "권력을 잡는 사상"과 "권력이 되는 사상"의 대립이 사회운동의 핵심으로 부상하고 있었다. "권력이 되는" 것은 '자기권력, 자주관리'를 의미하기 때문에 전공투는 "권력을 잡은" 좌익(공산당)과 필연적으로 충돌했다고 한다. 전공투는 몸에 익숙한 질서를 배반하는 "조반(造反)하는 신체"로 변신함으로써 세계를 바꾸고자 했다는 것이다. 그들은 마르크스-레닌의 문구를 인용하며 권위를 세우고 정통성을 다투는 기성 좌익과 단절하고, 바리케이드를 치고 행동하는 투사가 되고자 했다.[49] 여기에서 "'권력이 되는' 사상"이란 주지(主知)주의에 반하는 전공투의 행동주의와 아니키즘을 옹호하는 것으로, 즉 반지성주의적 태도를 의미한다.

1979년에 쓰무라는 전공투의 체험을 포스트모더니즘과 아니키즘의 근대 비판적 정치운동으로 해석했다. 이것은 다시 1960년대 말의 혁신적인 지방 자치제 운동의 정치적 성과와 연결된다. 그에 따르면, "전공투의 '정치'는 단순히 주지주의의 일본적 전통의 종언이나 전후의 지적 공간을 붕괴하는 것에 멈추지 않았다. 그것은 근대주의적인 정치, 근대국가 안에서 정치의 극복이라는 것을 품어낸 최초의 정치운동이었다."[50] 쓰무라는 전공투를 "반(反)정치의 정치"로 해석하고, 혁신지차체를 "반(反)중앙의 정치"로 묘사한다.[51] 이 또한 반어법의 서술이다. '자주 관리'와 '자치'로 현실 국가의 지배를 극복하고 '정치의 탈환'에 성공했다는 의미가 부여된 셈이다. 쓰무라는 '이로니'의 어법을 쓰지만, 탈환이라는 행위의 주체와 대상이 명시되어 있어서 이로니의 '무한 부정'에 빠지지 않는다. 수식어 '반정치'는 오히려 피수식어 '정치'를 강하게 긍정하는 어법이다.

근대 일본에서 이룩한 "최초의 정치운동"이란, 1967년부터 1970년대 중반까지 일본 지방자치체의 과반수를 혁신 정치권에서 석권한 사실을 가리킨다. 혁신 지차체의 탄생은 '파리코뮌'에 대한 신좌익의 정치

---

49) 津村喬, 「異化する身体の経験－全共闘世代について」(1979. 3.), 『横議横行論』, 航思社, 2016, pp.215~217.
50) 津村喬, 『横議横行論』, p.218.
51) 津村喬, 『横議横行論』, p.219.

적 로망과 문화대혁명의 민주적 이상을 충족시키는 효과를 내포했다.[52] 1967년부터 마르크스주의 경제학자인 미노베 료키치(美濃部亮吉)가 사회당과 공산당의 지지로 도쿄도지사에 당선되었다. 그의 아버지는 천황기관설로 다이쇼 데모크라시를 대표하는 헌법학자 미노베 다츠키치(美濃部達吉)다. 도지사에 3번 당선된 미노베는 12년간 노인의료 무료화, 재일조선인학교 지원 등의 혁신 정책을 펼쳤다. 그러나 재정적자의 심화로 1975년부터 '복지 재검토'론이 제기되고, 중도를 표방한 공명당이 자민당과 연대하면서 혁신지자체 붐은 끝났다. 1979년 이후 전국의 지자체는 보수진영에 다시 '탈환'되었다.[53]

전중세대인 하시카와는 일본낭만파에 심취했던 자신의 청년 시절에서 '조급한 열망=미성숙'을 읽어냈다. 일본 내셔널리즘은 역사적으로 실패했음이 명백했다. 그 스스로도 내셔널리즘을 연구하여 성숙해진 만큼, 실제 정치운동이 아닌 일본낭만파의 '미적 저항'을 도출했다.[54] 하시카와가 일본낭만파 연구에서 도출한 반어법은 미적 표상이 갖는 '무한 부정'을 통해서 겨우 일본낭만파에 내재된 '당대적 혁명성'을 긍정하는 것이었다. 반면, 쓰무라는 '조반(造反)하는 신체=전공투 세

---

52) 문화대혁명의 강령인 '문혁 16조'는 '파리코뮌'을 준거로 삼고서, 대중이 정치적 주체가 되어 스스로를 해방하는 혁명적 원리를 표방했다. '문혁 16조'는 백승욱, 『문화대혁명: 중국 현대사의 트라우마』, 살림출판, 2007의 부록 참조.

53) 岡田一郎, 『革新自治体 熱狂と挫折に何を学ぶか』, 中公新書, 2016, p.171, pp.180~184.

54) 하시카와의 일본낭만파 연구에 대해서는 조관자, 「제국 일본의 로망과 동아시아 민족주의-일본낭만파에 대한 기억, 1950-1960년대」, 일본비평』 2호, 2010. 2.

대'가 '반정치의 정치'로 도쿄와 요코하마, 오사카의 도시에서 혁신지자체를 탄생시키는 시대를 '무한 긍정'하고 있다. 전공투는 전후 일본에서 회고되는 "전쟁체험과 마찬가지로 민중 속에 축적된 반란의 기억이며, '전공투 이후'의 반란은 의식하든 아니든 관계없이 '전공투 스타일'이 된다"는 것이다.[55] 그에게 중요한 사실은 역시 '반란의 행위' 즉 현실의 정치적 조반 운동에 있다.

1980년대에 문화대혁명과 혁신지자체 운동의 정치적 실패가 드러났다. 하지만 쓰무라는 그 역사적 실패를 자신들의 정치적 책임으로 반추할 필요도, 그 패인을 연구할 의향도 없었다. 때문에 2009년의 시점에서도 쓰무라는 조반 운동의 혁명적 계기를 긍정하고 '역사의 탈환'(다케우치에게는 '근대의 초극')이라는 의미를 재생시키고 있다. 그는 홍위병의 조반 운동을 여전히 '저항 · 혁명'의 역사 서사로서 기억한다. 조반운동이 신좌익 자신들의 역사를 긍정하고 옹호하는 논리이기 때문이다.

5. 신좌익의 그 후

이 글은 신좌익의 활동 중에서도 특히 아시아의 내셔널리즘과 맥락을 공유하면서 '문화대혁명'을 일본에서 실천하고자 했던 마오주의

---

55) 津村喬, 『橫議橫行論』, p.223.

자들의 논리와 내부폭력(우치게바)의 전개 양상을 고찰했다. 기성좌익의 평화주의와 법치주의에 반발한 신좌익 중 일부는 마오이즘을 수용하여 '반미애국 무장투쟁'으로 나갔고, 사회당좌파와 트로츠키의 세계동시혁명론에 경도된 신좌익 분파도 폭력혁명의 실천으로 질주했다. 특히 경제성장이 가시화된 1960년대 후반에 제기된 폭력 긍정론은 아나키즘적 열망을 내포한 것이었다. 소비사회와 복지사회가 인간의 주체성을 소외시키고 관리하는 지배 장치라고 인식한 신좌익이 관리사회에 저항했기 때문이다. 베트남전쟁과 문화대혁명이 일어난 1960년대 후반에 그들은 국제금융자본과 전후세계체제의 위기, 일본 전후민주주의 체제의 동요를 읽어내고자 했다.[56] 그들이 반제투쟁과 프롤레타리아 세계혁명의 조건이 성숙했다고 판단했던 만큼, 필사적인 혁명투쟁만이 삶의 의미가 되어 있었다.

세계동시혁명과 무장투쟁은 좌절하고 내부의 파벌 갈등도 격렬했지만, 신좌익의 멸종은 없었다. 각자의 일터와 시민운동의 틀 속에서 새로운 '진지'가 꾸려지고, 살아있는 자들이 현재 진행형으로 조직운동을 펼쳤다. 1988년 경찰백서에 따르면, '극좌폭력세력'의 '조직 및 세력'은 1969년 53,500명으로 정점을 찍고 감소했지만, 1974년부터 35,000명 정도를 유지했다.[57]

---

56) 신좌익이 태동한 시대배경과 그들의 문제의식에 대한 견해는 小阪修平, 『思想としての全共闘世代』, 筑摩書房, 2006, 제1장, 제2장; 絓秀実, 『1968年』, 筑摩書房, 2006; 小熊英二, 『1968』 上下, 新曜社, 2009.

57) 「極左暴力集団等の現状」(第1章, 第2節의 1-(1)), 『昭和63年 警察白書』, 警視庁, 1988. https://www.npa.go.jp/hakusyo/s63/s630102.html(검색일: 2018. 3. 22.).

고령화로 쇠퇴했지만, 신좌익 조직의 명맥은 2018년 현재에도 이어지고 있다. '공산동'의 전기파 '혁공동'의 혁마르크스주의파와 중핵파가 연합하여 1966년에 시작한 나리타공항 건설 반대투쟁은 현재까지 지속 중이다. 새로 구성된 '공산주의자동맹 통일위원회'는 1985년부터 노동운동과 시민운동을 지속했다. 아랍의 테러조직에 합류한 '일본적군'에도 아직 생존자가 있다.

1992년부터 활동한 '일본과 미국의 아시아지배에 반대하고, 아시아 민중의 연대를 추진하는 아시아공동행동·일본연락회의'(AWC日本連絡会議)는 '공산동 통일위원회'가 이끌어왔다. 이들은 한국의 민주노총과 연대하고, 오키나와의 미군기기 반대운동에서도 아시아와의 연대를 펼친다. '전기 공산동'은 무장혁명이 아닌 사회·환경 혁명을 내걸고 1997년에 시민단체 BUND를 결성했고, 2008년부터 Actio(Network)라는 이름으로 활동하고 있다. 가나가와현 좌파, 적군파, ML파를 잇는 세력도 2008년에 '혁명 21' 준비위원회를 결성하고 '월간 코몬즈'를 발행하고 있다. 그 활동은 인터넷에서 검색 가능하다.

1989년 '신우익'(민족파 우익)의 스즈키 구니오가 『힘내자!! 신좌익 : '나의 적, 나의 친구' 과격파의 재기를 성원하며』란 제목의 책을 냈다.[58] 이는 1990년대 이후 일본의 사회운동을 '신우익/반미보수/신보수'가 주도하게 되었음을 보여주는 현상이다. 이는 또한 일본의 사회운동에서 좌·우의 적대적 구별이 무의미해진 현상을 보여준다. 실제로

---

58) 鈴木邦男, 『がんばれ!! 新左翼: 「わが敵・わが友」過激派再起へのエール』, エスエル出版会, 1989; 復刻新版, 1999.

전후체제 타파와 대미자립은 50년대의 구좌익과 60년대의 신좌익이 외쳤던 구호다. 신우익과 신보수의 대중운동 속에 신좌익의 영향력이 녹아들어 있는 사실을 놓쳐서는 안 된다. '행동하는 보수'를 이끄는 니시무라 슈헤이(西村修平)는 마오이즘의 신좌익이었고, 반미보수 논객인 니시베 스스무는 전학련 지도부 출신이기도 하다.

신좌익 세대의 활동가들은 1998년 유사법제화(有事法制化) 반대, 2003년 이라크전쟁 반대, 반미평화운동에서 앞장섰다. 2015년 집단적 자위권의 법제화 반대 시위는 제법 규모도 컸고 일반 시민도 다수 참가했다. 반미보수의 논객들도 안보법제에 반대했다. 그러나 다수 일본인들의 정치적 의사는 투표와 침묵으로 표출된다. 유사법제와 안보법제의 발효는 자국 안보를 위해 일본의 국회와 국민 다수파가 이끌어낸 결과로 그것이 동아시아의 평화를 직접 위협하지는 않는다. 만일 동아시아의 평화가 일본의 무장해제로 가능한 것이라면, 그것은 일본의 패전 직후에 이루어졌어야 한다.

오늘날 일본에서 반미보수의 사상적 영향력이 증대하고, 중국이 자본주의 성장으로 군사 대국화하고, 핵 개발로 군사적 긴장을 고조시키던 북한도 정치적 협상을 통해 경제발전을 도모하려고 한다. 동아시아에서 반제혁명과 세계혁명의 슬로건, 냉전의 진영 논리가 모두 사라진 것은 아니지만 더 이상 실효성을 갖지 않는다. 이러한 현실에서 일본 좌파의 몰락이나 건재함만을 따지고 묻는다면, 그 태도는 공정할 수 없을 것이다. 일본과 동아시아의 변화한 현실에서 과거의 문제가 어떻게 재구성되고 있으며, 문제의 현실적 해결 가능성이 무엇인지를 돌아

보는 작업이 필요하다. 이는 동아시아인들이 모두 함께 풀어가야 할 동시대의 연구 과제이리라.

'(탈)전후' 일본의 신체정치와 민주주의*
자폐와 분열증 사이에서

김태진

1. 병리학적 세계와 '정치적인 것'

　일본의 대표적인 보수 지식인으로 평가되는 니시베 스스무(西部邁)가 '대중의 병리'로, 사에키 케이시(佐伯啓思)가 '현대민주주의의 병리'로서 전후 일본을 논하고 있듯이, 일본 보수주의자들에게 전후체제는 일종의 '병리적' 세계다. 아니, 병리적 세계로 '인식'된다.[1] 무언가 정상이 아닌 사회라는 병리학적 진단은 현실과 이상 사이의 간극 내지 괴리를 추궁하면서 일본의 전후체제가 나아가야 할 방향을 제시하고 있다.[2]

---

* 이 글은 『아세아연구』(61권 2호, 2018)에 게재한 논문을 수정, 보완하였다

1) 西部邁, 1987, 『大衆の病理－袋小路にたちすくむ戦後日本』, 日本放送出版協会; 佐伯啓思, 1997, 『現代民主主義の病理－戦後日本をどう見るか』, NHK出版.
2) 위와 같은 주장은 장인성, 2010, 「현대 일본의 보수주의와 '국가'」, 장인성 엮음, 『전후 일본의 보수와 표상』, 서울대학교 출판문화원 참조. 그는 보수주의자들이 스스로 '허구적 세계'에 '자폐'하게 될지도 모름을 경고한다. 병리학적 진단은 진단자의 병리적 증세를 드러내는 것이며, 사진기에 찍힌

물론 이러한 병리학적 논의가 전후 일본에서만의 특이한 것은 아니다. 국가를 하나의 신체로서 유비하고, 국가의 문제를 어떤 병리학적 상황과 연결시켜 사유하는 방식은 동서고금을 통해 일반적인 사유방식이었다. 하지만 신체로서의 정치체(body politic)3)가 모두 동일한 논리를 갖는 것이 아니다. 각각의 시대와 장소에서 신체를 은유하는 과정은 서로 다른 지향점을 신체로서 표현하며, 이 때 병리학 역시 각 시대와 장소에 따라 내용을 달리하며 변주한다.

그렇다면 (탈)전후시대, 일본이라는 집합적 신체는 어떤 위기에 처해있는가, 그리고 이를 구하기 위한 처방은 무엇으로 제시되고 있는가? 신체은유 속에서 나타나는 정치담론적 성격을 규명하려는 연구 속에서 보자면,4) 일본의 '정상국가' 담론 역시 신체은유와 연결지어 생각해 볼 수 있을 것이다. 이 때 상정되는 '정상'이란 무엇인가? 병리학적 발상이 어떤 상태의 '정상'을 상정하고 있다고 할 때, 일본이라는 신체에

피사체, 즉 진단 역시도 '허구'일 뿐이며, 이 '허구'의 세계에 다시 빠지게 되는 순간 자폐를 벗어나기 힘들다는 것이다.

3) 신체로서의 정치체/바디폴리틱(body politic)이란 말은 인간의 몸처럼 국가를 공동적 실체(corporate entity)로 은유(metaphor)하여 가리키는 말로 commonwealth와 함께 국가 혹은 정치체를 나타내는 말로 사용되어 왔다. 흔히 정치체라는 말로 번역되기도 하지만 본고에서는 정치체라는 말과 함께 신체적 의미를 강조하는 맥락에서는 신체로서의 정치체 내지 신체정치라는 말을 사용하기로 한다.

4) 대표적으로 신체정치(body politic)에 대한 인식을 통해 현대 유럽의 정치양상을 분석한 연구로 Andreas Musolff, 2004, *Metaphor and political discourse: analogical reasoning in debates about Europe*. New York: Palgrave Macmillan.; Andreas Musolff, 2010, *Metaphor, Nation and the Holocaust: The Concept of the Body Politic*. New York: Routledge.

대한 병리학적 진단을 살펴보는 것이 단순히 사상사적 논의에 한정되는 것은 아닐 것이다.[5]

　우선 흔히 전후담론을 이야기하는 데 논의의 시작이 되는 가토 노리히로(加藤典洋)의 『패전후론』을 실마리로 삼아 이야기를 시작해 보자.

　　우리가 살아왔고 또한 현재 살고 있는 '전후'란 어떤 시대라고 해야할까. 이 시대를 외관상 움직여온 틀을, 우리는 보통 보수와 혁신, 개헌과 호헌, 현실주의와 이상주의라는 식의 개념을 사용하여 이해하고 있다. 하지만 이러한 개념들로 이 전후라는 시대의 본질을 말할 수 있으리라고는 여겨지지 않는다. 이러한 개념들 자체가 이 시대의 산물, '작품'에 지나지 않기 때문이다. 내 생각에 전후라는 이 시대의 본질은 일본이라는 사회가 인격적으로 둘로 분열되어 있다는 것이다.[6]

　그는 전후의 본질을 일본이라는 사회가 인격적으로 분열되어 있다는 점을 들고 있다. 가토 역시 '인격분열'이라는 병리학의 문제로부터 시작하고 있는 것이다. 그가 보기에 사죄와 실언이 반복되는 것은 이 인격분열 때문이다. 사죄와 실언은 "사죄가 있음에도 실언을 한다는 게 아니라, 사죄가 있어서 실언을 한다는 것"[7], 즉 사죄를 하는 주체와 실

---

5) '정상적인 것'과 '병리적인 것'의 구별에 대해서 조르쥬 깡길렘, 여인석 역, 1996, 『정상적인 것과 병리적인 것』, 인간사랑.
6) 가토 노리히로, 서은혜 역, 1988, 「패전후론」, 『사죄와 망언 사이에서－전후 일본의 해부』, 창작과 비평사, p.56
7) 加藤典洋, 2010, 「『敗戰後論』をめぐるQ&A」, 『さようなら、ゴジラたち－戰後から遠く離れて』, 岩波書店, p.3.

언을 하는 주체가 결국 하나의 분열된 '다중인격'이라고 가토는 지적한다. 그는 이를 다른 두 인격이 하나의 주체 안에 공존하면서도 상대를 지워 버리려 하는 일종의 '뒤틀림'이 만들어낸 것이라 평가한다. 전후 일본의 문제는 단순히 민주당 대 보수당 같이 진보와 보수가 갈려 있는 문제가 아니라, 이 둘이 사실 하나의 인격에서 분열되어 공존하고 있다는 데 있다.

이 인격분열은 그동안 보수와 혁신, 개헌과 호헌, 현실주의와 이상주의라는 식의 개념으로 이해되어 왔다. 하지만 가토가 지적하고 있듯이 이러한 구별은 오히려 현상을 제대로 이해하는 데 도움을 주지 못한다. 왜냐하면 이 구별은 서로가 서로를 기대고 있고, 대쌍구조 속에서 서로 구성한다는 점에서 '하나의 인격'의 '두 얼굴'이기 때문이다. 숨겨져서 나오지 못하다가 어느 상황에서는 튀어나오는 인격이라면 이 둘을 도식적으로 구별해서 살펴보는 것이 아니라, 이 인격 뒤에 숨어있는 논리구조를 살펴보는 것이 더 중요할 것이다. 그렇다면 이 '지킬박사와 하이드'의 인격분열은 어디에서 시작했던 것일까?

우선 '(탈)전후'[8]라는 맥락이 이러한 인격분열이 튀어나오게 되는 배경에 있음을 주목할 필요가 있다. 전후라는 시대의 본질이기도 한 인격분열은 전후에서는 크게 문제 되지 않았다. 이렇게 억압되었던 인격분열의 문제가 표층으로 대두한 것은 탈전후라는 맥락에서였다. 그렇다면 전후 체제가 만든 인격분열이라는 문제에 (탈)전후의 논자들은

---

8) (탈)전후라는 용어는 전후와 탈전후를 함께 가리키는 말로서 둘 사이의 연결개념으로 사용하고자 한다.

어떻게 대응하는가?

하지만 이는 단순히 전후 내지 탈전후 일본의 문제만을 들여다봐서 해결할 수 있는 것이 아닐지 모른다. 오히려 시기를 거슬러 올라가 근대가 만들어지는 과정에서 일본이라는 인격은 어떻게 만들어졌는지, 그리고 이것이 어떻게 각각 다른 얼굴로 표출되었는지 전개 양상을 살펴보지 않을 수 없다. 인격이 어떻게 만들어졌고, 그것이 왜 분열될 수밖에 없었는가를 다뤄야 하기 때문이다.

이와 관련하여 또 하나 주목해야 하는 점은 인격(person)의 문제가 신체정치의 차원과 떨어져서 사유할 수 없다는 점이다. 홉스의 『리바이어던』 표지가 보여주듯이, 근대국가는 수많은 인민들이 합체해서 새로운 인공적 신체인 국가, 즉 인격을 만드는 과정이었다.9) 뒤에서 후술하겠지만, 홉스의 논의는 하나의 '인공적 인격'(artificial person)으로서 국가를 상정하는 근대적 주권론의 시작점을 보여준다.10) 그렇다면 이러한 인격은 어떻게 달성되는가. 이를 보기 위해서 우리는 인격의 문제를 신체정치적 차원에서 접근할 필요가 있다.

---

9) 홉스는 16장 「인공 인간에 관해」라는 절에서 '인격(person)'을 "'말이나 행위가 그 자신의 것으로 간주되는 사람" 내지는 "타인의 말과 행위를 대표하고 있는 것으로 간주되는 사람"이라 말한다. 전자가 '자연인격'(natural person)이라 불리며, 후자가 '의제적 인격(feigned person)', 또는 '인위적 인격(artificial person)'이라고 설명한다. Thomas Hobbes, edited by Richard Tuck, 1996, Leviathan, Cambridge University Press, p.111.

10) 이에 주목한 연구로는 Quentin Skinner, 2007, "Hobbes on Persons, Authors and Representatives," Patricia Springborg ed., *The Cambridge Companion to Hobbes's Leviathan,* Cambridge University Press, pp.157~180.

마지막으로 이는 전후 일본의 생활세계를 이루고 있는 감각의 문제와 정치가 어떻게 관련되는가의 문제이기도 하다. 신체와 정치는 전혀 상관없어 보일 수 있지만, 신체로서 정치체를 사유하는 방식 속에서 '신체적인 것'이 '정치적인 것'을 구성하고, '정치적인 것'이 역으로 우리의 '신체적인 것'을 규정하기도 한다.[11] 그렇다면 새로운 (탈)전후 시대의 신체감각과 정치적인 것의 감각이 어떻게 변화했는지를 살펴보는 것은 유의미한 작업일 것이다.

그런 점에서 이 글에서는 (탈)전후의 일본이라는 신체가 어떻게 구성되어 왔으며, 이 신체가 겪는 병리학이 어디에서 기인하는지라는 질문에 대해 다시 사유하고자 한다. 그 중에서도 (탈)전후 민주주의와 관련하여 대표적 사상가로서 가토 노리히로와 오사와 마사치(大沢真幸)의 신체정치를 비교 분석한다. 정리하자면 첫째 일본이라는 신체가 근대에서부터 어떤 과정을 통해 구축되었는가를 살펴보는 것을 시작으로, 둘째 이 때의 국가로서의 인격이란 무엇인가라는 문제와 인격분

---

11) 그런 점에서 '사유'의 대상으로서 '정치적인 것'(the political/le politique)과 '과학'의 대상으로서 '정치'(politics/la politique)를 구별한 르포르의 논의를 참고할 필요가 있다. Lefort, Claude, trans David Macey, *Democracy and political theory*(Cambridge: Polity Press, 1988), pp.9~20; Lefort, Claude, edited and introduced by John B. Thompson, *The political forms of modern society: bureaucracy, democracy, totalitarianism*(Cambridge: Polity Press, 1986), pp.302~306. 그는 객관적 실재로서의 정치가 아니라 사회적 공간 내지 관계를 형태화하는 것을 분석하는 것으로 정치적인 것을 논한다. 그리고 이 때 정치적인 것은 신체적인 것과 관련된다. 이러한 논의는 최근의 정치사상 논의에서도 살펴볼 수 있다. 가령 안보나 테러리즘, 공동체 이론을 면역(immunity) 이론과 관련지어 논의하는 해러웨이나 데리다, 에스포지토의 논의를 참조할 수 있다.

열은 무엇을 의미하는가에 대한 문제를 경유해, 마지막으로 이러한 문제의식과 그에 대한 처방이 기반하고 있는 신체감각의 문제를 다루고자 한다. 이렇게 볼 때 우리는 (탈)전후가 기반하는 사상적 논리의 특이성과 정치적인 것을 구성하는 감각의 문제에 접근할 수 있을 것이다.

2. 근대 일본이라는 '신체'와 인격분열의 기원

우선 근대 일본이라는 국가의 인격화 과정을 살펴보도록 하자. 일본이라는 정치체를 논하는 논의에서 크게 세 번의 기점을 나눌 수 있다. 즉 일본의 사상사 속에서 나타나는 세 번의 민주주의 붐으로서, 첫 번째 메이지 시기의 자유민권운동, 두 번째 다이쇼 데모크라시, 세 번째 전후 민주주의가 그것이다. 물론 이들을 같은 민주주의로 하나로 묶어 부를 수는 없지만, 이들 시기 이후에 일종의 반동기가 공통적으로 나타나는 흐름은 우연이 아닐지 모른다. 즉 각각의 민주주의 붐 이후에 도래하는 국권파의 천황 중심의 메이지 체제, 전시기 파시즘 체제, 그리고 70-80년대 보수화 경향이 그것이다.[12]

하지만 앞서 가토가 지적한 바와 같이 일본의 전후 이후의 세계를

---

12) 이런 반복적인 흐름에 대해서는 가라타니 고진, 가토 노리히로, 오사와 마사치 모두 공통적으로 지적하고 있다. 가라타니 고진, 조영일 역, 2008, 『역사와 반복』, b; 加藤典洋, 1994, 『日本という身体−「大・新・高」の精神史』, 河出文庫; 오사와 마사치, 김선화 역, 2014, 『내셔널리즘의 역설: 상상의 공동체에서 오타쿠까지』, 서울: 어문학사.

단순히 '민주화' 대 '반동화'라는 흐름으로 단순하게 정리할 수는 없다. 민주화 대 반동화는 다른 식으로 접근하자면 '이념화'와 '반―이념화'에 가깝다.13) 가령 민권운동가들이 주장하는 민권론에 대해 가토 히로유키가 이를 '망상'의 세계로 보는 비판, 다이쇼 민주주의 체제의 반동으로 근대 초극론에서의 '추상성'에 대한 비판, 전후 민주주의 체제를 '허구의 세계'로 비판하는 문제의식이 동형구조를 보인다. 각각의 민주주의가 추구하는 세계가 어떤 이념형적 세계에 접근하려는 노력이었다면, 이에 대한 일종의 경계로서 현실과 유리된 이념화에 대한 문제의식이 등장하는 시기가 뒤따라왔던 것이다. 그렇다면 단순히 민주화와 보수화라는 구별된 시기가 아니라 인격분열의 양상과 마찬가지로 이 둘을 하나로 볼 필요가 있다.

그렇게 보자면 신체정치 차원에서 일본의 근대를 다시 기술할 수 있을 것이다. 일본의 근대를 다양한 방식으로 정의할 수 있겠지만, 신체정치적 차원에서 한정해 살펴보자면 그것은 국가라는 '인격'의 통일성, 단일성을 향한 시도였다고 볼 수 있다.14) 메이지 시기―다이쇼 시

13) 여기서 이념과 실재를 대비하는 것에 대해 조금 더 논의해야 할 필요가 있다. 오사와 마사치는 미타 무네스케의 논의를 빌려 현실이란 항상 '반(反)현실' 속에서 정립될 수밖에 없으며 이 때 '현실'이라는 말은 세가지 반대어를 갖는다고 지적한다. '(현실 대) 이상' '(현실 대) 꿈', '(현실 대) 허구'이다. 大沢真幸, 2008, 『不可能性の時代』, pp.1~2. 여기서는 현실을 넘어서고자 한 이상으로서 민주주의와 그것을 허구로서 비판하는 논의를 이념화와 반이념화로 구별하고자 한다.
14) 메이지 헌법 제4조에서 "천황이 나라의 원수(head)로서 통치권을 총람한다"는 규정에 대해 『헌법의해』의 주석은 통치의 대권을 "인신에 사지백해(四支百骸)가 있고 정신(精神)의 경락(經絡)은 모두 그 본원을 수뇌(首腦)로 돌아가는 것과 같다. 고로 대정(大政)이 통일되어야 함은 흡사 인심(人心)이

기-제국 시기의 신체정치의 양상은 앞서 제시한 세 번의 민주주의에 대한 논의에서와 같이 이념적 신체 만들기 작업과 그것에 대항하는 담론이 길항하던 과정으로 파악할 수 있다. 정치체의 심장을 의회로 상정해 이를 머리보다 우선시하는 민권론과 대비되어 머리나 신경의 역할을 강조하는 국권론자들, 국가라는 신체와 머리가 사라져 버리는 다이쇼 시기의 민주주의론과 제국체제를 하나의 천황 중심의 유기체로 파악하려는 시도들이 그것이다. 그런 점에서 근대 일본이라는 시공간은 천황의 신체를 통해 정치적 신체를 개인의 자연적 신체와 불완전하게나마 결합해 나가고자 했던 과정으로, 이념-반이념으로서 정치적 신체가 반복되는 과정으로 볼 수 있다.

그렇다면 '전후'란 신체정치적 의미에서 어떻게 볼 수 있을까? 여기서 칸토로비츠(Ernst H. Kantorowicz) 논의를 빌려와보자. 그는 왕은 두 가지 신체, 즉 자연적 신체(body natural)와 정치적 신체(body politic)를 갖는데, 이때 질병과 죽음에 노출될 수밖에 없는 자연적 신체와 달리 정치적 신체는 초월적이며, 영혼적인 것으로 왕의 자연적 신체가 죽어도 계속 살아남아 후대의 왕에게 이어진다. 그리고 이는 근대적 주권론으로 이어져 인민이 하나의 정치적 신체를 구성하는 법인격 논의로

둘 셋이 되지 말아야 함과 같다"고 규정한다. 뿐만 아니라 「군인칙유」에서의 우두머리(頭首)-고굉(股肱)의 비유나 「교육칙어연의」에서 심의(心意)-사지백체(四肢百體)의 유비 역시 일본이라는 하나의 신체를 만들기 위한 작업이었다. 그리고 이 때의 핵심은 이 국가라는 신체가 '분열'될 수 없다는 점에 있었다. 메이지 시기 신체정치 논의에 대해서는 김태진, 2017a, 「근대 일본의 통치라는 신체성: 메이지 헌법의 구성과 바디폴리틱(Body Politic)」, 『동양정치사상사』 16권 1호.

이어진다.[15) 즉 정치적 신체란 근대적 용어로 말하자면 '인격(person)'에 다름 아니다.

그런 점에서 전후란 신체정치 논의로 보자면 패전으로 인해 지고한 신체, 즉 메이지 헌법 3조에서 규정한 '성스러운/신성한(sacred)' 신체가 한낱 인간의 신체로 다시 자리매김하는 순간이었다. 다시 왕의 두 신체 이야기와 관련해서 말해보자면 성스러운 신체로서의 '정치적 신체(body politic)'의 외피가 사라지는 순간, '인간의 신체(natural body)'가 드러날 때의 생경함, 이 외설스러움을 어떻게 받아들일 것인가의 문제가 떠올랐던 것이다. 그것이야말로 전후가 껴안아야 할 새로운 과제였다.

〈그림 1〉 천황과 맥아더의 신체

---

15) Ernst H. Kantorowicz, 1957, *The King's Two Bodies: A Study in Mediaeval Political Theology*, Princeton University Press.

패전은 단순히 미국의 점령 그 이상의 문제였다. 패전 직후인 1945년 9월 27일 쇼와 천황이 맥아더 원수를 방문했을 때 촬영한 사진이 신문에 크게 보도되었는데, 두 사람이 나란히 서 있는 사진이 사람들에게 충격을 주었던 사실은 유명하다. 작은 체구의 천황은 모닝코트의 정장 차림으로 차렷 자세를 하고 있는 반면 큰 체구의 맥아더 원수는 노타이 셔츠 차림에, 손을 허리에 얹고 혹은 양손을 뒷주머니에 꽂은 채 양발을 편안히 벌린 채로 서 있었다. 사람들이 충격을 받은 것은 참담하면서도 우스꽝스러운 천황의 모습에 패전 국민인 자신의 모습을 투영시켰기 때문이었다.16)

그러나 이 사진이 극적이었던 것은 승전국 미국의 원수인 맥아더의 거만한 자세와 대조적으로 작아보이는 패전국을 대표하는 공손한 천황의 모습 때문만은 아니었다. 인간이었던, 아니 전쟁기에 자주 사용되었던 클리셰인 '귀축영미(鬼畜英美)'라는 말이 단적으로 보여주듯이 귀축(鬼畜), 즉 귀신과 짐승에 속했던 적국 미국의 원수가 천황을 대신해서 신의 자리에 올라서는 순간이 보여주는 묘한 '자리'이동 때문이다. 이제 천황의 빈 '자리'는 미국의 원수라는 새로운 머리가 차지하게 되었다. 그런 점에서 이들이 박탈당했던 것은 단순히 천황이 신의 자리에서 인간의 자리로 내려오는 것만이 아니었다. 일본이 잃은 것은 천황이 체현하고 있던 '정치적 신체' 그 자체였다. 천황이라는, 정치적 신체와 자연적 신체를 동시에 갖고 있던 현인신(現人神)이 정치적 신체성을 박탈

---

16) 구리하라 아키라, 「쇼와의 종언-천황제의 변용」, 시마노조 스스무 외, 남효진 외 역, 2014, 『역사와 주체를 묻다』, 소명출판, p.154.

당하는 순간이었다.[17]

이것이야말로 가토가 말하는 전후 '인격분열'의 시작이었을지 모른다. 그런 점에서 '(탈)전후'란 냉전이라는 국제질서 속에서 인식되지 않아왔던, 정치체 안에 내재해 있던 인격이라는 문제가 본격적으로 드러나기 시작한 시기였다. 가토는 이를 예리하게 파악하고 있는 것이다. 따라서 상징천황제는 단순히 천황이 정치적 실권을 놓고 상징으로서의 통합의 기능만을 담당했다는 의미로 그치는 것은 아니다. 그것은 머리 없는 신체 혹은 외부에 머리를 두는 일본이라는 신체의 다른 표현이었다.

이에 대해 전후 민주주의를 대표하는 지식인으로서 마루야마 마사오는 이른바 '작위'의 신체를 다시 건설하려 한다. 그것은 이른바 '무책임의 구조'와 '초국가주의'의 신체로부터의 회복을, 동시에 이념(작위)적 신체의 건설을 의미했다. 이는 앞시기 천황과의 거리, 즉 머리로부터의 거리가 중요해지는, 그럼으로써 하나의 억압적 정치체를 만들었던 전전의 체제에 대한 문제제기였다. 이는 개체들의 의지로서 하나의 이상적 신체를 다시 재구성해야 한다는 논의에 다름 아니었다.

마루야마가 후쿠자와 유키치의 논의에 주목한 것은 그러한 신체상과 연동된다. 후쿠자와가 국체를 '인신(人身)'에 비유하면서 "국체는 신체와 같고 황통은 눈[眼]"과 같다고 할 때, 이는 일신의 건강이 단지 눈

---

17) 칸토로비츠는 셰익스피어의 『리처드2세』를 정치적 신체(body politic)와 자연적 신체(body natural)로서의 두 신체를 갖던 왕이 어떻게 자연적 신체로 전락해 가는가, 이 과정에서 보여주는 왕권의 변화를 '신체(body)'라는 관점에서 설명하는 이야기로 읽는다. Kantorowicz(1957), pp.24~41.

에 있는 것이 아니라 전체의 생명력에서 찾아야 한다는 주장이었다. 그리고 이는 기존의 황통론과 구별되는 인민이라는 주체를 통한 작위로서의 네이션의 창출이었다.[18] 마루야마는 후쿠자와가 '국체'를 설명하며 의식적으로 '스스로'라는 말을 네 번이나 사용하고 있음을 강조한다. 이는 후쿠자와가 의식적으로 국체란 스스로의 결심으로 세우는 것임을 강조한 것으로, 르낭식의 '매일매일의 국민투표' 관념과 유사한 구조를 갖는다는 지적이다. 즉 후쿠자와에게 '국체'란 단순히 주어진 것이 아니라, 인민들이 의지로써 '스스로' 만드는 것이기도 했다. 이는 자기신성화 혹은 자기존엄화 담론에 기반한 기존의 국체 논의와는 구별되는 것이라고 마루야마는 본다.[19]

일본이라는 신체에서 머리라는 '자리' 자체에 대한 문제제기가 마루야마에게 강력하게 나타나고 있음은 그런 점에서 이해될 수 있다. 그는 파시즘을 이 '자리로부터의 거리'로 정의했고, 자리에 대한 거부감은 생리적으로 다가왔다. 메이지 헌법 4조에서의 통치권을 총람하는 원수/머리의 자리가 전후 평화헌법에서 사라져 버린 것이 보여주듯이 정치적 신체 역시 천황이라는 머리로부터의 거리가 아닌, 새롭게 구성되어야 할 문제였다.

이처럼 마루야마가 보고자 했던 '작위'의 세계는 이상의 시대를 상

---

18) 후쿠자와 유키치의 신체정치에 대해서는 김태진, 2017b, 「후쿠자와 유키치의 '건강'을 읽는다: 메이지 일본의 정치사상과 신체관」, 『일어일문학연구』 100집(2).
19) 마루야마 마사오, 김석근 역, 2007, 『문명론의 개략을 읽는다』, 문학동네, p.157.

징한다.[20] 이는 그가 말한 바처럼 "대일본제국이라는 '실재'보다는 전후 민주주의라는 '허망'에 걸겠다"는 '실재'와 '허망/이념'의 대쌍구조에서 출발한다. 즉 그것이 허망함을 알더라도 다시 새로이 건강한 주체를 형성할 수밖에 없다는 것이 전전의 "억압위양의 병리 현상"을 극복할 수 있는 방법이라 생각했다. 이제 다시 집합적 신체는 쪼개져서 그것을 구성하는 단위체를 찾아나서야 했다. 전후 민주주의자였던 마루야마에게 이상적 신체를 다시 한 번 재조립하고자 하는 것은 후쿠자와가 구상했던 '건강한' 내셔널리즘의 회복이었다. 머리가 사라진 신체, 이것이 전후라는 시공간이 보여주는 신체의 분리, 인격의 분리라는 모순의 기원이었다.

3. 새로운 신체 만들기로서의 (탈)전후

3.1. 가토 노리히로의 『일본이라는 신체』

패전을 인격분열의 문제로 제기한 가토 노리히로가 일본을 하나의 신체로 논한 작품을 쓴 것은 우연이 아닐지 모른다. 그의 『일본이라

---

20) 물론 마루야마를 단순히 이상주의자로서만 평가할 수 있는지는 논의의 여지가 있으나 여기서는 가토의 평가에 입각해 기술하기로 한다. 가토의 마루야마의 평가에 대해서는 加藤典洋, 2017b, 『もうすぐやってくる尊皇攘夷思想のために』, 幻戯書房. 현실주의자로서 마루야마의 면모를 강조한 논의로서는 가루베 다다시, 박홍규 옮김, 2011, 『마루야마 마사오─리버럴리스트의 초상』, 논형.

는 신체(日本という身体)』는 지난 100년간(1887~1970) 중앙공론 잡지에 등장하는 기사 제목을 분석하며, 일본이라는 신체가 '대(大)', '신(新)', '고(高)'의 이미지 속에서 성장하고 있음을 보여준다. 여기서 일본이라는 신체는 시기에 따라서 크거나, 새롭거나, 높거나 하는 이미지로 반복적으로 등장한다. 가령 어느 시기에는 '대(大) 동경'이나 '대공황' 같은 식의 기사들이 자주 빈출되며, 어느 시기에는 '신(新) 동경' 내지 '혁신관료', '신체제'와 같은 기사들이 집중적으로 나타나기도 한다. 그리고 어느 시기에는 '고도(高度)' '고도성장'과 같은 기사제목이 창궐하기도 한다. 이는 일본이라는 신체가 어떤 상황에 있는지에 따라 나타나는 '성장'의 세 가지 방식으로, 시기에 따라 반복되며 변주된다. 즉 대, 신, 고는 모두 신체의 성장과 관련된 이미지로서, '대'란 '자신이 자신인 채로의 확대'를, '신'이란 '자신이 아닌 것으로의 갱신'을, '고'란 생장이 멈추지 않고 밀폐공간의 압력 안에서 변화되는 양상으로 설명된다. 가토가 보기에 이는 "'공동신체'로서 무의식 중에 이러한 일본, 세계의 동태를 느끼는 것"으로서, 대·신·고라는 3가지 이미지는 이 공동신체의 상태를 설명하는 신체적인 내용이다.[21]

---

21) 加藤典洋, 1994, 『日本という身体─「大・新・高」の精神史』, 河出文庫, pp.20~22.

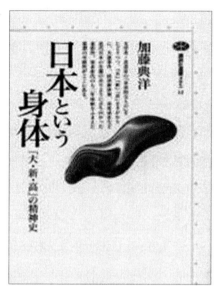

〈그림 2〉가토 노리히로, 『일본이라는 신체』

　　가토가 보기에 전후 일본의 논의는 신체적인 것을 작위적인 것으로 극복하고자 하는 시도의 연속이었다. 마루야마의 '일본적인 것'의 극복의 시도는 '자연'과 '행위'를 대립개념으로 하는 『일본정치사상사연구』에서, 그리고 '이다(である)'이론을 '하다(する)'이론으로 초극하고자 하는 『일본의 사상』에서 잘 나타난다. 또한 가라타니 고진의 '일본적인 것'의 극복의 시도는 '모토오리 노리나가와 같은 자연=생성'의 부정을 말하는 『비평과 포스트 모던』이나, 외부의 우위를 말하는 『탐구』1, 2에서 잘 나타난다. 이는 '자연'과 그것과의 대항물(인위, 작위, 구축) 또는 그 대항대체물(외부)에 의한 부정, 초극이라는 형태로 나타났다. 가토가 보기에 다른 많은 일본적 공동체에 대한 부정의 시도도 이 범주를 벗

어나지 않는다고 본다.[22] 즉, 그가 보기에 전후 민주주의는 이상에 기반해 일본의 자연적인 것을 부정하려는 시도이다.

그렇다고 가토가 주장하는 것이 일본적 공동체, 즉 전통적인 일본의 '신체적인 것'으로의 회귀는 아니다. 그가 강조하는 것은 새로운 공공성의 논리다. 그는 일본사회의 큰 문제점으로서 공동체주의를 비판한다. 이러한 공동체주의 속에서는 루소가 말하는 식의 사회 내의 특수의지만 존재할 뿐 일반의지가 존재할 수 없다. 여기서 특수의지의 기반의 특징은 사회 구성원이 동일성으로 연결되어 있다는 것으로, 그는 이러한 동일성으로는 사회 전부를 덮을 수는 없다고 지적한다. 따라서 사회의 총체를 구석구석 덮는 결합의 이론은 한 사람, 한 사람이 서로 다르다는 차이에 입각할 수밖에 없다. 가토는 전자의 원리를 '공동성'으로, 후자의 원리를 '공공성'으로 구별하여 부른다. 그에게는 오히려 공동체주의의 모습을 타파하는 것이 일본사회에서 가장 중요한 과제라 할 수 있다.[23]

---

22) 加藤典洋(1994), p.277.
23) 加藤典洋(2010), pp.15~16.

〈그림 3〉 고질라라는 신체

그렇다면 이때의 공공성은 어떤 신체성을 기반으로 하는가? 그의 문제의식은 전후 일본에서 균질적인 애도 공동체가 한 번도 만들어지지 않았다는 데 있다. 그런 점에서 그가 영화 〈고질라〉에 주목하는 이유 역시 설명될 수 있을 것이다. 이 때 고질라는 일본이라는 새로운 정치적 신체, 그동안 애도되지 못한 전사자들의 집합적 신체일지 모른다.[24] 많은 연구자들에 의해 지적되었듯이 〈고질라〉가 개봉한 해 미국

---

24) 고질라는 1954년에 처음 영화로 제작된 이래 지금까지 총 29편 리메이크되었다. 뿐만 아니라 이른바 '고질라론'이라 불리는 고질라 영화에 대한 사상분야, 서브컬쳐 분야에서의 다양한 담론 분석이 이뤄지고 있다. 고질라론에 대해서는 加藤典洋(2010); 加藤典洋, 2017a, 『敗者の想像力』, 集英社; 이경희, 2017a, "가토 노리히로의 고지라 시나리오―「패전후론」(1995)의 실천편", 일본사상사학회 발표문; 森下達, 2016, 『怪獣から読む戦後ポピュラーカ

이 비키니 환초에서 행한 수폭실험에서 일본의 제5후쿠류마루가 피폭되었다는 사실은 고질라를 수폭의 피해자, 더 나아가 패전국의 환유로서 읽히게 했다. 가토는 여기서 더 나아가 고질라가 반복해서 돌아오는 이유는 그것이 제대로 진혼되지 않았다는 것, 그래서 고질라라는 망령(亡靈, revenant)에 대한 진정한 애도만이 전후를 극복할 수 있는 방법이라 말한다.[25]

그렇다면 이 때 고질라란 어떤 존재인가? 다시 지킬박사와 하이드의 인격분열이라는 문제를 가지고 고질라를 생각해 보자. 이 때 고질라란 이성의 고삐가 뽑린 욕망의 화신인가? 무작정 때려 부수는 파괴의 신인가? 신적폭력을 담당하는 자로서 전후체제를 부수고 새로운 체제를 가져올 해방의 주체인가? 물론 가토는 이에 대해서 명확히 답하고 있지는 않다. 그러나 지킬박사와 하이드를 이성과 욕망이 둘로 나뉠 수 없는, 하나의 주체 안에 꿈틀대는 인격분열의 시작을 알리는 작품으로 해석할 수 있다면 고질라 역시 그러한 다의적 존재라 불러야 할 것이다. 이는 가토가 고질라에서 등장하는 세 인물을 분석하며 "야마네 박사, 에미코, 신키치 소년의 삼자 관계는 이 영화의 세계상 중에서 과거, 현재, 미래를 막연하게 가리키면서, 동시에 일본의 지식인, 일본의 일반 국민, 그리고 아시아의 피침략국의 인민이라는 관계성을 체현"하는 "전후 일본 전체의 핵심부를 이루는 구조적인 다의성"[26]임을 지적하는

ルチャー』, 青弓社 등 참고.

25) 하지만 이것이 단순히 보수 우익의 논리와 같은 것은 아니다. 가토는 자신이 새로 제작을 한다면 먼저 야스쿠니 신사를 때려 부수는 고질라를 찍겠다고 밝힌바 있다. 加藤典洋(2010), pp.172~173.

것과 관련될 것이다. 이 점에서 고질라야말로 전후 일본의 분열된 인격의 체현이라 볼 수 있다.

그렇다면 이 분열된 인격은 어떻게 다시 통일될 수 있는가? 여기서 주의할 것은 고질라에게 어떤 구체적인 신체상이 결여되어 있다는 점, 가토가 그에 대해 별달리 주목하고 있지 않다는 점이다. 이는 앞서 보았듯이 그가 일본이라는 신체를 다루면서 생장만을 논하는 것과도 관련되어 보인다. 즉 그에게 일본이라는 신체는 진정한 타자를 갖지 않는다. 타자는 존재하더라도 그 생장에 압력을 가하는 관계 속에서만 기술된다. 일본이라는 신체는 그런 점에서 '팽창하는 주체'와 이를 '제한하는 구속' 사이의 이항대립으로만 그려진다. 그리고 이는 일본인들의 진정한 애도만 있으면 고질라의 인격, 일본이라는 신체 역시 다시금 통일될 것이라는 믿음으로 이어진다.

그가 문제삼은 일본이라는 신체는 근대적 신체의 논의에 머물러 있다. 그가 정치를 포기하고 경제의 성장만을 이뤄온 전후의 신체를 "머리(頭部)를 결여한 신체만의 성장"이라고 지적한 것은 이러한 논의 속에 있다. 그는 전후 일본이라는 신체를 '컨트롤의 주체'를 갖지 않는 문제로 파악한다. '경제적 동물'이란 이러한 머리 없는 성장을 부르는 다른 이름에 지나지 않는다.[27] 그가 정치적인 것=내셔널리즘의 회복을 그동안 부재했던 머리를 되찾는 작업으로 상정하고 있다고 해석할 수 있다.[28] 이는 다른 저작들에서 그가 구체적이고 실질적인 민주주의

---

26) 加藤典洋(2010), p.157.
27) 加藤典洋(1994), p.270.

에 대한 상이 없는 것과 관련될지 모른다. 그에게 전후 민주주의에 대한 비판은 내셔널리즘을 완성하는 문제와 크게 다른 문제가 아니다. 가토는 전후 민주주의, 즉 '이상'적 민주주의가 미국이 실질적으로 머리를 대체한다는 '현실'에 눈감아 버리는 결과를 낳았다고 파악한다. 여기서 민주주의는 내셔널리즘을 완성하기 위한 도구로서밖의 역할을 하지 못한다. 그런 점에서 집합적 신체 역시 내셔널리즘의 완성으로서, 즉 인격분열을 극복하는 차원에 한정된다. 진정한 애도를 통해, 그리고 시민적 공공성을 통해 머리를 새롭게 장착할 수 있다는 믿음이 그것이다. 전후 민주주의라는 이념이 만들어낸 인격분열을 넘어서야 한다는 것이 그가 '탈'전후 일본이라는 신체에 내리는 진단이었다. 하지만 가토가 주장하듯이 일본이라는 신체가 머리의 회복만을 통해 전후의 인격분열의 문제를 극복할 수 있을까?

3.2. 오사와 마사치의 『신체의 비교사회학』

여기서 가토 노리히로와는 달리 새롭게 구성되는 신체성에 주목하는 학자로서 오사와 마사치를 들 수 있다. 그는 가토 노리히로의 문제의식에 동의하며, 가토의 주장에 대해 지금까지 나온 대부분의 반론이 무효라고 지적한다. 그도 전후 일본을 자신의 아이덴티티의 일관성

---

28) 물론 가토는 자신의 주장은 이른바 일본인의 아이덴티티의 확립이라던가, 전전 이래의 '건전한 내셔널리즘'의 부활을 목표로 한 것이 아님을 밝히고 있다. 그에게 내셔널리즘이란 하나의 인격 만들기, 그 자체에 집중한 것이라 할 수 있다. 加藤典洋(2010), p.18.

을 유지하기 위해 일어난 '자기부정'에 관한 이야기로 읽는다.[29]

　그런데 오사와는 가토와는 다른 신체성에 대해 주목하고 있다. 전후의 끝을 보여주는 특징적 사건으로 옴진리교 사건이 그것이다. 그는 옴진리교의 사건이 말해주는 바를 단순히 종교조직의 극단적 테러와 같은 이상행동으로 해석하는 데 그치지 않는다. 오히려 이들이야말로 탈전후 일본사회의 욕망을 정확히 신체의 문제로 '체현'하는 케이스로 파악한다. 오사와는 옴진리교에서 직접 커뮤니케이션하는 과정을 분석하며 새로운 신체성의 등장을 이야기한다.

〈그림 4〉 사린이라는 신체

---

29) 오사와 마사치, 서동주 외 역, 2010, 『전후 일본의 사상공간』, 서울: 어문학사, pp.21~33.

옴진리교에서 그들을 상징하는 것은 '헤드기어'라는 장치다. 물론 이는 환상적인 장치로서 실제로 어떤 작용을 하는지 알 수 없다. 하지만 그것이 중요한 것이 아니라, 오사와는 이 '환상' 자체, '픽션(fiction)' 자체에 주목할 필요성을 이야기한다. 이 장치는 교주 아사하로 쇼코(麻原彰晃)의 뇌파에 신자들을 공명시켜 '이니시에이션(initiation)'에 도움을 주는 장치로 상정된다. 이러한 가정은 1980년대 미국의 SF에서 뇌가 컴퓨터 단말기 같은 역할을 하는 사이버펑크 담론의 영향을 받은 것일지도 모른다. 여기서 핵심은 이러한 장치를 통해 상정되는 극한적인 직접성의 문제다. 즉, 타자의 신체가 직접 들어오게 되는 농밀성이 그것이다. 일반적으로 커뮤니케이션이란 자기와 타자, 수신자와 발신자가 서로 외재적이고 직접적이지 않은 방식으로 성립하지만, 이러한 전자미디어적 커뮤니케이션은 강한 신체적 동일성과 직접성을 강조한다.[30] 오사와는 이를 그들이 사용한 사린 가스의 말을 빌려와 '사린이라는 신체'(サリンという身体)로 표현한다. 특정한 바깥에서 날아오는 핵무기와는 달리 사린은 어디라고 특정 지을 수 없는 곳에서 날아들어, 어느 틈엔가 내부로 들어와 버리는 것처럼 그들의 신체성은 새로운 욕망을 보여준다.

---

30) 大沢眞幸, 2000, 「電子メディアと身体感覚――コミュニケーションの濃密化は実現されるか」, 理戰(63), pp.36~38. 이러한 예로서 오사와는 전화와 핸드폰의 차이를 들고 있다. 전화가 현관이나 응접실에 있었던 것은 어떤 방문자를 가정하는 것인 반면 이제 전자적 커뮤니케이션은 단순히 기술적인 면이 새로운 것이 아니라 커뮤니케이션의 새로운 변화를 의미한다. 발신자와 수신자는 상호 외재적으로 있는 것이 아니라 실은 직접적으로 연결된다. 이를 통해 하나의 '공진하는 신체'를 이룬다고 그는 말한다.

하지만 오사와에게 이것이 단순히 종교에 빠진 광신도 개인만의 문제로 한정되는 것은 아니다. 이러한 직접성은 새로운 시대의 신체성의 핵심을 보여준다. 그렇다면 여기서 오사와가 주목한 새로운 신체성이란 무엇인가? 우선 국소성의 극복이라는 문제다. 옴진리교 신자들이 공중부양과 같은 초능력에 집착하는 의미는 무엇인가? 아사하라 쇼코가 전국적으로 유명해진 계기 역시 그가 공중부양하는 사진 때문이었다. 이는 신체가 이 현실세계에 있는 국소성, 즉 '지금,여기'에 있다는 것을 극복한 것이기 때문이다. 이것은 '유체이탈'과 같은 방식으로 변형되는데 이 때 역시 '의식(또 하나의 신체, 혹은 신체의 능동성)'이 '신체(통상의 물질적 신체)'를 이탈해 버려 현실세계를 자유롭게 넘어버린다. 이로써 신체는 '미분'화되고, '기체'화된다.

> 이상과 같이 옴진리교가 '해탈'이라 부른 체험은 신체의 국소성을 극복하고자 하는(소박한 초능력의 안에 포함되어 있는) 지향의 전개―그러한 지향이 잠재되어 있는 가능성을 철저히 끌어내는 것―로서 대개 묘사될 수 있다. 또한 그들이 '깨달음'이라 부르는 것은 역으로 신체의 국소성이 극복되지 않은 때에, 즉 일상의 '자아'로 파악되는 때에 '마음'이 어떠한 과정을 거치는가를 이해하는 것이다. 신체의 국소성을 극복하고자 하는 옴진리교의 본원적인 욕망을 '탈신체화'나 '신체의 정보화'의 지향으로 파악하는 논자가 있다. 이러한 파악은 그들의 실천이나 교의의 중요한 부분을 조준하고 있지만 나의 생각에는 그것을 정반대방향으로부터 조망하고자 한다. 목표가 되는 것은 신체로부터의 탈출이 아니라, 신체의 회복인 것이다.[31]

---

31) 大沢真幸, 1996, 『虛構の時代の果て』, 筑摩書房, p.103.

오사와는 이것이 '탈신체화'를 의미하는 것이 아니라고 분명히 밝히고 있다. '신체로부터의 탈출'이 아니라, 반대로 '신체의 회복', 즉 새로운 신체의 획득이라 주장한다. 이는 '여기'를 넘어 '저기'와 바로 직접적으로 접속함으로써, 극한적으로 직접적인 커뮤니케이션을 가능케 한다. 오사와가 보기에 신체가 국소성에 머물지 않고, 직접적으로 연결되는 것, 이는 전후 민주주의의 '이상의 시대'를 넘어 탈전후의 '허구의 시대'의 도래와 연결된다.

〈그림 5〉 오사와 마사치, 『신체의 비교사회학』

여기서 주의할 점은 오사와의 논리에 따르면 이것이 '개인적 신체'의 문제에 국한되는 것이 아니라는 점이다. 그가 『신체의 비교사회학』

에서 했던 작업은 '개인적 신체'와 '집합적=정치적 신체'의 구별을 무화시키고자 한 작업이었다. 그는 자신의 책에 대한 비판이 방법론적 개인주의/방법론적 집합주의라는 사회학에서의 일반적인 이항대립을 이용하고 있다며, 이러한 비평에 대해서 단호히 거부한다.[32] 그에게는 신체성이라는 표현 속에서 개인적 신체와 집합적 신체의 문제는 하나로 합쳐진다. 따라서 신체의 비교사회학은 다양하게 가능한 사회학 중의 하나가 아니라, 사회학은 필연적으로 '신체의 비교사회학'일 수밖에 없다. 바꿔 말하면 사회학이 신체에 관한 논의가 되지 않으면 안 되는 것과 마찬가지로, 신체 역시도 사회에 관한 질문과 관련되지 않을 수 없다고 그는 주장한다.[33]

그렇게 보자면 『신체의 비교사회학』에서 그의 작업은 역사적으로 개인의 신체(natural body)와 정치적 신체(body politic)가 어떻게 연동되어 변화해 왔는가를 파악한 것이라 볼 수 있다. 여기서 주목할 것은 그가 신체감각의 변화에 따른 새로운 집합적 신체를 상정하고 있는 데 있다. 전자미디어화된 네트워크를 통해 이 신체는 직접적으로 그리고 친밀한 커뮤니케이션을 이루는 그의 말대로 '하나의 공진화된 신체'의 표현인 것이다.[34]

그렇다면 이러한 신체성에 대한 논의가 민주주의와 어떤 관련성

---

32) 大沢真幸(1992), 『身体の比較社会学』 2, 勁草書房. p.510.
33) 大沢真幸(1992), pp.504~505.
34) 오사와가 에반게리온의 예를 들며 그 핵심적인 논의 안에 '공명(共鳴, synchronization)'하는 신체가 있음에 주목하는 것은 이러한 신체성을 보여주는 좋은 사례이다. 오사와(2005), p.230.

을 갖는가? 흔히 네트워크적 신체를 통해 이러한 직접적인 소통의 가능성은 새로운 민주주의의 가능성으로 해석된다. 직접 민주주의의 시간적, 공간적 한계 속에서 대의 민주주의(representative democracy)가 등장했다는 통속적 논의[35]로 보자면 이러한 직접적인 신체성은 직접민주주의의 가능성을 예상케 한다. 가령 국민투표의 비용이 현저히 줄어들 수 있다는 점, 풀뿌리 민주주의가 가능해지는 기반이 된다는 점이 그렇다.

오사와가 보기에 이러한 신체성의 변화는 '대표제'의 '기능부전'과 관련된다. 오사와는 '대표'(representation)라는 단어에는 '표현·표상'이라는 또 하나의 의미가 존재함을 지적하고, 직접민주주의에 대한 요구는 '대표'라는 것을 무한하게 (개인들의 의지가 투명한) '표현'에 다가가려는 요구로 파악한다. 직접적인 커뮤니케이션에 바탕한 새로운 신체성은 직접민주주의에 대한 요구의 표현인 것이다. 즉 대표와 표현을 합치시키려는 의지는 필연적으로 공동체를 '커뮤니케이션의 (극한적인) 직접성'에 의해 다 채우려는 강력한 지향이다.[36]

그러나 옴진리교의 케이스가 보여준 것처럼 이러한 신체성이 민주주의적 신체로 곧바로 이어지는 것은 아니다. 오사와는 이러한 직접적 관계로서의 신체성이 소규모의 참여 민주주의로 이어질 것이라는

---

35) 물론 이렇게 단순하게 직접민주주의와 간접민주주의로 대별할 수는 없다. 역사적으로 보자면 이러한 통속적 이해야말로 근대에 만들어진 허구라 할 수 있다. 이에 대해서는 홍철기, 2018, 「대표민주주의의 역사와 이론－직접 정치의 차선책에서 민주 정치의 최선책으로」, 『시민과 세계』 32호.
36) 오사와 마사치, 송태욱 역, 2005, 『연애의 불가능성에 대하여』, 그린비, p.243.

일반적인 견해를 비판하며 그것이 곧바로 민주주의의 희망으로 전도되지는 않음을 말한다.[37] 그는 오히려 이러한 직접적인 커뮤니케이션의 방식이 글로벌한 공공감각을 키우는 것이 아니라 오히려 '세분화', '단편화'될 것이라 주장한다. 즉 공동적 귀속의식의 약화로, 충성심의 분산을 가지고 오는 정치의 약화를 가지고 올 수 있다는 것이다.[38]

이는 그가 파악하는 민주주의란 무엇인가를 이해할 때 보다 분명히 해석할 수 있다. 오사와는 민주주의란 분산하는 개인들의 결정을 단일한 결정으로 집계하는 일종의 '조작'으로 바라본다. 이러한 조작이 의미 있기 위해서는 집계의 대상이 되는 영역(국민국가 등)이 통일적인 의지를 가지고 있다는 것이 미리 '상정'되어 있어야 한다.[39] 민주주의란 의지를 집계하는 방식이라고 한다면, 그것은 시간과 공간을 한정하고 단일의지를 '상정'할 수밖에 없다. 그것은 오히려 한계가 아니라 정치의 본질이기도 하다. 오사와가 "상정이 있어야 비로소 정치가 가능"하다고 말하는 이유 역시 여기에 있다. 그런 점에서 허구를 허구로서 받아들이는 상정의 과정이 필요하다는 것이 오사와가 탈전후 일본에 내리는 진단이었다. 그런 점에서 오사와에게 새로운 신체성이란 직접민주주의에 대한 열망의 표현이기는 하지만, 이것이 민주주의의 본질에 다가갈 수 있는 보장은 아니다.

---

37) 大沢真幸(2008), pp.283~285. 물론 그가 민주주의의 심화의 가능성을 전면적으로 부정하는 것은 아니다. 그에게 실천으로서 민주주의는 여전히 유효하다.
38) 大沢真幸(2000), p.40.
39) 오사와 마사치(2005), p.242; 大沢真幸(2000), pp.41~43.

4. 주체 만들기와 가면(persona)

여기서 다시 홉스로 돌아가보자. 홉스가 인격을 말할 때 이것이 연극적 요소와 관련되어 있음을 지적하고 있는 점에 주목할 필요가 있다.[40] 홉스는 인격(person)이란 사람의 얼굴, 용모, 가면인 페르소나(persona)를 씀(재현, 대리의 과정)으로써 정치적으로 부여되는 것이라 설명한다. 여기서 분열되지 않고 통일된 하나의 주체라는 상이 상정된다.[41] 그러나 홉스식의 논의를 따라가자면 이러한 인격분열은 원래 국가라는 신체에 내포되어 있던 것이라 할 수 있다. 따라서 가면을 씀으로써 가려지는 분열증적 양상은 역설적으로 하나란 처음부터 없었던 것임을 말하는 것이기도 하다. 거꾸로 보면 가면이라는 '허구'(fiction)를 통해서만 신체는 구성된다고 할 수 있다. 일본의 '네이션 만들기'는 결국 이러한 가면을 만들어가는 과정이었다.

가토 노리히로가 탈전후를 이야기하면서 주장해온 '주체' 역시 결국은 이 인격의 문제라 할 수 있다. 그는 주체를 세우는 것이야말로 이 뒤틀림, '인격분열'을 해결하는 방법이라 주장한다. 사죄를 하려면 먼저 사죄할 주체를 만들어야 사죄와 망언의 '일대구조'를 깰 수 있으며,

---

40) 홉스에게 연극적 요소, 즉 일종의 연기(performance)를 행하는 데 필요한 요소로서 가면이 이야기되었음은 자주 지적되었다. 홉스는 당시의 연극에서의 용어를 빌려 이 인격에 대한 논의를 구성하고 있다. 대표적으로 David Runciman, "What Kind of Person Is Hobbes's State? A Reply to Skinner," *The Journal of Political Philosophy* 8(2000), pp.274~275.

41) Katherine Bootle Attie, 2008, "Re-Membering the Body Politic: Hobbes and the Construction of Civic Immortality," *ELH,* Vol.75, No.3, pp.501~502.

타자와의 진정한 관계 역시 가능하다고 말한다. 그러나 앞서 보았듯이 가토에게 신체는 분열되지 않아야 한다는 점만이 주목된다. 이는 그가 자신의 논리를 '국가주의' 논리와 구별짓고 있음에도 불구하고 이때의 인격의 완성은 본질적으로 '국가'라는 틀에서 벗어나지 않는 점과 관련된다.

이성과 욕망이 분열된 일본이라는 신체를 어떻게 다시 정상으로 되돌릴 것인가? 전후 민주주의자들은 전전에 짓밟혔던 이성을 회복시켜 나가야 한다고 주장한다. 그러나 가토는 이러한 전후 민주주의자들이 이성과 욕망의 분열을 직시하지 못하고 있는 점에 대해 비판하고 있다. 그러나, 아니 그럼에도 불구하고, 가토는 이러한 분열을 직시한 채 다시 이성의 회복을 추구하는 쪽으로, 즉 머리를 다시 세우는 것으로 회귀하는 인상을 준다.

그가 국민국가론에 집착하는 것은 분열된 인격, 정확히 말하면 분열된 정신분열증적 주체를 하나의 인격으로 만들어 내는 것이었다. 그런 점에서 다카하시 테츠야가 지적하듯이 가토의 논리에서 타자가 존재하지 않는다는 비판은 전적으로 옳다고 할 수는 없지만 어느 정도 정곡을 찌르는 면이 있다.[42] 왜냐하면 그에게 인격이란 결국 타자와는 관계없는 자폐의 모습일 수밖에 없기 때문이다. 그가 이야기하는 일본이라는 신체에서 타자와의 관계는 항상 '성장'을 억압하는 외압으로밖에 그려지지 않는 것도 그런 이유일지 모른다.[43] 여기서 그가 이야기하는

---

42) 다카하시 테츠야, 이규수 역, 2000, 「전후책임 재고」, 『일본의 전후책임을 묻는다』, 역사비평사, pp.77~80.

새로운 공공성, 새로운 '신체적인 것'은 다시 갈 곳을 잃은 것처럼 보인다.

오사와는 그런 점에서 가토와는 다른 방식의 질문을 던진다. 왜 하나가 되어야 하는가. 신체정치의 용어로 표현하자면 우리의 몸은 하나를 꿈꾸는가라는 질문이다. 이렇게 만들어지는 주체는 인격 분열을 극복할 수는 있을지언정 자폐로 빠지게 되기 쉽다. 오사와가 보기에 그것은 성공하더라도 자기로부터 분리, 소외되어 자기 자신을 자각하는 데 이상을 느끼게 되는 이인증(離人症, depersonalization)[44]이 되어 버릴 수 있다.

그런 점에서 오사와는 다중인격이란 현실화와 허구화의 두 경향으로 나타나는 하나의 동일한 사태의 표리라는 점을 보여주고 있다. 그는 다중인격이 현대라는 사회의 조건과 관련된 질환임을 지적한다. 1980년대 이전만 하더라도 서양에서도 희귀한 질병이었던 다중인격은 80년대 들어 미국이나 캐나다를 중심으로 환자수가 돌연 증가하기 시

---

43) 加藤典洋(1994), pp.20~22. 그러나 가토가 『戰後入門』에서 이야기하는 것처럼 이러한 논의가 일본이 고립으로 흘러갈 것에 대해 경계하고 있다. 그가 내셔널리즘이 아니라 민주주의를 통해서 미국과의 관계를 역전시켜야 한다는 것, 유엔을 통한 전후 문제를 접근하는 방식은 이러한 고립으로 흐르는 것을 막기 위한 노력이라 볼 수 있다. 이와 관련해서는 이 책의 이경희 논문을 참조. 하지만 그럼에도 불구하고 가토의 전후 해결 방법론이 어떤 방식을 경유하더라도 그것이 도달하고자 하는 바는 자신이 상정한 미국이라는 이념적 타자와의 관계만이 상정되는, 진정한 타자가 부재한 자폐의 모습으로 환원되는 것처럼 보인다.

44) '이인증'이라는 말은 오사와가 직접 일본사회를 분석하면서 쓴 말은 아니고, 칼뱅의 논의를 분석하며 타자에 대한 개인의 비의존성, 자립성을 권장하는 집합태의 사회구조에 있다고 할 때 사용한 말이다. 오사와 마사치, 김효진 역, 2015, 『책의 힘』, 오월의봄, p.126.

작한다. 이는 일본 역시도 마찬가지였다.[45] 그렇다면 왜 갑자기 다중인격이라는 질병이 증가하게 되었을까? 이는 결코 그동안 의식하지 못했던 질병을 새롭게 파악한 것으로 해석할 수는 없다. 다중인격의 보고수가 급증하고 또 다중인격을 주제로 한 작품이 연이어 나타난 것은 정신의학이 갑자기 진보했기 때문이 아니라 오히려 우리 사회 자체가 다중인격적인 모델을 강하게 요구했기 때문이라고도 볼 수 있다.[46]

이는 현대사회의 정체성의 위기와 관련된 것임을 쉽게 추측할 수 있다. 정체성의 위기는 '탈전후'라는 맥락 속에서 표층으로 드러나게 되었다. 어떤 이유에 의해서 문제시되지 않았던, 숨겨져 있던 인격분열의 문제가 떠오르게 된 것이다. 그렇다면 오사와도 지적하듯이 순수히 이론적으로만 생각하면 일반적으로는 왜 인격은 해리되지 않고 통일적으로 남아있는가가 오히려 불가사의한 것일지 모른다. 그가 지적하듯이 우리는 모두 다양한 아이덴티티, 정체성을 갖고 산다. 자식으로서, 교사로서, 친구로서의 아이덴티티 등등. 하지만 이러한 다양한 관계 속에서 하나의 아이덴티티를 고집할 때 오히려 이것이야말로 정신질환이 되기 쉽다.[47] 그렇다면 다수의 역할 속에서 하나의 인격을 유지한다

45) 大沢真幸(2008), pp.159~161.
46) 아즈마 히로키, 이은미 역, 2007, 『동물화하는 포스트모던: 오타쿠를 통해 본 일본 사회』. 파주: 문학동네, pp.195~199. 아즈마는 스노비즘과 허구의 시대가 끝나고 데이터베이스 모델이 우세해진 시대의 주체형성 양식의 변화에 대해서 설명하며, 어떤 작품(작은 이야기)에 깊이 감동을 받았다고 하더라도 그것을 세계관(커다란 이야기)과 연결짓지 않고 살아가는 형태를 '해리적'이라 정의하는데, '다중인격', '해리성동일성장애'를 새로운 주체형성의 논리로 파악한다. 아즈마 히로키(2007), p.145.
47) 부르디외는 홉스의 인격론을 다중인격 내지 해리성장애로 파악한다. 아감

는 것 자체가 오히려 설명되어야 할 무엇이다. 이들 동일성은 그 때마다 상황에 따라 내가 쓰는 '가면'이고, 그 때문에 '구축된 것=허구'이다. 다중인격자는 오히려 이러한 조건에 솔직히 반응하고 있는 것이다.[48]

5. '비틀림'을 껴안기

그렇다면 가토의 「패전후론」 마지막 결론은 오히려 그런 점에서 다른 가능성으로 열려있다고 볼 수 있을지 모른다.

> 오오카는 전후라는 축구장에서 누구보다도 신체의 축이 단단한 골키퍼였다. 1945년 8월, 져버린 점수를 넘겨받아 길고 긴 전후를 패자로서 살았다. '비틀림'에서 회복한다는 것은 '비틀림'을 마지막까지 견뎌내는 것, 바로 그것이다. 그것이 회복 그 자체보다 더 커다란 경험인 것이다.[49]

벤 역시 인격이란 자신이 동일화할 수 있는 어떤 실체에 자신을 정박시키는 것으로, 자신의 특별함을 희생하는 대가를 치러야만(그리고 동일성과 관계를 맺어야만) 그 무엇은 인격화된다고 지적한다. 피에르 부르디외, 김현경 역, 2014, 『언어와 상징권력』, 나남; 조르조 아감벤, 김상운 옮김, 2010, 『세속화예찬 - 정치미학을 위한 10개의 노트』, 난장.

48) 大沢真幸(2008), pp.159~161. 물론 오사와가 이런 식의 인격분열을 전적으로 긍정하는 것은 아니다. 오히려 그는 이러한 인격분열이 현실-허구의 대쌍 관계 속에서 '현실로의 도피와 극단의 허구화'를 만들어내는 구조를 설명한다.

49) 가토 노리히로(1998), p.98.

그는 전후 소설가 오오카의 예를 들며 오히려 비틀림을 견뎌내라고 주장하며 글을 마친다. 오오카는 "굳이 '하이드'씨가 되지 않고도, 야스쿠니 신사를 통과하지 않더라도 우리가 우리의 죽은 자들을 애도할 길은 이미 마련되어 있으며, 또한 굳이 '지킬 박사'가 되지 않고도, 아시아 2천만 사망자들이라는 틀을 통하지 않더라도 타국의 죽은 이들과 만나는 것이 우리에게 가능하다는 사실을 자신의 시도를 통하여 가르쳐주고 있다"는 것이다. 그러나 그도 말하고 있듯이 비틀림을 극복하는 것과 비틀림을 버티는 것은 다르다. 가토의 문제의식인 문학과 정치의 긴장관계의 유지라는 측면에서도 보자면 해법은 이 긴장관계를 끝까지 끌고 가는 것일지 모른다.[50] 그렇다면 계속될 수밖에 없는 인격분열이라는 아포리아를 해소하는 것이 답일 수 없다. 이는 오사와 마사치가 내린 결론과도 어쩌면 유사하다. "따라서 우리들에게는 이 초월적 타자의 빈자리에 대해 어떻게 대처해 갈 것인가가 긴요한 실천적, 사상적 관제가 됩니다. 옴진리교도 나치도 천황제 파시즘도 이 공허를 일종의 아크로바틱과 같은 방법으로 채우려 한 시도였다고 할 수 있습니다. 그러나 지금의 우리들은 이런 방식을 회피하지 않으면 안 된다는 것을 알고 있습니다. 우리들은 공허를 회피하는 것이 아니라 공허를 진지하게 받아들이지 않으면 안 됩니다."[51] 즉 이념에 매몰되는 것도 아닌, 그렇다고 자폐에 갇히는 것도 아닌, 허구(공허)

---

50) 가토 노리히로의 문학과 정치의 관계에 대해서는 이경희, 2017b. 「가토 노리히로의 「전후후론」(1996) 재고-'문학'은 어디까지 가능한가」, 『일본학보』 110.
51) 오사와 마사치(2010), p.213.

를 허구로서 받아들이는 것이 요청된다.

그런 점에서 민주주의를 신체정치와 연결해 사유하고 있는 르포르의 논의를 참고할 수 있을 것이다. 그는 근대 민주주의의 특징을 중세의 왕이 머리를 차지하고 있던 것이 '빈 자리(empty space)'로 대체되었던 사실을 지적한다. 칸트로비츠가 훌륭히 보여주었듯이 정치적 신체와 자연적 신체가 왕의 신체에서 하나로 접합되었다면, 근대 민주주의에서는 정치적 신체의 머리가 잘려나가는 동시에 사회적인 것의 물질성이 용해된 때에 갑자기 터져 나오게 된다. 이를 르포르는 '탈신체화(disincorporation)' 과정으로 설명한다.[52] 하지만 이처럼 근대의 과정을 머리의 빈 공간을 차지하는 것으로 파악한 르포르의 논의가 머리의 부재, 즉 가토가 그러했듯이 컨트롤 타워 없음을 비판하는 것은 아니다. 오히려 이는 이 자리를 채우기 위해서 반복되는 시도들이 존재할 수밖에 없음을 말한다. 그런 점에서 근대 민주주의의 네이션이란 인격을 만들어가는 과정에서 항상 근본적으로 실패를 반복할 수밖에 없음을 동시에 말하고 있는 것일지 모른다.

'전후'를 인격분열의 양상으로 포착한 가토의 예리함은 전후 일본 사회를 분석함에 있어 중요한 질문을 던지고 있다. 그리고 그것은 그동안 의식되지 못했던 근대국가 내지 민주주의의 신체성에 대한 질문과 통한다. 하지만 가토가 말하고 있는 인격의 완성은 다시 한 번 제대로

---

52) Claude Lefort, edited and introduced by John B. Thompson, 1986, *The political forms of modern society: bureaucracy, democracy, totalitarianism*, Polity Press, pp.296~306.

된 머리를 세우는 것일지 모른다. 물론 가토가 주장하는 바가 단순히 과거와 같이 머리의 명령 하에 통합되는 신민과 같은 모습이 아님은 분명하다. 그럼에도 가토에게 이는 진정한 내셔널리즘의 완성으로서 인격을 재구성하지 않으면 해결할 수 없는 길로 보인다.[53) 이념으로서의 전후 민주주의를 넘어서야 한다는 점에서 가토와 오사와는 일치한다. 그러나 이 둘이 전후 일본이라는 신체에 대한 병리학적 접근에서 제시하는 해법은 큰 차이를 보인다.

가토는 『일본이라는 신체』의 개정판을 내면서 1972년 이후부터의 변화양상을 일본이라는 신체의 '초(超)''탈(脫)'의 이미지로 파악한다.[54) 그러나 그는 이러한 사회의 변화에 대해 여전히 근대적 해법에 매달리고 있어 보인다.

여기서 기본적인 생각의 지금까지와의 차이는, 자본제 시스템과 근대국가의 틀을 부정하지 않는다는 것입니다. 이 두 가지를 부정하지 않

---

53) 오사와 역시 내셔널리즘을 회피하는 방식이 아니라 정면에서 부딪혀 넘어가야 한다고 주장한다. 그러나 이 때의 내셔널리즘이 주체만들기로 회수되는 것은 아니다. 오사와(2014), p.20.

54) "'고'의 다음에 올 것은, '탈'이나 '초'의 어떤 것이지 않나 생각한다. '탈'이라는 것은 탈산업사회, 탈구측 등에서 말하는 '탈'이고, '초'라는 것은 초고속, 초자본주의 등에서 말하는 '초'이다. '대', '신', '고'의 세 가지 동태를 지탱하고 있는 것은 팽창해 마지않는 빵종과 유사한 주체(국가, 개인)과 그것을 바깥으로부터 제한해 마지않는 나무 틀과 유사한 '구속'의 조합이다. 그러나 이 후, 빵종이 팽창하는 것을 그만두거나 혹은 '고'의 내적밀도의 갱신을 수반하지 않는 내공화(內攻化)로 전환되거나, 혹은 바깥으로부터의 제한된 나무틀이 다공질(多孔質)화하는, 그리고 어떤 의미에서 불가시화가 시작된다." 加藤典洋, 2009, 『增補日本という身体－「大·新·高」の精神史』, 河出文庫, p.316.

고, 전제로 해서 어떻게 미래를 구상가능한가라는 것이 여기서 문제가 됩니다. 그것을 부정하는 것이 아니라 어떤 조건을 만족시키면 자본제와 국가의 시스템은 '정당'한 것이 될 수 있는가라는 지금까지와는 역의 형태로, 문제가 서게 되는 것입니다. 이렇게 쓰면 이와 같은 입론을 펼친 오사와 마사치, 아즈마 히로키 같은 연소한 논자의 그것과는 다름이 확실하겠지요.[55]

이는 가토가 2017년에 개봉된 영화 〈신고질라〉를 높이 평가하는 문제와도 관련되어 보인다. 그는 〈신고질라〉에서 수폭과 원폭, 패전과 3.11재해가 겹쳐지면서, 전후 변화하는 일본의 모습을 잘 보여주었다고 평가한다. 가토가 보기에 이 영화의 장점은 전후의 상태를 '진지하게' 바라보기 시작한, 즉 터부를 터부로서 받아들이고 있다는 점에 있다. 그는 1954년 영화 〈고질라〉에서는 보이지 않았던 미국이라는 존재가 2017년 영화에서는 등장했음에 주목한다.[56]

하지만 오히려 중요한 점은 그가 주목해 보지 못했던 〈에반게리온〉에서 〈신고질라〉로 이어지는 신체적 변용일지 모른다. 〈신고질라〉에서 이야기하고자 하는 바는 아즈마 히로키나 오사와 마사치가 〈에반게리온〉을 분석하면서 강조했던 직접적으로 네트워크화된 신체에 가깝다. 이는 〈신고질라〉의 감독 안노 히데아키가 〈에반게리온〉의 감독이었음을 고려할 때 무리한 분석은 아닐 것이다. 내용적으로 보더라도

---

55) 加藤典洋(2010), p.12.
56) 加藤典洋(2017a), pp.111~136. 2017년 〈신고질라〉에서는 미국 대통령이 차석보좌관을 특사로서 극비리에 일본에 파견하고, 재일 미군도 일미 안전보장조약에 기초해 고질라를 함께 공격한다.

〈신고질라〉에서 문제를 해결하는 것은 기존의 관료 집단이 아니다. 기존의 국가체제는 일견 무능력하고, 어떻게 보면 관습화된 이성적 역할밖에 하지 못한다.[57] 오히려 오타쿠들이 네트워크화된 집합체로서 정보를 수집하여 문제를 해결하는 것이 시사하는 바는 의미가 작지 않다. 이는 일본이라는 신체의 머리를 교체하는 것이 근본적 해결이 될 수 없음을 보여주는 것이 아닐까. 가토가 이 영화를 미국과 일본의 문제에 한정하여 바라봄으로써 생기는 맹점이 이러한 변화에 주목하지 못하게 했던 것은 아닐까.[58] 따라서 가토식의 전후의 분열의 극복으로서 인격의 완성은, 그것이 완성될 수 있다 하더라도, 다시 자폐로 빠질 가능성이 크다. 아베 총리가 추진하는 '전후 체제로부터의 탈각'으로서 정상국가 담론이 자폐로 빠지기 쉬운 논리 구조 역시 그것이 근대적 내셔널리즘의 신체상에서 크게 벗어나지 못하고 있기 때문일지 모른다.

---

57) 〈신고질라〉가 괴수영화임에도 불구하고, 고질라 자체에 주목하기보다 오히려 정부 관계자들의 회의 장면에 영화의 대부분을 할애하고 있음은 이를 보여주기 위한 것으로 보인다.

58) 가토 역시 〈에반게리온〉과 〈신고질라〉의 연속성에 주목하며 안노 히데아키가 〈에반게리온Q〉의 영화 실패 후 일종의 패배감을 '패자의 상상력'으로서 〈신고질라〉에 녹여낸 측면에 주목한다. 加藤典洋(2017a), pp.133~136. 하지만 〈에반게리온〉의 사상적 의미는 단순히 그것으로 한정될 수 없다. 아즈마가 지적하듯이 에반게리온이 단순히 네트워크라는 '주제'를 다루었다는 점이 아니라, 오히려 오타쿠들이 새롭게 영화를 가지고 2차 창작을 하고, 소비하는 '태도' 그 자체에 있음에 주목할 필요가 있다. 아즈마 히로키(2007), pp.76~77.

주요 참고문헌

Ⅰ. 어느 전공투세대의 민주주의론

伊東祐史, 『戰後論－日本人に戦争をした「当事者意識」はあるのか』, 平凡社, 2010.
_____, 『丸山真男の敗北』, 講談社, 2016.
岩波書店編集部(編), 『私の「戰後民主主義」』, 岩波書店, 2016.
江藤淳, 『1946年憲法－その拘束』, 文藝春秋, 2015.
小熊英二, 『〈民主〉と〈愛国〉』, 新曜社, 2002.
_____, 『清水幾太郎－ある戰後知識人の軌跡』, 新曜社, 2003.
加藤典洋, 『アメリカの影』, 講談社, 1985.
_____, 『戰後を戰後以後、考える－ノン・モラルからの出発とは何か』, 岩
　　　　　波書店, 1988.
_____, 『戰後入門』, 筑摩書房, 2015.
柄谷行人, 『定本 日本近代文学の起源』, 岩波書店, 2008.
_____, 「憲法九条を本当に実行する」, 『私の「戰後民主主義」』, 岩波書店, 2016.
沢目健介, 『南原繁と日本国憲法－天皇制と戦争放棄とをめぐって』, EDITEX,
　　　　　2011.
高橋哲哉・西谷修・浅田影・柄谷行人, 「責任と主体をめぐって」, 『批評空間』 Ⅱ-3,
　　　　　1997. 4.
中江兆民, 『中江兆民評論集』, 松永昌三編, 岩波書店, 2001.
「外務省HP修正、韓国「説明必要」」, 『朝日新聞』, 2015. 3. 4.
「外務省ホームページ「韓国との基本的価値共有」を削除」, 『産経新聞』, 2015. 3. 4.
ハリー・ハルトゥーニアン・カツヒコ・マリアノ・エンドウ(訳), 『歴史と記
　　　　　憶の抗争－「戰後日本」の現在』, みすず書房, 2010.

이경희, 「전후후론」(1996) 재고: '문학'은 어디까지 가능한가」, 『일본학보』,
　　　　　2017. 2.
이안 부루마, 신보영 옮김, 『0년－현대의 탄생, 1945년의 세계사』, 글항아리,
　　　　　2016.

마루야마 마사오, 김석근 옮김, 『일본의 사상』, 한길사, 1998.
「일본 외무성 "홈피 한국정보 정기적으로 개정"」, 『연합신문』, 2015. 3. 4.

加藤典洋, 「『戦後入門』をめぐって－戦後70年目の戦後論」, 『日本記者クラブ 「戦後70年 語る・問う」(40)』, 公益社団法人 日本記者クラブ, 2015. 12. 09., https://www.youtube.com/watch?v=ZiJ5k_PEhpg(최종 검색일: 2018. 02. 15.)
「外務省HP」, http://www.mofa.go.jp/mofaj/area/korea/data.html(최종 검색일: 2017. 10. 09.)
「〈第90回帝国議会衆議院〉帝国憲法改正案委員会議録(速記)」, http://teikokugik ai-i.ndl.go.jp/SENTAKU/syugiin/090/1440/mainb.html(최종 검색일: 2018. 07. 03.)

최종길, 「전후 일본의 사회변동과 전향론」, 『일본사상』 28호, UCI: http://uci.
　　or.kr/G704-001748.2015..28.007, 2015.

小熊英二, 『〈民主〉と〈愛国〉−戦後日本のナショナリズムと公共性』, 新曜社,
　　2002.

_____, 『清水幾太郎 ある戦後知識人の軌跡』, 御茶の水書房, 2003.

桶谷秀昭, 「拒絶のナショナリズム」, 『構造』, 1970. 12(『現代詩手帳臨増 吉本
　　隆明入門』, 思潮社, 2003.).

思想の科学研究会編, 『共同研究 転向 上』, 平凡社, 1959.

絓秀実, 『吉本隆明の時代』, 作品社, 2008

都築勉, 『戦後日本の知識人−丸山真男とその時代』, 世織書房, 1995.

松井隆志, 「「自立の思想」とは何だったのか」, 『現代思想 臨時増刊号 吉本隆明
　　の思想』, 2012. 7.

吉本隆明, 『敗北の構造 吉本隆明講演集』, 弓立社, 1972.

_____, 『初期ノート』, 光文社文庫, 2006.

『吉本隆明全集 5』, 晶文社, 2014.

『吉本隆明全集 6』, 晶文社, 2014.

『吉本隆明全集 7』, 晶文社, 2014.

『吉本隆明全集 9』, 晶文社, 2015.

서동주, 「전후 일본문학의 자기표상과 보수주의－나카노 시계하루 「비내리
　　는 시나가와역」의 전후 수용을 중심으로－」, 『일본어문학』 제38집,
　　100-101쪽, 2008.

＿＿＿, 「전사자 추모의 '탈전후적' 상상력－에토 준의 야스쿠니 문화론을 중
　　심으로」, 『일어일문학연구』 제101집, 123-124쪽, 2008.

장인성, 「현대 일본의 보수주의와 '국가' 표상」, 장인성 편, 『전후 일본의 보수
　　와 표상』, 서울대학교출판문화원, 2010, 261쪽.

小熊英二, 「「屍臭」への憧憬－江藤淳」, 《民主》と《愛国》－戦後日本のナショ
　　ナリズムと公共性』, 新曜社, 2003, 714쪽.

大塚英次, 『「彼女たち」の連合赤軍－サブカルチャーと戦後民主主義』, 1997,
　　131쪽.

江藤淳, 「"戦後"知識人の破産」(1960), 『一九四六年憲法－その拘束』, 文芸春秋,
　　172쪽, 2015.

＿＿＿, 「ハガティ氏を向えた羽田デモ」, 『江藤淳著作集』第六巻, 27-33쪽, 1967.

＿＿＿, 『新江藤淳文学集成5』, 332쪽, 1985.

＿＿＿, 『新江藤淳文学集成4』, 338쪽, 1985.

＿＿＿, 『一九四六年憲法－その拘束』, 133쪽, 2015.

江藤淳・小堀桂一郎編, 「生者の視線と死者の視線」, 『靖国論集－日本の鎮魂の
　　伝統のために』, 日本教文社, 16쪽, 1986.

江藤淳, 『アメリカと私』, 講談社, 301-302쪽, 2007.

加藤典洋, 『アメリカの影』, 講談社, 47-48쪽, 2009.

＿＿＿＿, 『戦後入門』, ちくま新書, 46쪽, 2015.

白井聡, 「解説」『一九四六年憲法－その拘束』, 222-233쪽.

浜崎洋介, 「江藤淳と「交戦権」の回復について－「現実」に辿り着くために」,
　　『Espressivo』(64), 86-89쪽, 2016.

三ツ野陽介, 「江藤淳と「戦後」という名の近代」, 『比較文學研究』(91), 25-26쪽,
　　2008.

임경택, 「야나기타 구니오의 '일국민속학'과 식민주의에 관한 일고찰; -국가·민족인식과 아시아 인식을 중심으로-」, 『정신문화연구』 제27권, 2004.

한정선, 「현대 일본 우익 대중주의의 알고리듬-고바야시 요시노리『전쟁론』의 언설과 이미지」, 『일본비평』 제10호, 2014.

東浩紀, 『動物化するポストモダン-オタクから見た日本社会』, 講談社現代新書, 2001.

大熊英二, 『〈民主〉と〈愛国〉: 戦後日本のナショナリズムと公共性』, 新曜社, 2002.

大塚英志, 『定本 物語消費論』, 新曜社, 2001.

大塚英志, 『戦後民主主義のリハビリテーション』, 角川書店, 2001.

大塚英志, 『「彼女たち」の連合赤軍-サブカルチャーと戦後民主主義』, 角川文庫, 2001.

大塚英志, 『少女たちの「かわいい」天皇』, 角川文庫, 2003.

大塚英志, 『伝統とは何か』, ちくま新書, 2004.

大塚英志, 『憲法力-いかに政治のことばを取り戻すか』, 角川oneテーマ21, 2005.

大塚英志, 『サブカルチャー文学論』, 朝日文庫, 2007.

大塚英志, 『感情化する社会』, 太田出版, 2016.

大塚英志·宮台真司, 『愚民社会』, 太田出版, 2012.

加藤典洋, 『アメリカの影』, 講談社文芸文庫, 電子책, 2013.

佐々木敦, 『ニッポンの思想』, 講談社現代新書, 2009.

宇野常寛, 『ゼロ年代の想像力』, ハヤカワ文庫, 2011.

丸山真男, 『日本の思想』, 岩波文庫, 1961.

丸山真男, 『増補叛 現代政治の思想と行動』, 未来社, 1964.

宮台真司, 『制服少女たちの選択』, 朝日文庫, 2006.

柳田国男, 『明治大正史-世相篇』, 講談社学術文庫, 1993.

V. 신도(神道)와 전후민주주의

葦津珍彦選集編集委員會,『葦津珍彦選集』(全三卷), 神社新報社, 1996.

小林よしのり,『民主主義という病い』, 幻冬舍, 2016.

尾藤正英,『江戸時代とは何か』, 岩波書店, 1992.

村上重良,『國家神道』, 岩波書店, 1970.

百川敬仁,『日本のエロティシズム』, ちくま新書, 2000.

루스 베네딕트, 박규태 역주,『국화와 칼』, 문예출판사, 2008.

마루야마 마사오, 김석근 옮김,『일본의 사상』, 한길사, 1998.

미시마 유키오, 김항 옮김,『미시마 유키오 대 동경대 전공투 1969-2000』, 새
　　　　물결, 2006.

박규태, "일본의 종교와 종교정책",『종교연구』46, 한국종교학회, 2007.

_____,『신도와 일본인: 가미와 호토케의 길』, 이학사, 2017.

_____,『일본 신사(神社)의 역사와 신앙』, 역락, 2017.

백승욱, 『문화대혁명: 중국 현대사의 트라우마』, 살림출판, 2007.

조관자, 「제국 일본의 로망과 동아시아 민족주의—일본낭만파에 대한 기억, 1950-1960년대」, 『일본비평』 2호, 2010.02.

조경희, 「'아시아적 신체'의 각성과 전형(転形): 1970년대 일본 신좌익운동과 쓰무라 다카시(津村喬)」, 인하대학교 한국학연구소, 『한국학연구』 44, 2017.2.

퍼트리샤 스테인호프, 임정은 역, 『적군파—내부 폭력의 사회심리학』, 교양인, 2013.

大熊信行, 『日本の虚妄—戦後民主主義批判』, 論創社; 増補版, 2009.

大嶽秀夫, 『新左翼の遺産ニューレフトからポストモダンへ』, 東京大学出版会, 2007.

小熊英二, 『1968』 上下, 新曜社, 2009.

岡田一郎, 『革新自治体 熱狂と挫折に何を学ぶか』, 中公新書, 2016.

苅部直, 『丸山眞男—リベラリストの肖像』, 岩波新書, 2006.

蔵田計成, 『新左翼運動全史』, 流動出版, 1978.

黒崎輝, 『核兵器と日米関係』, 有志者, 2006.

警察庁, 『昭和51年 警察白書』, 1976.

小阪修平, 『思想としての全共闘世代』, 筑摩書房, 2006.

高見圭司, 『反戦青年委員会』, 三一書房, 1968.

坂口弘, 『あさま山荘1972(下)』, 彩流社, 1993.

重信房子, 『日本赤軍私史　パレスチナと共に』, 河出書房新社, 2009.

新左翼理論全史編集委員会, 『新左翼理論全史』, 流動出版, 1979.

時事問題研究所編, 『全学連：その意識と行動』, 時事問題研究所, 1968.

絓秀実, 『1968年』, 筑摩書房, 2006.

鈴木邦男, 『がんばれ!!新左翼：「わが敵・わが友」過激派再起へのエール』, エスエル出版会, 1989; 復刻新版, 1999.

高沢晧司・高木正幸・蔵田計成, 『新左翼二十年史：叛乱の軌跡』, 新泉社, 1981.

田中清玄(インタビュアー大須賀瑞夫), 『田中清玄自伝』, 文藝春秋, 1993.

竹内好, 「中国の近代と日本の近代」, 『日本とアジア』, 筑摩書房, 1993.

_____, 「民主か独裁か—当面の状況判断」, 『図書新聞』, 1960. 6. 4.

津村喬, 『われらの内なる差別』, 三一書房, 1970.

津村喬, 『歴史の奪還』, せりか書房, 1972.

_____, 「反逆にはやっぱり道理がある」, 『悍』第1号, 2008. 10.

_____, 『戦略とスタイル』, 航思社(増補改訂新版), 2015.

_____, 「横議横行論」(1980.2-1981.6), 『横議横行論』, 航思社, 2016.

「テルアビブ空港乱射, 岡本容疑者「一度は日本に帰りたい」」, 毎日新聞, 2017. 5. 30.

伴野準一, 『全学連と全共闘』, 平凡社, 2010.

長崎県警察史編集委員会編, 『長崎県警察史 第3巻』, 1996.

三島由起夫, 猪木正道, 「〈対談〉安保問題をどう考えたらよいか」(1969), 『若きサムライのために』文藝春秋(文庫), 1996.

橋川文三, 『日本浪曼派批判序説』, 未來社, 1960.

横松渉, 『現代革命論への模索ー新左翼革命論の模索のために』, 盛田書店, 1970.

吉本隆明・埴谷雄高・谷川雁・森本和夫・梅本克己, 『民主主義の神話ー安保闘争の思想的総括』, 現代思潮社, 1960.

渡辺一衛 他, 『新左翼運動40年の光と影』, 新泉社, 1999.

警察庁, 『昭和51年 警察白書』, 1976.

警視庁, 『昭和63年 警察白書』, 1988.

가라타니 고진, 조영일 역, 『역사와 반복』, 서울: b, 2008.

가루베 다다시, 박홍규 옮김, 『마루야마 마사오-리버럴리스트의 초상』, 서울: 논형, 2011.

가토 노리히로, 서은혜 역, 『사죄와 망언 사이에서-전후 일본의 해부』, 서울: 창작과 비평사, 1988.

구리하라 아키라, "쇼와의 종언-천황제의 변용", 시마노조 스스무 외, 남효진 외 역, 『역사와 주체를 묻다』, 서울: 소명출판, 2014.

김태진, "근대 일본의 통치라는 신체성: 메이지 헌법의 구성과 바디폴리틱 (Body Politic)", 『한국동양정치사상사연구』 16(1), 2017a.

_____, "후쿠자와 유키치의 '건강'을 읽는다: 메이지 일본의 정치사상과 신체관", 『일어일문학연구』 100집(2), 2017b.

다카하시 데츠야, 이규수 역, 『일본의 전후책임을 묻는다』, 서울: 역사비평사, 2000.

마루야마 마사오, 김석근 역, 『현대 정치의 사상과 행동』, 서울: 한길사, 1997.

_____, 『문명론의 개략을 읽는다』, 파주: 문학동네, 2007.

이경희, "가토 노리히로의 고지라 시나리오-「패전후론」(1995)의 실천편", 일본사상사학회 발표문, 서울, 4월, 2017a.

_____, "가토 노리히로의 「전후후론」(1996) 재고-'문학'은 어디까지 가능한가", 『일본학보』 110, 2017b.

_____, "어느 전공투 세대의 민주주의론-가토 노리히로의 전후론을 중심으로", 『전후의 탈각과 민주주의의 탈주』, 박문사, 2019.

아즈마 히로키, 이은미 역, 『동물화하는 포스트모던: 오타쿠를 통해 본 일본사회』, 파주: 문학동네, 2007.

오사와 마사치, 송태욱 역, 『연애의 불가능성에 대하여』, 서울: 그린비, 2005.

오사와 마사치, 서동주 외 역, 『전후 일본의 사상공간』, 서울: 어문학사, 2010.

오사와 마사치, 김선화 역, 『내셔널리즘의 역설: 상상의 공동체에서 오타쿠까지』, 서울: 어문학사, 2014.

오사와 마사치, 김효진 역, 『책의 힘』, 파주: 오월의봄, 2015.

장인성, "현대 일본의 보수주의와 '국가'", 장인성 엮음, 『전후 일본의 보수와 표상』, 서울: 서울대학교 출판문화원, 2010.

조르조 아감벤, 김상운 옮김, 『세속화예찬-정치미학을 위한 10개의 노트』,

서울: 난장, 2010.

조르쥬 깡길렘, 여인석 역, 『정상적인 것과 병리적인 것』, 서울: 인간사랑, 1996.

피에르 부르디외, 김현경 역, 『언어와 상징권력』, 파주: 나남, 2014.

加藤典洋, 『日本という身体－「大·新·高」の精神史』, 東京: 河出文庫, 1994.

＿＿＿＿, 『増補日本という身体－「大·新·高」の精神史』, 東京: 河出文庫, 2009.

＿＿＿＿, 『さようなら、ゴジラたち－戦後から遠く離れて』, 東京: 岩波書店, 2010.

＿＿＿＿, 『敗者の想像力』, 東京: 集英社, 2017a.

＿＿＿＿, 『もうすぐやってくる尊皇攘夷思想のために』, 東京: 幻戯書房, 2017b.

大沢真幸, 『身体の比較社会学』 1, 東京: 勁草書房, 1990.

＿＿＿＿, 『身体の比較社会学』 2, 東京: 勁草書房, 1992.

＿＿＿＿, 『虚構の時代の果て』, 東京: 筑摩書房, 1996.

＿＿＿＿, 『不可能性の時代』, 東京: 岩波新書, 2008.

＿＿＿＿, 「電子メディアと身体感覚－コミュニケーションの濃密化は実現されるか」, 『理戦』(63), 2000.

森下達, 『怪獣から読む戦後ポピュラーカルチャー』, 東京: 青弓社, 2016.

西部邁, 『大衆の病理－袋小路にたちすくむ戦後日本』, 東京: 日本放送出版協会, 1987.

佐伯啓思, 『現代民主主義の病理－戦後日本をどう見るか』, 東京: NHK出版, 1997.

Attie, Katherine Bootle, "Re-Membering the Body Politic: Hobbes and the Construction of Civic Immortality," *ELH.* Vol. 75, No. 3, 2008.

Hobbes, Thomas, edited by Richard Tuck, Leviathan. Cambridge ; New York: Cambridge University Press, 1996.

Kantorowicz, Ernst H., *The King's Two Bodies: A Study in Mediaeval Political Theology.* Princeton, N.J.: Princeton University Press, 1957.

Lefort, Claude, edited and introduced by John B. Thompson, *The political forms of modern society: bureaucracy, democracy, totalitarianism.* Cambridge: Polity Press, 1986.

＿＿＿＿＿＿, 1988 trans David Macey, Democracy and political theory.

Cambridge: Polity Press.

Musolff, Andreas, *Metaphor and political discourse: analogical reasoning in debates about Europe*, New York: Palgrave Macmillan, 2004.

＿＿＿＿＿＿, *Metaphor, Nation and the Holocaust: The Concept of the Body Politic*, New York: Routledge, 2010.

Skinner, Quentin, "Hobbes and the Purely Artificial Person of the State," *The Journal of Political Philosophy* 7, 1999.

홍철기, 2018, 「대표민주주의의 역사와 이론-직접 정치의 차선책에서 민주 정치의 최선책으로」, 『시민과 세계』 32호.

Ⅰ. One Zenkyōtō Generation's Theory of Democracy
: Focusing on Katō Norihiro's postwar theory

LEE, Kyunghee

This paper aims to disclose the whole path of Katō Norihiro's postwar theory. As one of the first generation 'postwar' literary critics, he has deeply examined 'postwar' issues such as Constitution, US-Japan relationship, democracy and nationalism. In his latest postwar theory, Introduction to Postwar(2015), Katō reconsidered Nanbara Shigeru's advocacy of an overall peace and the peaceful amendment of Constitution. Consequently, he proposed the idea of self-reliance from America, which synthesizes the overcoming of nationalism and the reorganization of mystical democracy in a single continuum. As Katō tries to form a 'national consensus' on the scheme 'worldness of the entrance of postwar= idea of democracy and peace' in Introduction to Postwar, his ultimate aim of Japan's self-reliance from America seems to be a natural consequence of the previous works America's shadow(1985) and Theory after the Defeat(1997).

Key words : Katō Norihiro, *America's Shadow*, *Theory after the Defeat*, *Introduction to Postwar*, Democracy and peace

Abstract

II. Thoughts of Defeat and the Discovery of Mass
: The Struggle against US–Japan Security Treaty and Takaaki Yoshimoto

CHO, Jung–min

The Struggle against US-Japan Security Treaty(security struggle), which took place between 1959 and 60 years, is considered a watershed that has brought about significant changes in the direction of party politics, policies, and civic movements. But the long silence of the civic movement that followed the security struggle gives us an idea of the unlimited distance between citizens and democracy. The post-war economic development of Japan created a citizen who was indifferent to politics, which resulted in the civic movement losing its momentum. That means democracy is left somewhere in Japanese society.

Takaaki Yoshimoto did not interpret the security struggle as a concept of nationalism or democracy. He saw the security struggle as a popular life crisis caused by the exploitation of monopoly capital, and the reason why the security struggle failed was because the revolutionary situation in the public has lost its impetus under a stable economic foundation. His view was to see not only Japan at the time of the security struggle, but also the current flow of Japanese society after that. The public today does not allow any ideology or ideology in their daily lives, and is creating a new depth called daily life. Reconsidering the postwar conflicts between the public and the people and the ideology of Yoshimoto in the 1960s also gives a strong hint to the exploration of the ideological topography of modern Japanese society.

Key words : The Struggle against US-Japan Security Treaty, Takaaki Yoshimoto, Conversion, Mass

Abstract

III. Criticism of 'Postwar Democracy' in Cultural Conservatism and a Dilemma surrounding 'Pro-American' : On Eto Jun's Recognition of postwar history

SEO, Dong-ju

The purpose of this article is to analyze the logic of Jun ETO's criticism of the postwar period and to grasp the state of the change in his perceptions of the postwar history. Therefore, this paper mainly analyzes Eto's political criticism from the 1960s to the 1980s. Throughout the 1980's, Eto Jun claimed that the Constitution of Japan, enacted in 1946, was enforced by the United States. At the same time, the fact was concealed as a result of close censorship by the occupation forces. He called the postwar period a "closed space of language," deprived of free expression through censorship. Thus, he understands the significance of the postwar history by reducing it to its origin of defeat and occupation. In 1960, however, Eto was on the side of criticizing intellectuals who reduced history to its roots. After the fall of a campaign against the revision of the U.S.-Japan Security Treaty, Masao MARUYAMA, evoking memories of the moment when the Constitution of Japan was born, insisted on renewing his determination for democracy. On the other hand, he criticized the history of the postwar period, in which significance was given by the establishment of the Constitution, as nothing but "fiction". It was because he thought history would be driven not by a change in the system, but by a clash of forces. Since the 1960's, he had maintained the view that "postwar," what the supporters of postwar democracy would argue, is just a "fiction." However, in the 1970s, what brought about such "fiction" had shifted from the postwar intellectuals to the Americans. He thought it was impossible for Japan to be truly independent as long as it relies on the United States for security and diplomacy. Therefore, he insisted that the United States forces should retreat outside Japan and regain their right to wage war. However, he did not insist on anti-American nationalism. He said that a demand for a new equal alliance between Japan and the United States came from America. In other words, he predicted that the time would come when the United States would recognize the need for a new alliance with Japan. However, the history after that did not develop in accordance with Eto's wishes. Eto started to present an ideal national image from a cultural viewpoint, while proposing the 'forced constitution' theory through his research on censorship during the occupation period. In other words, he argued that the reconstruction of the postwar nation weakened by the loss of the right to belligerency could also be achieved by realizing a nation that responds to its own Japanese culture without having to do with constitutional amendment. Behind these claims is the recognition that democracy is a product of American culture which is heterogeneous to Japanese culture. Thus, in the 1980s, his criticism of the postwar era reveals the whole picture of cultural conservatism, leading to the loss of keen sense of "history."

Key words : Eto Jun, Pro-American Nationalism, Cultural conservatism, Criticism of Postwar Democracy, Forced Constitution Theory

Abstract

Ⅳ. The Subculture Criticism Discourse and 'the Postwar Democracy'
: Focusing on Eiji Otsuka's critic discourse

NAM, Sang-wook

This article aims to examine how 'postwar democracy' was represented in the subculture criticism discourse of Japan since the 90s, through the subculture critic discourse of Eiji Otsuka. The subculture of Japan can be understood as a cultural phenomenon after the dissolution of the grand discourse as like history, democracy that accompanies the end of the Cold War. Otsuka not only emphasizes the relationship between it and 'postwar democracy', but also positively develops the constitutional Article 9 protection act as the foundation of it. If so, what relevance does Otsuka have with Japanese subculture and post-war democracy?

First of all, this article reveals that For the Otsuka in the 1990s, Japanese subculture was a discourse space in which the form of words expressing oneself was recognized and recognized as a place where language democracy was realized. In addition to the attempts to deny post-war democracy like Etō Jun, Otsuka advocated that it contributed to the equalization of society through consumption of symbols, as well as a defensive instrument to control his desire for "whole culture" It is recognized as an effective means.

Since the 2000s, Otsuka has opposed the "emotionalization" of contemporary Japanese society and has been developing the constitutional protection movement, focusing on the concept of Yanagita Konio's "citizen". On the other hand, he criticize the contemporary Japanese "consciousness of the crowd". This shows not only that he is a guardian of democracy after the war, but also that he is assimilated by intellectuals he had criticized in the 1980s. From his current situation, the distance between democracy and Japanese subculture seems to be in the distance.

Key words : subculture, Postwar Democracy, Otsuka Eiji, Eto Jun, Constitution

Abstract

V. Shintoism and Postwar Democracy
: Centering on Uzuhiko Ashizu

PARK, Kyutae

Ashizu Uzuhiko, who is said to be a Shintoist based on Kokutai-ron (discourse on national body) and a representative Shinto journalist as well, has been broadly influencing on the postwar Shinto world in Japan. The main purpose of this essay is to examine the relationship between Shinto and post-war democracy, centering on his harsh criticism against Constitution of Japan and postwar democracy, with his suggestion of Shintoist politics. In so doing, I will give special attention to his three writings such as *Emperor·Shinto·Constitution*(1954), *Modern Politics and Conscience Isses*(1955), and *The End of Modern Democracy*(1972).

Key words : Shinto, Postwar Democracy, Ashizu Uzuhiko, Discourse on Politics From Shintoism, Constitution of Japan

Abstract

VI. Criticism of post-war democracy and "Cultural Revolution" by the Japanese New Left

JO, Gwan-ja

In Korea, Japan's new left wing is known as a force opposing "right turning" on behalf of "conscience of Japan". However, the ideological confusion of today is also a result inspired by the new leftist's criticism on the postwar democracy in Japan. The new leftist does not represent Japanese society and national will. However, in Korean society, Japanese new leftist's opinion are widely accepted, but understanding of their history and thought is insufficient.

Since the opposing struggle to the adoption of the revised Treaty of Security between the United States and Japan in 1960, the new left wing has criticized civil democracy and developed a radical revolution theory. In this paper, I focus on accepting Maoism in their revolutionary theory. First, I will clarify the difference between the new left wing and the Zenkyoto, and consider the background of their thought affirming violence. The irony is penetrated by letting the emotion of "defeat" that promoting "resistance" there. Such nationalism of resistance is also directly connected with thought of Kaoru Takeuchi who accommodated Maoism.

Key words : Maoism, Zenkyoto, Tsumura Takashi, Postwar Democracy, Defeat

Ⅶ. Body Politic and Democracy in the Post-war Japan
: Between Autism and Schizophrenia

KIM, Taejin

Japan in the post-war period has been interpreted as a kind of 'pathological state', not the 'normal state', as the postwar conservatives described the post-war system as 'an autistic mind' or 'personality disorder'. Pathetic diagnosis, which shows a abnormality of the society, suggests the direction to which Japan should proceed. Then, what is considered as the problems of the post-war Japan and how they try to overcome it? Kato norihiro, notable critics of post-war discourse, analyzed the post war Japan as a tension of duality like Dr Jekyll and Mr Hyde. However, this does not mean that postwar Japan is divided into liberalism and conservatism. As he insists, they are two different faces of one personality. Therefore, it may be misleading to grasp that conservatism appeared after the post-war democracy. This paper will review post-war Japan's democracy by examining Kato Norihiro and Osawa Masachi's body politic discourse.

Key words : Body Politic, postwar, democracy, person, Norihiro Kato, Masachi Osawa

필자약력

이경희

한림대학교 일본학연구소 HK연구교수를 거쳐 현재는 경찰대학, 한국체육대학 강사. 일본 도쿄대학 총합문화연구과(비교문학비교문화코스)에서 일본낭만파 연구로 박사학위 취득. 연구분야는 일본 근현대문학·문화며 최근에는 일본의 근대 및 전후 인식, 민주주의와 내셔널리즘에 관한 연구를 진행 중이다. 연구업적으로는 「냉전기 일본의 '메이지 vs 전후': 1960년대 경제내셔널리즘의 대두」(『일본사상』, 2019. 6. 30.), 「포스트점령기의 일본, '착한 민주주의'로의 이행: 1960년대 미제 '근대화'론의 냉전 지형(知形)」(『아시아 문화연구』, 2019. 4. 30.) 등의 논문과 (공저)『일본 전후문학과 마이너리티문학의 단층』(보고사, 2018) 등이 있다. 그 밖에 『일본표상의 지정학－해양·원폭·냉전·대중문화』(한양대학교출판부, 2014), 『불평등사회 일본』(한양대학교출판부, 2014) 등을 번역하였다.

조정민

부경대학교 일어일문학부 부교수. 일본 규슈대학에서 일본 근현대문학 및 문화연구를 전공하였다. 패전 후의 전후 일본문학이 연합국의 일본 점령을 어떻게 기억하였는가에 대해 연구하여 박사학위를 취득하였으며, 이를 토대로 『만들어진 점령서사－미국에 의한 일본 점령을 어떻게 기억할 것인가』(2009)를 출간했다. 일본에 국한하지 않고 동아시아적 상황과 맥락을 염두에 둔 지역 연구에도 관심이 많아 『동아시아 개항장 도시의 로컬리티』(2013, 공저)와 『오키나와를 읽다－전후 오키나와 문학과 사상』(2017) 등을 펴내기도 했다.

서동주

서울대학교 일본연구소 조교수. 일본 쓰쿠바대학에서 근대 일본사회주의 문학의 식민지주의에 관한 주제로 박사학위 취득. 연구분야는 일본근현대의 문학과 사상이며, 최근에는 냉전기 전후일본의 문화적 상상력과 한일관계를 중심으로 한 근대지식의 이동에 관해 연구하고 있다. 연구업적으로는 『재일조선인 자기서사와 문화지리』(2018, 공저), 『일본, 야스쿠니』(2018, 공저), 『근대지식과 저널리즘』(2016, 공저), 『전후 일본의 생활평화주의』(2014, 공저), 『전후 일본의 지식 풍경』(2013, 공저) 등을 저서를 비롯해 다수의 논문이 있다.

남상욱

인천대학교 일어일문학과 부교수. 일본 도쿄대학에서 전후 일본의 미국 인식에 관한 주제로 박사학위 취득. 연구분야는 일본근현대문학 및 서브컬처의 사상이며, 최근에는 냉전에서 탈냉전기에 걸쳐 일본의 문화사상적 변동에 대해서 연구하고 있다.

연구업적으로는 『탈 전후 일본의 사상과 감성』(2017, 공저), 『유토피아의 귀환—폐허의 시대, 희망의 흔적을 찾아서』(2017, 공저), 『지금, 여기의 극우주의』(2014, 공저), 『일본, 상실의 시대를 넘어서』(2014, 공저) 등의 저서를 비롯해 다수의 논문이 있다.

박규태

서울대학교 독어독문학과를 졸업하고 동 대학원 종교학과에서 문학석사 학위를, 일본 도쿄대학 대학원 종교학과에서 문학박사 학위를 받았다. 현재 한양대학교 일본학과 교수로 재직 중이다. 주요 저서로 〈일본정신분석〉, 〈신도와 일본인〉, 〈일본 신사의 역사와 신앙〉, 〈포스트-옴 시대 일본사회의 향방과 '스피리추얼리티'〉, 〈라프카디오 헌의 일본론〉, 〈일본정신의 풍경〉, 〈상대와 절대로서의 일본〉, 〈일본의 신사〉, 〈애니메이션으로 보는 일본〉, 〈아마테라스에서 모노노케히메까지〉 외 다수가 있다. 주요 역서로는 〈일본문화사〉, 〈신도, 일본 태생의 종교시스템〉, 〈국화와 칼〉, 〈황금가지〉, 〈세계종교사상사〉, 〈일본신도사〉 외 다수가 있다.

조관자

서울대학교 일본연구소 부교수. 도쿄대학에서 식민지와 제국의 지식과 문화가 관련하는 양상을 연구하여 박사학위 취득. 일본근현대의 내셔널리즘 사상사를 연구하고 있다. 최근에는 신좌익과 신우익의 사상사적 전개를 검토하고 있으며, 신좌익의 영향을 받은 문학가 나카가미 겐지의 문학에 대한 논문을 발표했다. 일본의 동아시아 공동체 담론과 동아시아 내셔널리즘의 문제도 천착하고 있다. 연구업적으로는 『일본 내셔널리즘의 사상사』(2018), 『탈 전후 일본의 사상과 감성』(2017 공저), 『일본, 상실의 시대를 넘어서』,(2015 편저), 『가지무라 히데키의 내재적 발전론을 다시 읽다』(2015 공저), 『전후 일본의 지식 풍경』(2013, 공저) 등을 비롯해 다수의 논문이 있다.

김태진

동국대학교 일어일문학과 조교수. 서울대학교 외교학과에서 근대 일본의 신체정치(Body Politic)를 주제로 박사학위를 취득하고, 서울대학교 일본연구소 HK 연구교수로 근무했다. 연구분야는 일본을 포함한 동아시아 정치사상사이며, 최근에는 전후 일본의 신체정치에 관심을 두고 연구하고 있다.

연구업적으로는 『근대 동아시아의 신체정치: 일본의 바디폴리틱(Body politic) 구성과 동아시아』(2016, 박사논문), 「후쿠자와 유키치의 '건강'을 읽는다: 메이지 일본의 정치사상과 신체관」(2017), 「근대 일본에서의 홉스의 번역과 변용: 인공 신체로서의 리바이어던은 어떻게 괴물이 되었는가」(2017), 「나카에 조민의 루소 수용: 심장과 혈액의 은유와 집합적 신체(Body Politic)」(2017), 「국가라는 신체에서 전통과 근대는 어떻게 만나는가: 가이에다 노부요시의 인체 그림을 중심으로」(2018) 등의 논문이 있다.

IJS 서울대학교 일본연구소

현대일본생활세계총서 **16**

전후의 탈각과 민주주의의 탈주

초판1쇄 인쇄 2020년 4월 21일
초판1쇄 발행 2020년 4월 30일

저 자 이경희 · 조정민 · 서동주 · 남상욱
      박규태 · 조관자 · 김태진
발행인 윤석현
발행처 도서출판 박문사
등 록 제2009-11호
전 화 (02)992-3253(대)
전 송 (02)991-1285
주 소 서울시 도봉구 우이천로 353 3F

책임편집 안지윤
전자우편 bakmunsa@hanmail.net
홈페이지 http://jnc.jncbms.co.kr

ⓒ 서울대학교 일본연구소, 2020. Printed in Seoul KOREA.

ISBN 979-11-89292-62-1 93300   **정가** 20,000원

본 저서는 정부(교육과학기술부)의 재원으로 한국연구재단의 지원을 받아 출판되었음.
(NRF-2008-362-B00006)